Trastornos de la Personalidad

Perspectivas Clínicas Contemporáneas

M. Pilar G Molina

Este libro tiene fines informativos y educativos. Su contenido no sustituye el diagnóstico, la evaluación, el tratamiento ni la orientación de profesionales cualificados de la salud física o mental, incluidos psicólogos, psiquiatras u otros especialistas sanitarios. Antes de tomar decisiones relacionadas con la salud o realizar cambios en un tratamiento, se recomienda consultar con un profesional competente.

Se ha procurado garantizar la exactitud y el rigor de la información presentada. No obstante, ni el autor ni el editor asumen responsabilidad alguna por posibles errores u omisiones, ni por las decisiones que puedan adoptarse a partir del contenido de esta obra.

El contenido aborda fenómenos psicológicos complejos desde una perspectiva clínica y académica, y no promueve ni justifica conductas perjudiciales para la persona o para terceros.

Índice

Introducción

La personalidad ayuda a comprender por qué una persona tiende a percibir el mundo, interpretar lo que le ocurre, emocionarse y actuar siguiendo ciertos patrones que se repiten a lo largo del tiempo y en situaciones distintas. No se trata de algo rígido ni inmutable, sino de un estilo reconocible, una forma habitual de organizar la experiencia interna y la conducta, que puede variar según el contexto, la etapa vital o las circunstancias, pero que conserva una cierta coherencia. Desde una perspectiva clínica actual, estos estilos se entienden tanto a través de los sistemas diagnósticos vigentes como mediante formulaciones prototípicas y dimensionales, especialmente las desarrolladas por Theodore Millon, que permiten describir la personalidad como una organización funcional más que como un conjunto de etiquetas fijas.

Hablar de personalidad implica diferenciarla de otros conceptos cercanos que a menudo se confunden. El temperamento se refiere a disposiciones tempranas, con base biológica, relacionadas con la reactividad emocional. El carácter alude a aspectos aprendidos, como valores, normas interiorizadas y autocontrol. La identidad tiene que ver con la sensación de continuidad del self a lo largo del tiempo, sostenida por una historia personal. Los rasgos describen disposiciones estables que pueden medirse, mientras que los estados son manifestaciones transitorias del funcionamiento psicológico influidas por el contexto. Esta distinción es importante porque una persona puede experimentar emociones intensas o periodos difíciles sin que eso suponga un cambio profundo de su personalidad, del mismo modo que puede tener rasgos muy marcados sin que ello implique necesariamente un trastorno.

El paso desde la diversidad normal hacia los trastornos de la personalidad no se explica simplemente como "tener mucho" de un rasgo. En la práctica clínica, la diferencia aparece cuando el estilo se vuelve rígido, se repite en ámbitos distintos de la vida y compromete de forma persistente la adaptación. Cuando las mismas respuestas se mantienen a pesar de consecuencias negativas, cuando las estrategias para afrontar dificultades se reducen y cuando surgen ciclos relacionales que deterioran vínculos, trabajo o autocuidado, el problema deja de ser solo descriptivo. En ese punto, lo relevante no es poner una etiqueta, sino comprender cómo se mantiene el patrón, qué función cumple para la persona y qué coste tiene en su trayectoria vital.

Los sistemas diagnósticos actuales han intentado recoger esta complejidad con herramientas útiles, aunque con límites conocidos. El DSM-5-TR y la CIE-11 comparten el objetivo de ofrecer un lenguaje común que facilite la comunicación profesional y las decisiones asistenciales, pero lo hacen de maneras distintas. El DSM conserva un modelo categorial principal y reconoce sus dificultades, incorporando además propuestas dimensionales. La CIE-11 apuesta de forma más clara por describir la personalidad en función de la severidad del trastorno y de dominios de rasgos, con la intención de reducir la superposición de etiquetas y acercar el diagnóstico al impacto real en el funcionamiento. En ambos casos, la idea predominante hoy es que el diagnóstico resulta más útil cuando combina la gravedad del deterioro con el estilo de funcionamiento, en lugar de limitarse a un nombre.

Este libro se sitúa en esa perspectiva integradora. Aborda los trastornos de la personalidad como patrones persistentes que afectan de manera amplia al self y a las relaciones, y combina los modelos diagnósticos vigentes con formulaciones prototípicas y dimensionales, con especial atención al modelo de Theodore Millon y a otros enfoques que amplían el marco categorial tradicional. El diagnóstico se entiende aquí como un mapa orientativo, no como un fin en sí mismo: una herramienta para evaluar, formular casos con coherencia y decidir prioridades de intervención sin confundir estilo con patología ni severidad con identidad personal. El objetivo es mantener una perspectiva funcional y no estigmatizante, capaz de reconocer el sufrimiento y los costes relacionales que suelen estar detrás de conductas difíciles de entender.

Desde este marco, el libro explora cómo se construyen y se mantienen los patrones de personalidad, cómo se expresan en la vida cotidiana y cómo distinguirlos de otros cuadros con los que suelen solaparse. La comorbilidad y las delimitaciones diagnósticas poco claras no se presentan como errores personales ni como simples coincidencias, sino como una muestra de que muchos fenómenos psicológicos se organizan a partir de dimensiones compartidas y mecanismos comunes. Por eso se integran los clústeres tradicionales con modelos categoriales y dimensionales, y con enfoques que separan estilo y severidad para mejorar la comprensión clínica.

La obra se estructura desde los fundamentos conceptuales hasta las aplicaciones prácticas. En una primera parte se clarifica qué se entiende por personalidad, rasgos y trastorno, y se revisan las lógicas diagnósticas actuales. En una segunda parte se describen los patrones incluidos tradicionalmente en los clústeres, con atención al funcionamiento psicológico, el impacto relacional, el diagnóstico diferencial y los ciclos de mantenimiento. En una tercera parte se desarrollan los modelos dimensionales y alternativos, incluyendo la descripción por rasgos, la valoración de la severidad y las propuestas prototípicas, con especial atención al modelo de Theodore Millon. Finalmente, se presenta una perspectiva de evaluación y abordaje que incluye entrevista clínica y observación, dificultades habituales en la práctica, consideraciones culturales y de género, uso responsable del lenguaje diagnóstico y un panorama de los enfoques psicoterapéuticos actuales.

El propósito final es ofrecer una comprensión clínica que sea útil y humana, lo bastante precisa para orientar la evaluación y la intervención, y lo bastante amplia para no reducir a nadie a una etiqueta. Los diagnósticos de personalidad, usados con rigor y respeto, pueden ayudar a comprender regularidades, anticipar riesgos y planificar tratamientos. Usados de forma superficial o despectiva, empobrecen la comprensión y dañan los vínculos. Desde esta premisa, el libro propone una guía divulgativa para pensar la personalidad patológica como un fenómeno complejo, en el que la historia, el contexto y la función de los patrones importan tanto como su descripción.

Capítulo 1

La Personalidad como Constructo Psicológico

La **personalidad** es un concepto fundamental de la psicología que permite comprender los patrones relativamente estables del funcionamiento psicológico de una persona. Hace referencia a la forma característica en que una persona percibe la realidad, interpreta lo que ocurre a su alrededor, experimenta emociones y tiende a actuar en distintas situaciones. Estas regularidades no implican uniformidad absoluta, sino la presencia de un estilo reconocible que se mantiene a lo largo del tiempo y a través de contextos diversos.

En la **experiencia cotidiana** resulta evidente que las personas no responden de manera aleatoria, sino siguiendo tendencias habituales que configuran su modo de relacionarse consigo mismas, con los demás y con el entorno. La psicología aborda este fenómeno mediante modelos explicativos que permiten comprender la personalidad como una construcción teórica integrada por múltiples dimensiones, orientada a dar cuenta tanto de la estabilidad como de la variabilidad del comportamiento humano.

Como **constructo**, la personalidad no es un objeto directamente observable ni un rasgo único localizable en el cuerpo. Se infiere a partir de regularidades en la experiencia subjetiva y en la conducta, y se apoya en modelos que permiten describir diferencias individuales con rigor. Su valor reside en su utilidad explicativa, ya que ayuda a comprender por qué una persona tiende a responder de manera similar ante situaciones diversas, manteniendo al mismo tiempo un margen de variación según el contexto y el momento vital.

Desde una **definición** contemporánea, la personalidad puede entenderse como la organización relativamente estable de disposiciones y procesos que orientan la relación de una persona consigo misma, con los demás y con el entorno. Esta formulación integra tres elementos fundamentales: estabilidad relativa, organización interna y función adaptativa. La estabilidad no implica rigidez, sino continuidad suficiente para que el estilo personal sea identificable. La organización interna remite a la idea de sistema, en el que distintos componentes interactúan entre sí. La función adaptativa subraya que la personalidad no solo describe cómo es alguien, sino cómo funciona en ámbitos centrales como la identidad, la regulación emocional, la toma de decisiones, las relaciones y el afrontamiento de problemas.

Para precisar el alcance del constructo conviene diferenciarlo de otros términos relacionados. El **temperamento** alude a disposiciones tempranas con base biológica, visibles desde etapas iniciales del desarrollo, vinculadas a la reactividad emocional y al nivel de activación. El **carácter** se asocia a dimensiones aprendidas, como valores, normas interiorizadas y formas de autocontrol. La **identidad** hace referencia a la vivencia de continuidad del self a lo largo del tiempo, sostenida por una narrativa personal relativamente coherente. Los **rasgos** son disposiciones estables y medibles que permiten describir perfiles individuales, mientras que los **estados** son manifestaciones momentáneas del funcionamiento psicológico, moduladas por el contexto. Una persona puede mostrar estados muy distintos sin que ello suponga un cambio estructural de su personalidad.

La coherencia de la personalidad se comprende mejor cuando se la concibe como una **organización jerárquica**. En niveles amplios aparecen disposiciones generales, como la sociabilidad, la estabilidad emocional o el control de impulsos. En niveles más específicos se sitúan facetas concretas, y en el nivel más visible se expresan conductas particulares. Esta estructura permite explicar la coexistencia de continuidad del estilo personal y variación conductual según la situación.

Además, la personalidad puede describirse distinguiendo entre contenido y procesos. El **contenido** incluye rasgos, creencias, valores, metas y estilos interpersonales. Los **procesos** se refieren a cómo se regulan las emociones, se dirige la atención, se interpretan las intenciones ajenas o se toman decisiones. Esta distinción resulta especialmente relevante en clínica, ya que conductas similares pueden sostenerse en procesos psicológicos muy distintos, con implicaciones diferentes para la comprensión y la intervención.

Los **enfoques** clínicos contemporáneos incorporan una mirada centrada en el funcionamiento del self y el funcionamiento interpersonal. Se consideran aspectos como la continuidad de la identidad, la claridad del autoconcepto, la capacidad de autorregulación y la calidad de las relaciones. Esta perspectiva no sustituye el estudio de rasgos, sino que los integra en una estructura más amplia que permite valorar mejor la adaptación y las dificultades clínicas.

La relación entre personalidad y **contexto** exige abandonar una visión simplificada. La personalidad no implica actuar igual siempre, sino mostrar consistencia en patrones de interpretación, emoción y tendencia de acción. La conducta emerge de la interacción entre disposiciones internas y demandas situacionales. La consistencia se mantiene en los estilos de procesamiento que se activan de manera predecible ante situaciones similares.

Desde **modelos** cognitivo-afectivos, la personalidad se concibe como un conjunto de unidades de procesamiento que se activan ante determinadas claves del entorno. La regularidad aparece cuando estas unidades se activan de forma estable en configuraciones situacionales comparables, lo que explica la variabilidad contextual sin incoherencia interna.

Finalmente, la **personalidad** combina estabilidad y cambio. La psicología distingue entre estabilidad de rango, relativa a la posición comparada entre personas, y estabilidad de nivel, asociada a cambios promedio ligados al desarrollo. La identidad aporta una estabilidad narrativa que organiza la experiencia vital. Aunque existen bases biológicas y aprendizajes tempranos que favorecen la continuidad, la personalidad puede cambiar cuando se modifican los procesos que sostienen los patrones, aumentando la flexibilidad, la capacidad de regulación y la calidad del funcionamiento interpersonal.

Esta base conceptual resulta indispensable para una comprensión clínica responsable de la personalidad, que evite reducir a las personas a etiquetas y se centre en el funcionamiento psicológico, la adaptación y las condiciones en las que la continuidad se vuelve rígida y genera sufrimiento o deterioro funcional.

Capítulo 2

De los Rasgos a los Trastornos de la Personalidad

Los **rasgos** de personalidad describen tendencias relativamente estables: modos habituales de percibir, sentir, pensar y actuar que varían entre personas. Esa variación suele distribuirse de forma continua, de modo que la mayoría se sitúa en posiciones intermedias y una minoría en extremos. Por eso, muchos fenómenos asociados a los trastornos de la personalidad no aparecen como "algo totalmente distinto" de la personalidad común, sino como expresiones más intensas, más persistentes o menos flexibles de dimensiones ya presentes en la variabilidad humana. Esta es la idea de continuidad dimensional: entre estilo y patología suele haber gradientes, no cortes naturales.

La **continuidad** puede entenderse de dos maneras. En un sentido cuantitativo, algunos rasgos aumentan en intensidad hasta volverse costosos: la cautela puede transformarse en desconfianza generalizada; la necesidad de control puede convertirse en rigidez; la sensibilidad emocional puede favorecer reactividad sostenida ante señales de rechazo o amenaza. En un sentido configuracional, el problema no depende de un rasgo aislado, sino del perfil completo y de cómo interactúan varios rasgos. Ciertas combinaciones pueden amplificar sesgos interpretativos, aumentar la activación emocional y estrechar el repertorio conductual, generando ciclos repetitivos en la vida interpersonal.

Aun aceptando la continuidad dimensional, rasgos y trastornos no son equivalentes. Un rasgo describe una **disposición**; un trastorno describe un **patrón** persistente de funcionamiento que compromete la adaptación. La diferencia no se resuelve solo con la frase "tener mucho de un rasgo". Existen personas con rasgos marcados en algún dominio que mantienen relaciones satisfactorias, desempeño estable y buena capacidad de ajuste. La patología aparece cuando el estilo se organiza de manera rígida y se asocia a deterioro clínicamente significativo.

En **términos clínicos**, el paso de rasgos a trastorno se reconoce por varios criterios convergentes. Uno de los más importantes es la disfunción del funcionamiento de la personalidad, especialmente en dos ámbitos: el self y lo interpersonal. En el **self** pueden observarse dificultades para sostener una identidad relativamente coherente, para mantener metas estables y realistas, o para regular la autoestima sin depender de forma excesiva de señales externas. En lo **interpersonal** pueden aparecer patrones repetitivos de conflicto, reciprocidad limitada, dificultades persistentes para la intimidad, o una lectura sistemáticamente sesgada de las intenciones ajenas que deteriora vínculos relevantes.

Otro criterio central es la **inflexibilidad**. En la personalidad común los rasgos se modulan: el estilo se ajusta al contexto, se aprende de la experiencia y se amplían estrategias. En los **trastornos de personalidad**, las respuestas tienden a ser rígidas y resistentes al cambio, incluso cuando generan consecuencias negativas repetidas. La **rigidez** suele aportar más información clínica que el tipo concreto de rasgo. El patrón se manifiesta de forma consistente en distintos ámbitos de la vida, como el trabajo, la pareja, las relaciones sociales o el contexto familiar, y no queda limitado a una situación aislada. También resultan relevantes la **duración** y el **curso** del funcionamiento, ya que se trata de configuraciones mantenidas en el tiempo y no de reacciones puntuales ante situaciones de estrés agudo.

La discusión sobre continuidad dimensional conduce a una pregunta práctica: si la personalidad es continua, por qué se diagnostica en categorías. La respuesta es pragmática. Las categorías facilitan comunicación clínica, investigación aplicada y organización de servicios. Sin embargo, el **enfoque categorial** tiene límites conocidos: alta comorbilidad, solapamientos, heterogeneidad interna y fronteras poco nítidas. Dos personas con el mismo diagnóstico pueden diferir mucho en funcionamiento y mecanismos, y dos personas con diagnósticos distintos pueden compartir procesos clínicos relevantes. Por eso los modelos contemporáneos tienden a integrar categorías con descripciones dimensionales.

Una distinción especialmente útil separa dos preguntas: cuál es el perfil de rasgos predominante y cuál es la severidad del deterioro del funcionamiento. El **perfil** de rasgos describe la forma del estilo (por ejemplo, más evitativo, más desconfiado, más desinhibido o más rígido). La **severidad** describe el impacto: cuánta disfunción del self y de lo interpersonal se observa, cuánta rigidez está presente y cuánto deterioro se produce en áreas centrales de la vida. Esta separación mejora la precisión clínica, porque perfiles similares pueden acompañarse de severidades muy distintas, con implicaciones diferentes para pronóstico y planificación terapéutica.

En conjunto, la continuidad dimensional no debilita la comprensión clínica, sino que la precisa. Permite entender que los trastornos de la personalidad se relacionan con dimensiones generales de la personalidad, pero se delimitan por criterios funcionales claros: rigidez en los patrones de funcionamiento, presencia del mismo estilo en distintos ámbitos de la vida, deterioro mantenido en el tiempo y afectación del funcionamiento personal e interpersonal. Esta base conceptual permite revisar los sistemas diagnósticos y los modelos actuales sin confundir la variación humana con la patología ni reducir la comprensión clínica a una simple etiqueta.

Capítulo 3

Historia del Concepto de Personalidad Patológica

La idea de **personalidad patológica** no surge, en su origen, como una categoría clínica claramente delimitada. Durante siglos, las diferencias individuales en el modo de sentir, actuar y relacionarse se interpretaron mediante marcos filosóficos y morales, más que psicológicos. Las tipologías antiguas, como las formulaciones temperamentales vinculadas a la teoría humoral, intentaban explicar estilos de comportamiento estables mediante disposiciones corporales. Aunque hoy esas explicaciones carecen de validez científica, dejaron una intuición duradera: existe continuidad en el estilo personal y esa continuidad influye en la manera de vivir, de vincularse y de afrontar dificultades.

Con el avance de la **psiquiatría** moderna, especialmente a finales del siglo XIX y comienzos del XX, la atención se desplazó hacia descripciones clínicas más sistemáticas. Aparecieron propuestas que entendían ciertos estilos persistentes como "constituciones" o disposiciones estables, con la idea de que algunos individuos presentaban patrones problemáticos no reducibles a episodios agudos. En este periodo se consolidó un interés clínico por formas de funcionamiento caracterizadas por estabilidad temporal, baja flexibilidad y dificultades en la adaptación social, aunque el lenguaje aún era heterogéneo y, en ocasiones, cargado de connotaciones morales.

En el primer tercio del siglo XX, el término "**psicopatía**" se utilizó de manera amplia para describir personalidades problemáticas y socialmente desajustadas, no necesariamente vinculadas a lo que hoy se entiende por un trastorno concreto. Esa amplitud conceptual generó confusión histórica: la psicopatía llegó a abarcar desde rasgos antisociales hasta formas de inestabilidad emocional o rareza interpersonal. Paralelamente, la tradición clínica europea desarrolló descripciones más elaboradas de "personalidades" con patrones característicos. Una referencia importante fue la propuesta de Kurt Schneider sobre "**personalidades psicopáticas**", entendidas como configuraciones estables que causan sufrimiento al individuo o a su entorno. Esta formulación fue influyente por su enfoque descriptivo y por desplazar el énfasis desde la moral hacia la observación clínica.

A mediados del siglo XX, la **corriente psicodinámica** aportó un giro relevante: la idea de "carácter" como organización relativamente estable de defensas, conflictos y modos de relación. En este marco, lo patológico no se definía solo por rasgos visibles, sino por la estructura subyacente del self, la regulación afectiva y los patrones interpersonales repetitivos. Conceptos como organización de la personalidad, identidad y mecanismos de defensa ofrecieron una lectura más explicativa del funcionamiento, y sostuvieron modelos clínicos que influyeron en la comprensión de la severidad y la estabilidad de ciertos patrones.

En paralelo, se consolidaron **enfoques empíricos** basados en rasgos y aprendizaje. La psicología diferencial desarrolló instrumentos y modelos para medir dimensiones amplias de personalidad, mostrando que muchos fenómenos clínicos se distribuyen de forma continua. Esta línea contribuyó a la idea contemporánea de **continuidad dimensional** entre rasgos y patología, y abrió el debate sobre si los "trastornos" representan categorías naturales o umbrales clínicos dentro de dimensiones más generales.

Un punto de inflexión en la historia reciente fue la aparición del **DSM-III** (1980), que introdujo un enfoque más operacional y categorial, con criterios explícitos para mejorar la fiabilidad diagnóstica. Los trastornos de personalidad se definieron como patrones persistentes, inflexibles y generalizados, con inicio temprano y deterioro funcional. Este paso facilitó comunicación clínica e investigación, pero también acentuó problemas conocidos: comorbilidad elevada, solapamientos, heterogeneidad interna y fronteras diagnósticas poco nítidas. Estas limitaciones sostuvieron una crítica constante: describir "tipos" puede simplificar en exceso una realidad dimensional y compleja.

Los **desarrollos contemporáneos** han tendido a integrar lo mejor de ambos mundos: la utilidad comunicativa de las categorías y la precisión descriptiva de las dimensiones. Los sistemas actuales incorporan con mayor claridad dos ejes: el nivel de deterioro del funcionamiento de la personalidad (severidad) y el perfil de rasgos desadaptativos. En este sentido, el DSM-5-TR mantiene el modelo categorial tradicional, pero también reconoce propuestas dimensionales; la CIE-11 avanza en un enfoque centrado en severidad y rasgos, con el objetivo de describir mejor la realidad clínica.

En investigación, marcos como **HiTOP**, Modelo Jerárquico de Taxonomía de la Psicopatología, y **RDoC**, Criterios de Dominio de Investigación, reflejan una tendencia más amplia a reorganizar la psicopatología a partir de dimensiones y procesos transdiagnósticos, con el fin de aumentar la coherencia con la evidencia empírica disponible. HiTOP propone una organización dimensional y jerárquica de los síntomas y rasgos, ordenándolos en distintos niveles que van desde manifestaciones amplias hasta expresiones más específicas, y mantiene un vínculo directo con los cuadros clínicos tradicionales. RDoC, por su parte, es una iniciativa promovida por el Instituto Nacional de Salud Mental de Estados Unidos, un organismo público de referencia en investigación en salud mental, y se diferencia del modelo dimensional clásico en que no parte de los diagnósticos clínicos existentes. En lugar de ello, organiza la psicopatología en torno a sistemas básicos del funcionamiento psicológico y neurobiológico, como los sistemas de amenaza, recompensa, cognición, regulación y vinculación social, estudiados a lo largo de continuos que van desde el funcionamiento adaptativo hasta las alteraciones graves.

Esta diferencia es relevante, ya que mientras los modelos dimensionales buscan refinar y reorganizar los diagnósticos clínicos tradicionales, RDoC propone un marco de investigación que se sitúa más allá de esas categorías y no depende de ellas, al priorizar el estudio de mecanismos y procesos fundamentales del funcionamiento psicológico y neurobiológico.

En conjunto, la historia del concepto de personalidad patológica muestra un movimiento progresivo desde tipologías amplias y en ocasiones cargadas de valoraciones implícitas hacia modelos clínicos y empíricos que ponen el acento en el funcionamiento, la severidad, los rasgos y los mecanismos implicados. Esta evolución no elimina la complejidad, sino que la expresa mediante un lenguaje más preciso y con mayor utilidad clínica y científica.

Capítulo 4

DSM-5-TR y CIE-11

Los principales marcos diagnósticos contemporáneos en salud mental son el DSM-5-TR y la CIE-11. Ambos comparten un objetivo general: ofrecer un lenguaje común para describir fenómenos clínicos, facilitar la comunicación entre profesionales, orientar decisiones asistenciales y permitir codificación y comparabilidad en investigación. Aun así, parten de tradiciones distintas y, en el ámbito de los trastornos de la personalidad, reflejan estrategias diferentes para resolver un problema central: cómo representar patrones complejos, heterogéneos y a menudo dimensionales sin perder utilidad clínica.

El DSM-5-TR, elaborado por la Asociación Americana de Psiquiatría, se utiliza en contextos clínicos, académicos y de investigación, especialmente en Norteamérica y en parte de la literatura internacional. La CIE-11, "Clasificación Internacional de Enfermedades", desarrollada por la Organización Mundial de la Salud, es un sistema global orientado a la clasificación de enfermedades y condiciones de salud con fines clínicos y administrativos, con impacto directo en los sistemas sanitarios, la planificación de servicios y los procesos de codificación. Esta diferencia institucional influye en prioridades: el DSM tiende a enfatizar definiciones operacionales para investigación clínica y psiquiátrica; la CIE prioriza aplicabilidad internacional y utilidad para salud pública y servicios.

En el **DSM-5-TR**, los trastornos de la personalidad se describen, en su modelo principal, mediante un **enfoque categorial**: se definen diagnósticos específicos basados en conjuntos de criterios. Este enfoque ofrece una ventaja práctica: permite nombrar presentaciones clínicas de manera rápida y relativamente estandarizada. Además, el DSM mantiene una organización tradicional por agrupaciones descriptivas (clústeres) que, sin ser entidades etiológicas, ayudan a ordenar rasgos comunes y estilos predominantes.

Junto al modelo categorial, el DSM-5-TR reconoce de manera explícita las limitaciones históricas de ese enfoque: comorbilidad elevada entre diagnósticos, heterogeneidad interna (personas con el mismo diagnóstico pueden diferir mucho), solapamientos entre criterios y fronteras diagnósticas discutibles. Estas dificultades no son detalles técnicos; afectan a la validez clínica del diagnóstico cuando se pretende que una categoría explique mecanismos psicológicos o anticipe curso y respuesta terapéutica.

Por este motivo, el DSM incluye un **modelo alternativo** de trastornos de la personalidad (AMPD), que propone una descripción más cercana a la evidencia dimensional. Esta alternativa introduce dos ejes fundamentales. El primero es el nivel de funcionamiento de la personalidad, centrado en el self y lo interpersonal, con énfasis en identidad, autodirección, empatía e intimidad. El segundo eje es un perfil de rasgos patológicos, organizado en dominios amplios que describen tendencias desadaptativas. La idea clínica de fondo es separar forma y gravedad: el estilo se describe con rasgos; el impacto se describe con el nivel de deterioro del funcionamiento.

La **CIE-11**, en cambio, adopta un giro más decidido hacia un **enfoque dimensional** en el diagnóstico de los trastornos de la personalidad. En lugar de múltiples categorías específicas, se parte del diagnóstico general de trastorno de la personalidad y se especifica la severidad. La severidad se conceptualiza como el grado de compromiso del funcionamiento personal e interpersonal, junto con la amplitud y persistencia del patrón desadaptativo. Este énfasis tiene una razón clínica: la severidad tiende a asociarse de forma más directa con necesidad de intervención, riesgo de deterioro, complejidad del curso y requerimientos asistenciales.

Además de la severidad, la CIE-11 permite describir el estilo mediante **dominios de rasgos**, que caracterizan el modo predominante de funcionamiento. Estos dominios capturan dimensiones como afectividad negativa, desapego, disocialidad, desinhibición y anankastia, configurando un perfil que orienta la formulación clínica. En la práctica, este enfoque busca reducir el "ruido" diagnóstico derivado de múltiples etiquetas superpuestas y ofrecer una descripción más flexible: una misma severidad puede adoptar distintos perfiles de rasgos, y un mismo perfil puede presentarse con severidades distintas.

La CIE-11 incorpora también un calificador específico para el **patrón límite**. Este elemento funciona como puente con la tradición categorial previa, dada la relevancia clínica, investigadora y asistencial de ese patrón en muchos contextos. Su presencia muestra una tensión propia de los sistemas diagnósticos actuales: avanzar hacia lo dimensional sin perder continuidad con lenguajes clínicos establecidos.

Comparar DSM-5-TR y CIE-11 permite identificar convergencias importantes. Ambos sistemas consideran esencial la estabilidad del patrón en el tiempo, su carácter persistente y su impacto funcional. Ambos distinguen, al menos de forma implícita, entre rasgos como variación humana y trastorno como organización rígida y costosa del funcionamiento. Ambos tienden a desplazar la atención desde la idea de "tipos" hacia una combinación de severidad y perfil de funcionamiento, aunque lo hagan con distintos grados de integración dentro del modelo principal.

Las diferencias, sin embargo, tienen implicaciones prácticas. El DSM-5-TR mantiene categorías como marco dominante y ofrece una alternativa dimensional; la CIE-11 establece severidad y rasgos como núcleo del diagnóstico. El DSM, en su modelo alternativo, utiliza dominios de rasgos que se solapan parcialmente con los de la CIE-11, pero no son idénticos. Esta falta de equivalencia perfecta es esperable: no se trata de sistemas paralelos, sino de intentos distintos de representar fenómenos complejos bajo objetivos institucionales y tradiciones clínicas diferentes.

En términos clínicos, ambos sistemas pueden entenderse como herramientas complementarias. El diagnóstico resulta más informativo cuando no se reduce a una etiqueta, sino que integra el nivel de deterioro, el perfil de rasgos predominante y una formulación del funcionamiento del self y de lo interpersonal. Desde esta base, las clasificaciones dejan de ser "listas" y se convierten en mapas: ayudan a describir con precisión, a comunicar con claridad y a orientar intervenciones sin confundir estilo con patología ni severidad con identidad personal.

Capítulo 5

Modelos Categoriales y Modelos Dimensionales

El debate entre modelos categoriales y modelos dimensionales está presente en buena parte de la psicopatología contemporánea, y en los trastornos de la personalidad adquiere un relieve especial. La razón es clínica y epistemológica a la vez: los patrones de personalidad problemáticos tienden a ser persistentes, heterogéneos y con fronteras difusas, lo que dificulta representarlos como "entidades" claramente separadas. En este contexto, los sistemas diagnósticos no solo clasifican; también proponen una forma de pensar el fenómeno.

El **enfoque categorial** define trastornos como categorías cualitativamente distintas: se "tiene" o "no se tiene" un diagnóstico según se cumpla un conjunto de criterios. Su atractivo principal ha sido práctico. Un diagnóstico categorial funciona como una etiqueta comunicativa rápida, útil para informes, coordinación entre profesionales, toma de decisiones institucionales y ciertas líneas de investigación. Además, la lógica categorial encaja bien con tradiciones médicas generales, donde muchas condiciones se conceptualizan por presencia o ausencia.

Sin embargo, en personalidad, el modelo categorial muestra límites. La comorbilidad elevada entre diagnósticos es uno de los más visibles: en la práctica, múltiples categorías tienden a solaparse en la misma persona. A esto se suma la heterogeneidad interna: dos personas con el mismo diagnóstico pueden compartir pocos criterios y presentar funcionamientos muy distintos. También aparecen problemas de umbral: pequeñas diferencias en el número de criterios pueden modificar la asignación diagnóstica, aunque el funcionamiento global sea similar. Este conjunto de fenómenos sugiere que las categorías no siempre capturan "tipos" bien delimitados, sino agrupaciones útiles pero imperfectas.

El **enfoque dimensional** parte de una premisa diferente: los rasgos y tendencias relevantes para la personalidad se distribuyen de manera continua. En lugar de clasificar en "cajas", describe perfiles: cuánto de una característica está presente y cómo se combina con otras. La ventaja conceptual es la fidelidad al fenómeno. Muchos estilos y dificultades clínicas no parecen existir como "todo o nada", sino como gradientes en severidad, rigidez y coste funcional. La dimensionalidad permite describir con mayor precisión lo que suele observarse en evaluación: intensidades, configuraciones y variaciones dentro de un mismo patrón general.

En términos clínicos, la discrepancia entre ambos modelos se expresa en una pregunta central: qué define lo **patológico**. El modelo categorial tiende a definirlo por un conjunto de rasgos y conductas descritos como criterios. El modelo dimensional tiende a definirlo por dos componentes que pueden separarse: el perfil de rasgos desadaptativos (la "forma" del estilo) y el deterioro del funcionamiento de la personalidad (la "gravedad" o severidad). Esta separación es una de las convergencias más relevantes en la literatura reciente, porque resuelve un problema frecuente: no todo estilo extremo implica un trastorno, y no todo deterioro severo se explica solo por un rasgo particular. El funcionamiento del self y lo interpersonal ofrece un eje clínico transversal que suele correlacionar mejor con necesidad de intervención, complejidad del curso y pronóstico que el simple recuento de criterios.

Una fuente importante del **debate** es la tensión entre fiabilidad y validez. El giro categorial operativo en manuales modernos incrementó la fiabilidad interevaluadora: dos clínicos pueden concordar mejor si aplican criterios explícitos. Pero la validez —es decir, si las categorías corresponden a entidades psicológicas coherentes con mecanismos, trayectorias y respuestas clínicas— queda más cuestionada cuando hay solapamientos, comorbilidad masiva y heterogeneidad interna. Los modelos dimensionales suelen mejorar la validez descriptiva al representar continuidad y perfiles, pero plantean otros desafíos: requieren instrumentos más elaborados, mayor entrenamiento para interpretación y una traducción clínica clara para decisiones rápidas.

La **utilidad clínica** constituye otra fuente de debate. En el trabajo asistencial se valoran los diagnósticos que orientan la intervención, permiten anticipar dificultades y facilitan la comunicación profesional. Las categorías funcionan como un recurso lingüístico sintético, mientras que las dimensiones aportan una descripción más precisa del funcionamiento. La utilidad efectiva depende del modo en que se emplee el diagnóstico. Una asignación categorial sin una formulación clínica adecuada puede empobrecer la comprensión, y un perfil dimensional sin integración puede resultar poco operativo. En ambos casos, el diagnóstico es una herramienta, no una explicación completa.

La **dimensionalidad** también obliga a confrontar una cuestión delicada: dónde colocar los cortes. Aunque el fenómeno sea continuo, la clínica requiere umbrales para decidir cuándo hay deterioro clínicamente significativo. Esto no es un defecto exclusivo de lo dimensional; también ocurre en lo categorial, pero queda menos visible. La diferencia es que en lo dimensional el corte se reconoce como convencional y funcional: se decide por impacto, persistencia, rigidez y coste, no porque exista una frontera natural evidente.

Más allá de la oposición, existen convergencias prácticas. Una de las más importantes es el surgimiento de **modelos híbridos**. Estos modelos conservan cierta lógica diagnóstica para comunicación, pero la acompañan de descriptores dimensionales de severidad y rasgos. En términos clínicos, este enfoque suele responder mejor a la realidad: permite decir qué ocurre (perfil), cuánto compromete (severidad) y cómo se organiza (funcionamiento). Además, reduce el problema de la "reificación" diagnóstica, es decir, tratar una etiqueta como si fuera una entidad fija que agota la comprensión de la persona. Cuando se describe severidad y rasgos, el diagnóstico se vuelve menos una identidad y más un mapa de funcionamiento.

En los trastornos de la personalidad, el concepto de **severidad** se ha convertido en un elemento central de organización clínica. La severidad hace referencia al grado de alteración del self y del funcionamiento interpersonal, a la rigidez de los patrones, a la extensión del deterioro y a la dificultad para modificar el funcionamiento mediante ajustes espontáneos. Esta perspectiva se corresponde con la realidad clínica observada: una misma configuración de rasgos puede presentarse con distintos niveles de severidad, y dichos niveles suelen relacionarse con la demanda asistencial, la intensidad de las intervenciones necesarias y la probabilidad de desorganización en los ámbitos relacional o laboral.

También converge la idea de que "rasgos patológicos" y "rasgos normales" mantienen una continuidad conceptual. Muchos **dominios clínicos** pueden entenderse como expresiones desadaptativas o extremas de dimensiones generales. Este punto fortalece la integración entre psicología de la personalidad y psicopatología, y explica por qué los modelos dimensionales han ganado terreno: permiten conectar investigación de rasgos con evaluación clínica sin asumir saltos cualitativos innecesarios.

No obstante, ambos enfoques tienen límites conceptuales que conviene reconocer para evitar simplificaciones. El **modelo categorial** puede producir una falsa sensación de precisión, ocultando heterogeneidad y solapamientos. Puede favorecer lecturas esencialistas, como si el diagnóstico fuera una "cosa" que explica por sí misma. El **modelo dimensional** puede dar una impresión de objetividad excesiva si se confunde medición con comprensión: cuantificar rasgos no equivale, por sí mismo, a explicar por qué se mantienen ciertos patrones o cómo se construyen en la historia relacional de cada persona. Además, la dimensionalidad describe bien perfiles, pero necesita integrarse con procesos clínicos: regulación emocional, sesgos interpretativos, aprendizaje interpersonal, expectativas y estrategias de afrontamiento.

Existe, además, un límite transversal: el **contexto**. Tanto las categorías como los rasgos pueden interpretarse de forma incorrecta si se separan de condiciones culturales, etapas vitales y ambientes específicos. Un estilo puede ser adaptativo en un contexto y costoso en otro. La clínica exige, por tanto, que la clasificación se complemente con una formulación que describa cómo se activan los patrones, qué los mantiene y qué funciones cumplen en el equilibrio psicológico de la persona.

En síntesis, el debate categorial versus dimensional no se resuelve declarando un vencedor, sino aclarando qué aporta cada enfoque y dónde falla. El enfoque categorial facilita comunicación y decisiones rápidas, pero puede simplificar en exceso fenómenos continuos y heterogéneos. El enfoque dimensional aumenta precisión descriptiva, integra severidad y rasgos, y representa mejor la continuidad entre estilo y patología, pero requiere criterios funcionales claros, instrumentos adecuados y traducción clínica operativa. La orientación actual se dirige hacia modelos integrados que combinan la descripción de la severidad del funcionamiento, la caracterización de los rasgos y el uso de un lenguaje clínico compartido, entendiendo el diagnóstico como un punto de partida para una comprensión más amplia y no como una conclusión cerrada.

Capítulo 6

Criterios Diagnósticos y Lógica Clasificatoria

La organización diagnóstica de los trastornos de la personalidad responde a una necesidad clínica concreta: describir patrones persistentes del funcionamiento psicológico que influyen de manera amplia en la vida de una persona, especialmente en la identidad, la autorregulación y las relaciones interpersonales. A diferencia de los trastornos de curso episódico, estos patrones no se manifiestan como episodios claramente delimitados en el tiempo, sino como estilos relativamente estables de percibir, interpretar, sentir y actuar. Por este motivo, los sistemas diagnósticos han buscado criterios capaces de captar tres dimensiones esenciales: la persistencia del patrón, su presencia en distintos contextos y su repercusión funcional.

De forma general, el **diagnóstico** de un trastorno de la personalidad requiere identificar un **patrón** duradero de experiencia interna y conducta que se aparta de las expectativas socioculturales del entorno y que se expresa en varias áreas del funcionamiento, como la interpretación de la realidad, la vivencia emocional, el estilo interpersonal y el control de impulsos. Este patrón suele mostrar poca flexibilidad y aparece en distintos ámbitos de la vida, lo que lo diferencia de respuestas situacionales o de estilos adaptativos limitados a un contexto concreto. Además, la descripción clínica no es suficiente por sí sola: el patrón debe asociarse a malestar clínicamente significativo o a deterioro en áreas relevantes del funcionamiento y mostrar estabilidad a lo largo del tiempo, con inicio reconocible en la adolescencia o al comienzo de la vida adulta. Los sistemas diagnósticos incluyen también criterios de exclusión, con el fin de evitar interpretaciones erróneas cuando el patrón se explica mejor por otro trastorno mental, por efectos de sustancias o por una condición médica. Esta formulación sintetiza la lógica clásica empleada para delimitar el diagnóstico de trastorno de la personalidad.

La **lógica clasificatoria** no se limita, sin embargo, a determinar la presencia o ausencia de un trastorno. Una vez establecido el umbral clínico, surge una cuestión adicional: cómo describir con mayor precisión la forma que adopta la alteración. De manera histórica, la respuesta predominante ha sido categorial, mediante la identificación de síndromes prototípicos definidos por listas de criterios. Este enfoque facilita la comunicación clínica y la estandarización diagnóstica, pero en el ámbito de la personalidad presenta dificultades conocidas, como el solapamiento entre diagnósticos, la heterogeneidad interna de cada categoría y la coexistencia frecuente de varios diagnósticos. En la práctica, esto implica que la asignación categorial aislada suele ofrecer una visión incompleta del funcionamiento psicológico real.

El **DSM-5-TR** mantiene un modelo principal de carácter categorial, con diez trastornos específicos organizados en agrupaciones descriptivas. Esta organización por clústeres funciona como un esquema clínico de estilos predominantes, sin pretensión explicativa sobre el origen de los trastornos. Su valor es principalmente práctico, ya que permite ordenar el repertorio diagnóstico y comunicar perfiles de forma relativamente rápida. Al mismo tiempo, el propio manual incorpora un modelo alternativo de orientación dimensional que busca superar algunas limitaciones del enfoque categorial. Este modelo se articula en torno a dos componentes: el nivel de funcionamiento de la personalidad y el perfil de rasgos patológicos. La diferenciación entre severidad, entendida como el grado de alteración del self y de lo interpersonal, y estilo, definido por los rasgos predominantes, ha adquirido un peso creciente en la psicopatología contemporánea por su capacidad para aumentar la precisión clínica sin perder un lenguaje común.

La **CIE-11** desarrolla esta orientación de manera aún más explícita. En lugar de priorizar un conjunto amplio de categorías específicas, parte del diagnóstico general de trastorno de la personalidad y exige especificar el nivel de severidad, clasificado como leve, moderado o grave. La severidad se concibe como un indicador del grado de alteración del funcionamiento personal e interpersonal y del impacto global del patrón en la vida cotidiana, teniendo en cuenta su amplitud, persistencia, rigidez y consecuencias prácticas. Esta elección se apoya en observaciones consistentes de la práctica clínica y la investigación, que muestran que el nivel de disfunción global se asocia de forma estrecha con la complejidad del cuadro, el pronóstico y las necesidades asistenciales.

Además de la severidad, la CIE-11 permite describir el perfil del funcionamiento mediante dominios de rasgos. Estos dominios ofrecen un lenguaje dimensional para caracterizar el estilo predominante con el que se expresa la alteración, como la afectividad negativa, el desapego, la disocialidad, la desinhibición o la anankastia. Esta lógica permite comprender que dos personas con un nivel similar de severidad pueden presentar estilos clínicos muy distintos, y que un mismo estilo puede aparecer con distintos grados de compromiso funcional. De este modo, la descripción no depende únicamente de una categoría prototípica y se reduce la coexistencia artificial de múltiples diagnósticos derivada del solapamiento categorial.

La CIE-11 contempla también una categoría subumbral, denominada **dificultad de personalidad**, destinada a situaciones en las que existen rasgos problemáticos y cierta interferencia funcional, pero no se alcanza el umbral de trastorno. Esta opción resulta especialmente relevante en la práctica clínica, ya que permite describir variación psicológica significativa sin forzar diagnósticos completos y favorece un lenguaje gradual y más ajustado a la realidad clínica.

Desde un punto de vista conceptual, la organización diagnóstica actual puede entenderse como una estructura en capas. En primer lugar, se determina la presencia de un patrón persistente y generalizado compatible con un trastorno de la personalidad. A continuación, se estima la severidad, que informa sobre el grado de compromiso del funcionamiento y la necesidad de intervención. Por último, se describe el estilo o perfil, ya sea mediante categorías prototípicas en el marco tradicional del DSM o mediante rasgos dimensionales en modelos alternativos y en la CIE-11. Esta arquitectura permite que el diagnóstico funcione como una descripción estructurada del funcionamiento psicológico y no como un rótulo aislado.

Un elemento transversal en esta lógica es la distinción entre rasgos, estados y contexto. La evaluación de la personalidad exige cautela cuando el cuadro está dominado por estados intensos asociados a trastornos del estado de ánimo, ansiedad, trauma o consumo de sustancias. También requiere una lectura cultural y evolutiva que diferencie entre patrones persistentes y estilos propios de una etapa vital o de un entorno específico. La clasificación proporciona un marco de referencia, pero su valor clínico depende de la integración con el juicio profesional, la historia longitudinal y la observación del funcionamiento relacional.

En conjunto, la organización contemporánea de los trastornos de la personalidad se orienta hacia un principio compartido: describir de forma simultánea el impacto global del funcionamiento y el estilo con el que ese impacto se expresa. Las categorías facilitan la comunicación y aportan continuidad histórica; las dimensiones aportan precisión y conexión con la psicología de los rasgos. La práctica clínica se beneficia cuando ambos niveles se combinan, evitando tanto la patologización excesiva de diferencias individuales como la reducción de configuraciones complejas a una única asignación diagnóstica.

Capítulo 7

Clúster A, Clúster B y Clúster C

La agrupación por clústeres es una forma clásica de organizar los trastornos de la personalidad dentro del marco del DSM. Su función es fundamentalmente descriptiva y pedagógica, ya que reúne diagnósticos que muestran semejanzas en el estilo de funcionamiento, especialmente en el ámbito interpersonal, en el tono afectivo predominante y en ciertos modos habituales de interpretar la experiencia. No se trata de una clasificación etiológica, es decir, no está diseñada para explicar el origen ni las causas de los trastornos, sino para ordenar y describir patrones clínicos observables. Tampoco propone una división en compartimentos estancos, entendidos como categorías cerradas y mutuamente excluyentes sin contacto entre sí. En la práctica clínica es frecuente que una misma persona presente rasgos asociados a distintos clústeres y que exista coexistencia de varios diagnósticos. Por este motivo, los clústeres se comprenden mejor como un esquema orientativo que facilita la comprensión de temas clínicos habituales y estilos relacionales predominantes, y no como categorías rígidas que definan entidades claramente separadas.

Los clústeres se presentan tradicionalmente como tres grandes agrupaciones. El Clúster A reúne patrones caracterizados por rareza, desconfianza o desapego. El Clúster B reúne patrones con mayor expresividad emocional, impulsividad o conflictos interpersonales intensos. El Clúster C reúne patrones donde predominan ansiedad, inhibición, necesidad de seguridad o control. Esta organización tiene utilidad clínica cuando se utiliza con prudencia: permite ordenar hipótesis, estructurar la entrevista, pensar en mecanismos probables y planificar focos de intervención, sin reducir el caso a un rótulo.

Una precaución conceptual importante consiste en evitar la reificación del clúster, es decir, en no tratar una agrupación diagnóstica descriptiva como si fuera una entidad real con capacidad explicativa propia. Un clúster no constituye una esencia psicológica ni un principio causal del funcionamiento, sino un marco organizativo que permite describir regularidades observadas entre distintos trastornos. Su función es ordenar y orientar, no explicar por sí mismo cómo funciona una persona.

Desde esta perspectiva, ir más allá de la etiqueta implica no conformarse con el nombre del clúster o del trastorno como explicación suficiente. La denominación diagnóstica sirve para la comunicación clínica y la clasificación, pero no describe el grado de alteración, la flexibilidad de los patrones, la organización del self ni el impacto real en las relaciones y en la vida cotidiana. El trabajo clínico requiere valorar estos aspectos de manera específica, atendiendo a la severidad del funcionamiento, a la capacidad de ajuste y a las consecuencias interpersonales del patrón.

Los modelos contemporáneos tienden a integrar estos niveles de análisis, combinando la orientación descriptiva de las agrupaciones con una evaluación detallada del funcionamiento psicológico. Esta integración suele ofrecer una comprensión más precisa que el uso aislado de la agrupación por clústeres, al evitar convertir una herramienta clasificatoria en una explicación cerrada del comportamiento y la experiencia de la persona.

Clúster A: rareza, desconfianza y desapego como ejes de funcionamiento:

1. **Trastorno de la personalidad paranoide**: Patrón persistente de desconfianza hacia los demás, con tendencia a interpretar las intenciones ajenas como hostiles. Predominan la suspicacia, la hipervigilancia y la dificultad para establecer relaciones basadas en la confianza.

2. **Trastorno de la personalidad esquizoide**: Patrón estable de distanciamiento social y escasa implicación emocional en las relaciones. Se observa preferencia por la soledad, bajo interés por la intimidad y expresión afectiva limitada.

3. **Trastorno de la personalidad esquizotípica**: Patrón caracterizado por malestar en las relaciones cercanas, junto con distorsiones cognitivas o perceptivas y conductas excéntricas. Son frecuentes creencias inusuales, pensamiento mágico y estilo comunicativo peculiar.

El Clúster A incluye el trastorno paranoide, el esquizoide y el esquizotípico de la personalidad. En términos descriptivos, comparten un estilo que puede percibirse como distante, cauteloso o excéntrico, con dificultades para construir confianza y para sostener vínculos con reciprocidad fluida. El rasgo clínico central no es simplemente "ser introvertido", sino una combinación de interpretación social particular y distancia interpersonal, a menudo acompañada de rigidez en la lectura de intenciones ajenas.

En el **funcionamiento paranoide** predomina la sospecha. La experiencia interpersonal se organiza alrededor de la expectativa de daño, engaño o deslealtad. Esto puede traducirse en hipervigilancia, sensibilidad a señales ambiguas y tendencia a atribuir intenciones negativas donde otros verían ambivalencia. La relación terapéutica puede verse afectada por la dificultad para ceder control, por la preocupación por la confidencialidad o por interpretaciones de la neutralidad clínica como amenaza.

En el **funcionamiento esquizoide** predomina el desapego. La distancia interpersonal suele estar asociada a baja motivación por la intimidad, preferencia por actividades solitarias y un repertorio expresivo emocional más limitado. Conviene diferenciar este patrón de una evitación por ansiedad social: en el esquizoide, la retirada suele estar menos ligada al temor al juicio y más a una preferencia estable por la autonomía y la baja recompensa subjetiva del contacto social.

En el **funcionamiento esquizotípico** se observan, además del desapego o la incomodidad relacional, particularidades cognitivas y perceptivas, creencias idiosincráticas o estilos comunicativos inusuales. El punto clínico relevante es la interferencia funcional de esas experiencias y su impacto en la calidad del vínculo y la adaptación cotidiana. La evaluación requiere atención a la continuidad con rasgos comunes de pensamiento no convencional, y a la vez cautela para detectar señales de desorganización o deterioro clínicamente significativo.

Como marco, el Clúster A orienta hacia una clínica donde suelen aparecer dificultades en confianza, mentalización de intenciones, contacto emocional y flexibilidad interpretativa. La intervención suele requerir ritmo gradual, consistencia, claridad de encuadre y un trabajo cuidadoso con atribuciones y expectativas interpersonales.

Clúster B: intensidad emocional, impulsividad y conflicto interpersonal:

1. **Trastorno de la personalidad antisocial**: Patrón persistente de transgresión de normas sociales y derechos de los demás, con escasa consideración por las consecuencias de la conducta. Son habituales la impulsividad, la irresponsabilidad y la falta de empatía o remordimiento.

2. **Trastorno de la personalidad límite**: Patrón de inestabilidad en la identidad, la regulación emocional y las relaciones interpersonales. Predominan la intensidad emocional, el temor al abandono y las oscilaciones marcadas en la percepción de uno mismo y de los demás.

3. **Trastorno de la personalidad histriónica**: Patrón caracterizado por una búsqueda constante de atención y una expresividad emocional intensa y cambiante. Las relaciones suelen estar marcadas por la necesidad de validación y por un estilo interpersonal centrado en el impacto emocional.

4. **Trastorno de la personalidad narcisista**: Patrón de grandiosidad, necesidad de reconocimiento y sensibilidad marcada a la crítica. Se observa una autoimagen inflada o frágil, junto con dificultades para reconocer las necesidades y perspectivas de los demás.

El Clúster B incluye el trastorno antisocial, el límite, el histriónico y el narcisista de la personalidad. El descriptor tradicional "dramático, emocional o errático" intenta captar una cualidad común: la experiencia interpersonal tiende a ser intensa, con oscilaciones afectivas, búsqueda de impacto relacional o dificultades de regulación que se expresan en conductas y vínculos. Aun así, las diferencias internas son grandes y es un clúster especialmente heterogéneo.

En el **patrón antisocial** se observa transgresión persistente de normas y derechos ajenos, con posibles dificultades en empatía, responsabilidad y aprendizaje por consecuencias. En el plano clínico, el foco no es moralizar, sino describir patrones conductuales y relacionales, valorar riesgos de deterioro social y explorar funciones del comportamiento, historia de aprendizaje, contextos y motivaciones.

En el **patrón límite** destacan inestabilidad emocional, sensibilidad al rechazo, cambios rápidos en la evaluación de uno mismo y de los demás, e inestabilidad relacional. La lógica clínica suele incluir vulnerabilidad afectiva, estrategias de regulación que pueden ser rápidas y poco elaboradas, y ciclos interpersonales intensos. La calidad del vínculo terapéutico y el manejo de límites adquieren especial relevancia.

En el **patrón histriónico** suele predominar la necesidad de aprobación y una orientación a la expresividad y a la influencia interpersonal, con un estilo de presentación emocional a veces rápido o cambiante. El trabajo clínico suele centrarse en la regulación de la atención interpersonal, la consistencia del self y la profundidad del procesamiento emocional, más allá de la forma expresiva.

En el **patrón narcisista** se observan variaciones entre grandiosidad manifiesta y vulnerabilidad a la desvalorización, con sensibilidad a la crítica, necesidad de reconocimiento y dificultades en reciprocidad empática. Es clínicamente útil distinguir la autoimagen explícita de los mecanismos de regulación de autoestima y de la dependencia de validación externa.

Como marco, el Clúster B orienta a evaluar regulación emocional, impulsividad, manejo de frustración, patrones de idealización y devaluación, y estilo de búsqueda de validación. También subraya la importancia de formular severidad y de diferenciar rasgos de estilo de problemas agudos concurrentes.

Clúster C: ansiedad, inhibición y control como organizadores del funcionamiento:

1. **Trastorno de la personalidad evitativa**: Patrón persistente de inhibición social y sensibilidad elevada a la crítica, con evitación de relaciones por temor al rechazo. Predominan la inseguridad, la autovaloración negativa y el deseo de vínculo limitado por la ansiedad interpersonal.

2. **Trastorno de la personalidad dependiente**: Patrón de necesidad excesiva de cuidado y apoyo, con dificultad para tomar decisiones de forma autónoma. Son frecuentes la sumisión, el temor a la separación y la búsqueda constante de protección en las relaciones.

3. **Trastorno de la personalidad obsesivo-compulsiva**: Patrón caracterizado por preocupación por el orden, el control y el perfeccionismo, a costa de la flexibilidad y la eficiencia. Predominan la rigidez, la dificultad para delegar y la adhesión estricta a normas y estándares.

El Clúster C incluye el trastorno evitativo, el dependiente y el obsesivo-compulsivo de la personalidad. El descriptor tradicional "ansioso o temeroso" resume una orientación común: búsqueda de seguridad y reducción de incertidumbre, con estrategias basadas en evitación, sumisión relacional o control rígido. El hilo conductor no es solo la ansiedad como estado, sino la organización del funcionamiento alrededor de la prevención de amenaza interpersonal, pérdida de apoyo o pérdida de control.

En el **patrón evitativo** predomina el temor a la crítica y al rechazo, acompañado de inhibición social y autoconcepto de inadecuación. A diferencia del desapego del Clúster A, aquí suele existir deseo de vínculo, pero la anticipación de evaluación negativa limita la participación social. La clínica se centra en sesgos de amenaza social, vergüenza, autocrítica y conductas de evitación que mantienen el problema.

En el **patrón dependiente** se observa necesidad intensa de cuidado y apoyo, con dificultades para tomar decisiones autónomas y miedo a la separación. El vínculo puede organizarse con sumisión, búsqueda de confirmación constante o dificultades para sostener desacuerdo. La formulación clínica suele explorar historia de apego, estrategias de seguridad y costos de la autonomía percibida como riesgo.

En el **patrón obsesivo-compulsivo de la personalidad** predominan el perfeccionismo, la rigidez y la preocupación por el orden y el control, con interferencia en la flexibilidad, la espontaneidad y la eficiencia. Este patrón no debe confundirse con el trastorno obsesivo-compulsivo (TOC) como trastorno de ansiedad. En la personalidad obsesivo-compulsiva el núcleo es un estilo estable centrado en el control, los estándares elevados y la necesidad de previsibilidad, vivido habitualmente como coherente con la forma de ser. En el trastorno obsesivo-compulsivo, en cambio, lo central son las obsesiones y compulsiones clínicas, experimentadas como intrusivas y generadoras de malestar, y generalmente egodistónicas, es decir, vividas como ajenas a la identidad y a los valores de la persona.

Como marco, el Clúster C orienta hacia dificultades en tolerancia a la incertidumbre, regulación de vergüenza y miedo al rechazo, dependencia de señales de seguridad y rigidez normativa. En la intervención, suelen ser relevantes la flexibilidad cognitiva, la autonomía gradual, el trabajo con autocrítica y la reestructuración de estrategias de control.

El uso clínico más sensato de los clústeres consiste en emplearlos como **hipótesis** iniciales de estilo, sin convertirlos en conclusiones finales. El valor práctico aparece cuando ayudan a organizar la entrevista, anticipar dinámicas relacionales, orientar focos de evaluación y recordar que los trastornos de personalidad implican patrones persistentes con impacto funcional. El límite aparece cuando se usan como estereotipos, cuando se ignora la severidad, o cuando se asume que un clúster explica mecanismos por sí mismo.

En un marco contemporáneo, la agrupación por clústeres puede integrarse con una descripción más elaborada basada en severidad del funcionamiento y dominios de rasgos. Esa integración permite conservar el lenguaje clínico tradicional y, al mismo tiempo, ajustar la descripción a la complejidad real del caso.

Capítulo 8

Modelos Dimensionales de la Personalidad

Los **modelos dimensionales** contemporáneos parten de una observación empírica y clínica: muchas de las diferencias individuales relevantes para la personalidad se distribuyen de manera continua. En lugar de asumir la existencia de tipos discretos y cualitativamente separados, describen perfiles definidos por dimensiones, con distintos grados de intensidad y combinaciones posibles. Este enfoque ha ganado peso porque representa de forma más ajustada la variabilidad humana, reduce problemas clásicos del diagnóstico categorial como el solapamiento y la heterogeneidad interna, y permite distinguir con mayor claridad entre dos cuestiones clínicamente diferentes: el estilo predominante del funcionamiento y el grado de alteración del mismo.

En este marco, el **rasgo** se entiende como una disposición relativamente estable que influye en la percepción de la realidad, la experiencia emocional, la toma de decisiones y la respuesta interpersonal. Los rasgos no se observan de forma directa, sino que se infieren a partir de patrones consistentes a lo largo del tiempo. Su valor clínico aumenta cuando se describen como continuos, ya que no se trata de tener o no tener un rasgo, sino de situarse en un rango de intensidad. En niveles moderados, un rasgo puede resultar adaptativo; en niveles elevados, o combinado con otros rasgos y con baja flexibilidad, puede generar dificultades significativas.

Los rasgos suelen organizarse **jerárquicamente**. En la parte superior se sitúan dominios amplios que agrupan tendencias relacionadas, y en niveles inferiores aparecen facetas más específicas que capturan matices clínicamente relevantes. Esta organización explica por qué una persona mantiene un estilo reconocible y, al mismo tiempo, muestra variaciones según la situación: el dominio aporta continuidad, mientras que las facetas y el contexto modulan la expresión concreta.

En el **modelo alternativo** del **DSM** para los trastornos de la personalidad, los dominios de rasgos patológicos se agrupan en cinco grandes áreas:

1. Afectividad negativa: tendencia marcada a experimentar emociones displacenteras, con elevada reactividad al estrés y dificultad para recuperar la estabilidad emocional. En términos clínicos, se asocia a vulnerabilidad al malestar, sensibilidad a amenazas y labilidad afectiva.

2. Desapego: distanciamiento de las relaciones sociales y restricción de la experiencia emocional. Puede manifestarse como escaso interés por la intimidad, frialdad afectiva o evitación persistente del vínculo, aunque los motivos y la vivencia subjetiva varían según el caso.

3. Antagonismo: estilo interpersonal caracterizado por oposición, grandiosidad y baja reciprocidad. Incluye formas de relación centradas en el dominio, la instrumentalización de los demás o la falta de consideración por sus necesidades, desde expresiones abiertas hasta modalidades más encubiertas.

4. Desinhibición: dificultad para el control de impulsos y la planificación, con tendencia a la impulsividad, la búsqueda de gratificación inmediata y la escasa consideración de consecuencias, especialmente en contextos de activación emocional.

5. Psicoticismo: presencia de experiencias perceptivas inusuales, creencias extrañas y pensamiento excéntrico, con grados variables de desconexión respecto a consensos compartidos y de impacto funcional.

En la **CIE-11** se describen cinco dominios de rasgos que permiten caracterizar el estilo predominante del funcionamiento de la personalidad. Estos dominios son los siguientes:

1. Afectividad negativa: tendencia estable a experimentar emociones displacenteras como ansiedad, tristeza, irritabilidad o preocupación, con elevada reactividad emocional y dificultad para recuperar la calma tras situaciones estresantes.

2. Desapego: distanciamiento de las relaciones interpersonales y restricción de la implicación emocional, que puede expresarse como escaso interés por la intimidad, frialdad afectiva o preferencia marcada por la soledad.

3. Disocialidad: estilo interpersonal caracterizado por baja consideración por los demás, escasa empatía y tendencia a conductas dominantes, explotadoras o poco cooperativas en las relaciones.

4. Desinhibición: dificultad para regular impulsos y conductas, con tendencia a la impulsividad, la búsqueda de gratificación inmediata y la escasa planificación de las consecuencias.

5. Anankastia: patrón centrado en rigidez, perfeccionismo y orientación excesiva al orden, las normas y el control, con interferencia en la flexibilidad, la espontaneidad y la capacidad de adaptación.

Aunque la correspondencia con los dominios del DSM no es exacta, la lógica clínica es comparable, ya que ambos sistemas describen el funcionamiento de la personalidad a partir de dimensiones relacionadas con el tono emocional, el estilo interpersonal y el control de la conducta.

La descripción de rasgos y dominios no agota la evaluación clínica de la personalidad. Un elemento decisivo en los modelos contemporáneos es la incorporación del **nivel de funcionamiento**, que responde a una pregunta distinta: no solo cómo es el estilo, sino hasta qué punto se ve comprometida la capacidad de sostener una identidad coherente, regular la conducta y mantener relaciones estables. En la práctica, este nivel se asocia de manera directa con la gravedad clínica, la complejidad del curso y las necesidades asistenciales.

El funcionamiento de la personalidad suele describirse atendiendo a dos grandes áreas y a un eje de severidad clínica:

1. Funcionamiento del self: Incluye la identidad y la autodirección. La identidad se refiere a la coherencia y continuidad del autoconcepto y de los valores personales, mientras que la autodirección alude a la capacidad de establecer metas, mantenerlas en el tiempo y regular la conducta para alcanzarlas.

2. Funcionamiento interpersonal: Comprende la empatía y la intimidad. La empatía implica reconocer y comprender las perspectivas y necesidades de los demás, y la intimidad hace referencia a la capacidad de establecer y mantener vínculos cercanos con estabilidad y reciprocidad.

3. Severidad del funcionamiento: Se concibe como un continuo o como niveles diferenciados, que van desde una interferencia limitada hasta una alteración marcada del funcionamiento personal y relacional. Estos niveles no describen identidad ni valor personal, sino el grado de compromiso clínico del funcionamiento psicológico.

En conjunto, los modelos dimensionales contemporáneos proponen una arquitectura integrada: el perfil de rasgos describe el estilo predominante, y el nivel de funcionamiento informa sobre la gravedad del compromiso. Esta combinación permite distinguir perfiles similares con necesidades clínicas distintas y separar estilos extremos adaptativos de patrones que generan deterioro significativo por rigidez y coste funcional. De este modo, el diagnóstico se convierte en una descripción estructurada del funcionamiento psicológico, y no en una identidad fija ni en una explicación cerrada.

Capítulo 9

El Modelo Alternativo de los Trastornos de la Personalidad

El **modelo alternativo de los trastornos de la personalidad**, conocido habitualmente como **AMPD**, surge como respuesta a limitaciones bien documentadas del enfoque categorial tradicional. La experiencia clínica y la investigación han mostrado de forma consistente problemas como el solapamiento elevado entre diagnósticos, la heterogeneidad dentro de una misma categoría, la coexistencia frecuente de varios diagnósticos y la dificultad para establecer fronteras claras. Estas dificultades hacen que una denominación diagnóstica aislada describa con poca precisión el funcionamiento real y ofrezca una orientación limitada para la toma de decisiones clínicas complejas.

Frente a estas limitaciones, el modelo alternativo propone un cambio de enfoque basado en dos componentes complementarios que permiten responder a dos preguntas clínicas distintas: cuánto está comprometido el funcionamiento y de qué manera se expresa ese compromiso. Esta arquitectura introduce una distinción explícita entre severidad y estilo, lo que aporta mayor claridad clínica.

El primer componente, denominado **criterio A**, se centra en el **nivel de funcionamiento de la personalidad**. La evaluación se organiza en torno a dos ámbitos principales:

1. Funcionamiento del self: incluye la identidad y la autodirección. La identidad se refiere a la coherencia y continuidad del autoconcepto, la estabilidad relativa de valores y la capacidad de integrar experiencias sin fragmentación marcada. La autodirección alude a la capacidad de establecer metas realistas, mantenerlas en el tiempo y regular la conducta para alcanzarlas, con margen para revisar objetivos sin pérdida de cohesión.

2. Funcionamiento interpersonal: incluye la empatía y la intimidad. La empatía se relaciona con la capacidad de comprender la experiencia ajena, reconocer el impacto propio en los demás y ajustar la conducta de forma recíproca. La intimidad hace referencia a la capacidad de establecer y sostener vínculos cercanos con estabilidad suficiente, manejar conflictos, tolerar ambivalencias y mantener el compromiso relacional sin ciclos repetidos de ruptura o desorganización.

La aportación principal de este componente es conceptual y clínica, ya que desplaza la atención desde la búsqueda de una denominación diagnóstica hacia la valoración del grado de alteración de capacidades básicas como la identidad, la autorregulación y la vinculación. Esto permite graduar la **severidad** y comprender por qué configuraciones de rasgos similares pueden requerir abordajes clínicos muy distintos.

El segundo componente, denominado **criterio B**, describe el **perfil de rasgos patológicos**. En el modelo alternativo, los rasgos se organizan de forma jerárquica en dominios amplios y facetas específicas. Los dominios principales son los siguientes:

1. Afectividad negativa: vulnerabilidad al estrés y tendencia a emociones displacenteras, con manifestaciones como ansiedad, irritabilidad o labilidad afectiva.

2. Desapego: distancia interpersonal, restricción afectiva y escasa recompensa subjetiva del contacto social.

3. Antagonismo: estilos interpersonales con baja reciprocidad, hostilidad o instrumentalización de los demás, que pueden incluir grandiosidad o insensibilidad.

4. Desinhibición: impulsividad, baja planificación y tendencia a la gratificación inmediata, con dificultades para el control conductual.

5. Psicoticismo: experiencias perceptivas inusuales, pensamiento extraño y formas poco convencionales de interpretar la realidad, con impacto variable en el funcionamiento.

Este componente aporta un lenguaje descriptivo elaborado que permite construir perfiles individualizados y captar mejor la variabilidad clínica real. Facilita además la continuidad con modelos empíricos de rasgos y el seguimiento del cambio, explicando por qué personas con la misma asignación diagnóstica pueden diferir de forma notable en regulación emocional, dinámica relacional y necesidades asistenciales.

El modelo alternativo no elimina por completo la comunicación categorial. Mantiene ciertos **prototipos** de trastorno de la personalidad definidos por combinaciones características de severidad y rasgos, e incorpora una categoría para presentaciones no prototípicas, pero clínicamente significativas, descritas mediante un perfil de rasgos. Esta opción evita forzar diagnósticos cuando la presentación es mixta y permite conservar precisión descriptiva.

En la evaluación clínica, el modelo aporta una estructura que ordena la entrevista y reduce ambigüedades. La secuencia habitual comienza con la valoración del funcionamiento del self y lo interpersonal, y continúa con la descripción del perfil de rasgos. Esta integración mejora la formulación clínica al situar gravedad y estilo dentro de un mismo marco, permitiendo diferenciar entre estilos llamativos con funcionamiento relativamente conservado y patrones con deterioro significativo, aunque menos visible.

En la **formulación clínica**, esta lógica favorece descripciones concisas pero informativas, que comunican severidad, áreas comprometidas y estilo predominante sin depender de una sola denominación diagnóstica. En el trabajo en equipo, este tipo de formulación suele facilitar una comprensión compartida y reducir discusiones centradas exclusivamente en fronteras diagnósticas.

En el ámbito del **tratamiento**, la separación entre severidad y rasgos orienta la planificación. La severidad guía la intensidad, la estructura y la continuidad del abordaje, mientras que el perfil de rasgos orienta los objetivos específicos del trabajo terapéutico. El modelo no prescribe una intervención concreta, pero aporta coherencia a la elección de prioridades clínicas.

En investigación y evaluación de resultados, el enfoque dimensional permite medir cambios graduales y clínicamente relevantes, y valorar transformaciones estructurales en el funcionamiento del self y lo interpersonal, más allá de la simple reducción de síntomas. Asimismo, mejora la comparabilidad entre estudios al reducir la heterogeneidad interna de las categorías tradicionales.

Existen, no obstante, desafíos relevantes. La aplicación rigurosa del modelo requiere formación, tiempo e instrumentos adecuados. Si se utiliza de manera superficial, puede convertirse en un listado de términos sin integración clínica. También plantea dificultades de adaptación a sistemas asistenciales que siguen basándose en categorías rígidas para decisiones administrativas. Por último, exige no perder de vista el contexto, la historia relacional, la cultura y la etapa vital, para evitar reducir la comprensión clínica a un perfil descriptivo aislado.

En conjunto, el modelo alternativo ofrece una estructura más acorde con la evidencia contemporánea, al integrar severidad del funcionamiento y perfil de rasgos. Su valor principal reside en su uso como marco de formulación clínica, que permite describir cómo funciona la personalidad, qué grado de compromiso presenta ese funcionamiento y con qué estilo se expresa, manteniendo el diagnóstico como una herramienta clínica y no como una explicación totalizante.

Capítulo 10

Reorganizar la Comprensión en Psicopatología: HiTOP y RDoC

La necesidad de reorganizar la comprensión de la psicopatología surge a partir de limitaciones bien conocidas de los sistemas diagnósticos tradicionales. Aunque marcos como el DSM y la CIE han proporcionado un lenguaje común y han mejorado la fiabilidad mediante criterios definidos, su uso continuado ha puesto de manifiesto dificultades persistentes en la práctica clínica y en la investigación. Entre ellas se incluyen límites poco claros entre normalidad y trastorno, fronteras imprecisas entre diagnósticos, coexistencia frecuente de varios cuadros en una misma persona, heterogeneidad interna dentro de una misma asignación diagnóstica e inestabilidad cuando cambian los síntomas o los contextos. Estas dificultades complican la identificación de procesos psicológicos y neurobiológicos más específicos y limitan la capacidad explicativa de las categorías aisladas.

En este contexto surgen dos propuestas complementarias para reorganizar la psicopatología desde una perspectiva dimensional y transdiagnóstica: HiTOP y RDoC. Ambas comparten la idea de que los problemas psicológicos no se organizan de forma natural en compartimentos cerrados, pero difieren en el nivel en el que sitúan la reorganización.

HiTOP, Modelo Jerárquico de Taxonomía de la Psicopatología, es un marco teórico y empírico desarrollado en el ámbito de la investigación para organizar la psicopatología a partir de la evidencia sobre cómo los **síntomas**, **rasgos** y **síndromes** tienden a agruparse de manera consistente. No constituye un manual diagnóstico ni un sistema de codificación clínica, sino una propuesta surgida del análisis de grandes conjuntos de datos realizada por consorcios internacionales de investigadores en psicopatología y psicometría.

Desde esta base, HiTOP plantea una reorganización descriptiva y estructural de la psicopatología que no parte de categorías clínicas previamente definidas. La clasificación se construye de forma progresiva, comenzando por fenómenos clínicos específicos y organizándolos en niveles cada vez más amplios, lo que permite reflejar la **continuidad dimensional** del funcionamiento psicológico. Este planteamiento reduce la heterogeneidad interna de los diagnósticos tradicionales y permite comprender la coexistencia de varios cuadros no como una anomalía, sino como una consecuencia esperable de dimensiones compartidas del funcionamiento psicológico.

La lógica básica de HiTOP se apoya en una **estructura jerárquica** que puede describirse de la siguiente forma:

1. Signos y síntomas relativamente específicos.

2. Componentes o rasgos formados por conjuntos estrechos de fenómenos relacionados.

3. Síndromes clínicos más amplios.

4. Espectros de alto nivel que agrupan síndromes y componentes según su covariación.

Esta organización permite describir un caso en distintos **niveles** de generalidad. En niveles superiores se reconoce que los grandes espectros tienden a relacionarse entre sí, lo que sugiere la existencia de una carga general de vulnerabilidad o desorganización psicológica que influye en el curso y el pronóstico, sin reducir la clínica a un único índice global.

En sus formulaciones iniciales, HiTOP incluye varios **espectros** amplios que actúan como ejes estructurales de la psicopatología:

1. Internalización o afectividad negativa: Agrupa patrones dominados por malestar emocional, como ansiedad, tristeza y preocupación persistente, con alta reactividad al estrés y tendencia a estados afectivos displacenteros.

2. Trastorno del pensamiento o psicoticismo: Reúne alteraciones en la percepción y el pensamiento, como experiencias inusuales, creencias extrañas o desconexión respecto a consensos compartidos, con impacto variable en el funcionamiento.

3. Externalización desinhibida: Describe patrones caracterizados por dificultades en el control de impulsos, búsqueda de gratificación inmediata, conductas arriesgadas y problemas para planificar o anticipar consecuencias.

4. Externalización antagonista: Se refiere a estilos interpersonales marcados por hostilidad, baja reciprocidad, dominancia o instrumentalización de los demás, con conflictos frecuentes en las relaciones.

5. Desapego: Incluye patrones de distanciamiento interpersonal, restricción afectiva y bajo interés por la intimidad, con escasa recompensa subjetiva del contacto social.

6. Somatomorfo: Agrupa manifestaciones centradas en síntomas físicos persistentes y preocupaciones corporales, con malestar significativo y utilización frecuente de recursos sanitarios, sin que exista una explicación médica suficiente.

Estos espectros no equivalen a trastornos concretos, sino a **dimensiones** que agrupan fenómenos clínicos relacionados. Por ejemplo, la internalización reúne manifestaciones de ansiedad y depresión que en sistemas categoriales aparecen separadas, y la externalización se diferencia en una vertiente más desinhibida y otra más antagonista, asociadas a patrones conductuales e interpersonales distintos.

Una aportación relevante de HiTOP es la integración de la psicopatología de la personalidad dentro del mismo marco estructural. Los rasgos desadaptativos de la personalidad se organizan en **dominios** amplios que se conectan con los espectros generales, lo que ayuda a comprender por qué los trastornos de personalidad suelen coexistir con otros cuadros clínicos. Desde esta perspectiva, el solapamiento no se interpreta como una suma artificial de diagnósticos, sino como la expresión conjunta de dimensiones superiores compartidas.

En la práctica clínica, HiTOP no sustituye a los sistemas diagnósticos vigentes, pero resulta útil como marco descriptivo. Permite formular casos en términos de perfiles dimensionales, facilita pensar en procesos transversales como la regulación emocional o el control conductual y ofrece una lectura más comprensible de la coexistencia de problemas afectivos, conductuales e interpersonales sin forzar múltiples asignaciones diagnósticas independientes.

RDoC, Criterios de Dominio de Investigación, es un marco conceptual desarrollado en el ámbito de la investigación en salud mental para estudiar la psicopatología desde una **perspectiva funcional** y mecanística. Se trata de una iniciativa impulsada por el Instituto Nacional de Salud Mental de Estados Unidos, concebida expresamente como un programa de investigación y no como un sistema diagnóstico ni como un sustituto de los manuales clínicos vigentes. Su objetivo es comprender la psicopatología como variaciones y alteraciones en sistemas psicológicos y biológicos fundamentales que están presentes, en distintos grados, en toda la población.

El cambio conceptual central de RDoC consiste en modificar el punto de partida del análisis. En lugar de comenzar por síndromes definidos por conjuntos de síntomas, el enfoque se inicia en **funciones humanas básicas**, como la respuesta a la amenaza, la motivación, la cognición o los procesos sociales, y examina cómo las alteraciones en estos sistemas pueden expresarse clínicamente en formas diversas y compartidas por distintos diagnósticos. De este modo, RDoC propone un **marco transdiagnóstico** orientado a identificar mecanismos subyacentes, más que a clasificar personas en categorías clínicas cerradas.

RDoC se organiza en una matriz que describe dominios de funcionamiento y constructos estudiados a lo largo de un continuo que va desde el funcionamiento adaptativo hasta las alteraciones graves. Los **dominios** principales son los siguientes:

1. Sistemas de valencia negativa, relacionados con la respuesta ante situaciones aversivas como amenaza, pérdida o frustración.

2. Sistemas de valencia positiva, vinculados a la motivación, la recompensa y el aprendizaje por refuerzo.

3. Sistemas cognitivos, que incluyen procesos como atención, memoria, control cognitivo y lenguaje.

4. Sistemas para procesos sociales, centrados en afiliación, apego, comunicación social y comprensión de uno mismo y de los demás.

5. Sistemas de activación y regulación, relacionados con niveles de activación, ritmos biológicos y regulación del sueño y la vigilia.

6. Sistemas sensorimotores, implicados en la planificación, ejecución y control de la conducta motora.

Un rasgo distintivo de RDoC es la integración de múltiples **niveles** de análisis, que van desde la conducta observable y el autorreporte hasta medidas fisiológicas y biológicas, incorporando además el desarrollo y el contexto ambiental. La matriz se concibe como una herramienta abierta y revisable, orientada a generar hipótesis sobre mecanismos más que a clasificar personas.

En términos clínicos, RDoC aporta un marco para traducir fenómenos observables en **hipótesis** sobre procesos subyacentes. Facilita entender por qué síntomas similares pueden aparecer en distintos diagnósticos, orienta la investigación hacia mecanismos comunes y favorece una aproximación preventiva al concebir la psicopatología como una desviación gradual del funcionamiento.

Aunque HiTOP y RDoC comparten una orientación dimensional y transdiagnóstica, reorganizan la psicopatología en niveles distintos. **HiTOP** ordena principalmente la forma clínica observable, estructurando síntomas, rasgos y síndromes en una jerarquía basada en su relación empírica. **RDoC** reorganiza principalmente el nivel funcional y mecanístico, centrándose en sistemas psicológicos y biológicos básicos.

En la práctica investigadora y en la formulación clínica, ambos marcos pueden combinarse: uno ayuda a describir qué patrón dimensional se presenta y el otro a formular hipótesis sobre qué procesos pueden sostenerlo.

Existen límites comunes: HiTOP es un sistema en desarrollo que requiere seguir ajustando medidas y su relación con la práctica asistencial. RDoC es un marco de investigación y no un sistema de diagnóstico clínico. Ninguno de los dos sustituye la formulación clínica integral, que debe incluir historia evolutiva, contexto cultural, patrones relacionales y nivel de deterioro funcional.

En los **trastornos de la personalidad**, estos enfoques resultan especialmente relevantes. La coexistencia de problemas y el solapamiento entre categorías son frecuentes, y una lectura dimensional suele describir mejor los perfiles reales. Los rasgos desadaptativos pueden entenderse como parte de estructuras amplias y conectarse con sistemas funcionales básicos, lo que facilita integrar severidad y estilo. De este modo, HiTOP aporta un mapa estructural de cómo se agrupan los fenómenos clínicos y RDoC ofrece un marco para explorar los mecanismos que pueden sostener esos patrones, enriqueciendo la comprensión sin sustituir el juicio clínico.

Capítulo 11

Trastornos de la Personalidad según Theodore Millon

Theodore Millon ocupa un lugar singular en la psicopatología de la personalidad por haber propuesto una síntesis amplia entre teoría de la personalidad, observación clínica y clasificación diagnóstica. Su contribución no se limita a enumerar categorías; propone una manera de pensar la personalidad patológica como un conjunto de estrategias de adaptación relativamente estables que, en determinados contextos y niveles de rigidez, dejan de ser funcionales y generan deterioro. Esta perspectiva permite vincular lo descriptivo (cómo se presenta un estilo) con lo explicativo (qué lógica adaptativa lo organiza) y con lo clínico (qué focos conviene priorizar en evaluación y tratamiento).

Una idea central en Millon es que la **personalidad** no es un conjunto de rasgos aislados, sino un **patrón** organizado. Un "estilo" es un modo coherente y repetido de relacionarse con el entorno, regular estados internos y construir vínculos. La **personalidad patológica** aparece cuando ese estilo se vuelve **rígido**, generalizado y costoso, con pérdida de flexibilidad para ajustarse a demandas reales. El énfasis, por tanto, no recae solo en "qué rasgos" existen, sino en "cómo se organiza" el funcionamiento y qué precio tiene en la vida cotidiana.

En su modelo evolutivo, Millon describe la **personalidad** como resultado de formas de adaptación moldeadas por presiones de supervivencia y aprendizaje. El lenguaje evolutivo, en este caso, funciona como metáfora estructurante: las personas tienden a repetir estrategias que, en algún momento, han incrementado sensación de seguridad, control o pertenencia. Cuando estas estrategias se cristalizan, pueden generar patrones interpersonales repetitivos y dificultades persistentes. Esta lectura aporta una ventaja clínica: desplaza el foco desde el juicio moral hacia la **comprensión funcional**, preguntando qué necesidades intenta resolver el patrón y qué consecuencias produce.

Un elemento distintivo de Millon es el uso de **polaridades** para describir dimensiones básicas de adaptación. Estas polaridades funcionan como ejes organizadores que, combinados, generan estilos diferentes. Tres polaridades han sido especialmente influyentes.

La primera polaridad se formula como **orientación hacia placer frente a evitación del dolor**. Se refiere a cómo se regulan motivación y aprendizaje: algunas configuraciones se organizan buscando activamente gratificación, estímulo y reconocimiento; otras se estructuran priorizando prevención de amenaza, reducción de malestar y minimización de riesgos. En clínica, esta polaridad ayuda a entender por qué ciertos estilos se activan ante promesas de recompensa, mientras otros se activan ante señales de pérdida, crítica o incertidumbre.

La segunda polaridad se describe como **adaptación activa frente a adaptación pasiva**. En un extremo, el entorno se modifica: se tiende a imponer preferencias, dirigir la situación o "mover" la realidad para reducir tensión. En el otro extremo, se tiende a acomodarse: se acepta la estructura externa, se cede control o se busca seguridad ajustándose a reglas y expectativas. Esta polaridad resulta útil para entender diferencias entre estilos que afrontan el estrés mediante confrontación, control o dominancia, y estilos que lo hacen mediante sumisión, evitación o conformidad.

La tercera polaridad se plantea como **orientación hacia uno mismo frente a orientación hacia los otros**. Este eje describe dónde se sitúa el centro de gravedad del vínculo: hay estilos donde la regulación de autoestima y la toma de decisiones giran principalmente alrededor de la autoafirmación y el mantenimiento de una autoimagen; en otros, la estabilidad se construye mediante el vínculo, la aprobación y la sintonía con necesidades ajenas. La utilidad clínica aparece al formular patrones de validación: si la cohesión del self depende de reconocimiento externo o, por el contrario, se protege mediante autosuficiencia defensiva y baja dependencia relacional.

Estas polaridades no pretenden "encasillar" a las personas, sino ofrecer un mapa para comprender por qué ciertos estilos se sienten tan consistentes y difíciles de modificar. En el enfoque de Millon, las combinaciones extremas o rígidas de estas polaridades contribuyen a perfiles clínicos reconocibles.

A partir de este marco, Millon desarrolla la noción de **prototipos** o **estilos de personalidad**. Un prototipo describe una configuración relativamente coherente de rasgos, motivaciones, cogniciones y patrones interpersonales. A diferencia de una lista de síntomas, el prototipo busca captar una **organización**: cómo se piensa, qué se espera de los demás, cómo se regula la emoción, qué amenazas resultan centrales y qué estrategias se repiten para sostener estabilidad. Esta aproximación permite explicar la heterogeneidad dentro de un mismo diagnóstico: dos personas pueden compartir una etiqueta y, sin embargo, expresar subtipos o configuraciones distintas dentro del mismo "familia" prototípica.

Otro aporte relevante es la forma en que Millon descompone el patrón en **dominios de funcionamiento**. La personalidad, en su lectura clínica, se expresa simultáneamente en varios planos que suelen mantenerse coordinados:

1. Conducta expresiva: el modo visible de presentarse, comunicar, modular afecto y responder en interacción.

2. Estilo interpersonal: patrones de cercanía-distancia, reciprocidad, negociación, manejo del conflicto, necesidad de control o búsqueda de aprobación.

3. Estilo cognitivo: formas típicas de interpretar señales, atribuir intenciones, anticipar consecuencias, y seleccionar información congruente con expectativas previas.

4. Tono afectivo y regulación emocional: umbrales de activación, labilidad, tendencia a estados displacenteros o búsqueda de estimulación, y estrategias de recuperación tras estrés.

5. Autoimagen y cohesión del self: cómo se define la identidad, cómo se sostiene la autoestima, qué vulnerabilidades narcisistas o devaluaciones se activan, y qué narrativas personales organizan la experiencia.

6. Mecanismos de regulación intrapsíquica: estrategias relativamente automatizadas para manejar conflicto, amenaza, culpa o vergüenza, incluyendo defensas y formas de control interno.

7. Representaciones relacionales: modelos internos de cómo "son" los otros y qué cabe esperar de los vínculos, que influyen en la repetición de secuencias interpersonales.

La utilidad de este desglose es clínica: ayuda a formular el caso sin reducirlo a una etiqueta. Un mismo rasgo superficial puede sostenerse por mecanismos distintos en cada dominio. La intervención se vuelve más precisa cuando se identifica qué piezas del patrón mantienen el ciclo: si el núcleo está en sesgos cognitivos, en regulación afectiva, en dependencia de validación o en expectativas relacionales rígidas.

Millon también contribuye a pensar la continuidad entre **estilo** y **trastorno**. En su perspectiva, la diferencia no se explica solo por "tener más" de un rasgo, sino por la combinación de rigidez, generalización, coste funcional y menor capacidad de aprendizaje correctivo. Esto conecta con modelos actuales que separan estilo (perfil) y severidad (nivel de deterioro del funcionamiento). La severidad no es un añadido; es parte estructural del fenómeno: cuando el patrón compromete identidad, metas, empatía o capacidad de intimidad, el pronóstico y las necesidades clínicas cambian de manera sustantiva.

En el plano aplicado, dos aportaciones de Millon han sido especialmente influyentes. La primera es su desarrollo de **instrumentos de evaluación** orientados a perfiles de personalidad clínica, diseñados para captar configuraciones prototípicas y rasgos asociados. Más allá del instrumento concreto, lo relevante es el enfoque: evaluar personalidad patológica como perfil, no como suma de síntomas inconexos, e integrar resultados con entrevista y observación longitudinal.

La segunda es la idea de una **intervención guiada por personalidad**. La lógica clínica consiste en que diferentes estilos requieren distintos énfasis terapéuticos, ritmos y estrategias. Cuando predomina rigidez cognitiva, suele ser central trabajar flexibilidad interpretativa y tolerancia a la ambivalencia. Cuando predomina vulnerabilidad afectiva, el foco se desplaza hacia regulación emocional y estabilidad del self. Cuando predominan patrones interpersonales repetitivos, la intervención se centra en mentalización, reciprocidad, límites y reparación relacional. Esta orientación no sustituye a modelos terapéuticos específicos, pero mejora la coherencia del plan clínico al vincular objetivos con el modo de funcionamiento que sostiene el problema.

Theodore Millon propuso un sistema más amplio que el de los manuales diagnósticos clásicos y describió **14** patrones o **prototipos de personalidad**, entendidos como configuraciones clínicas organizadas y no como simples listas de síntomas. Estos prototipos se basan en su modelo evolutivo y en la combinación de polaridades motivacionales, estilos interpersonales y formas de regulación.

Los 14 trastornos o patrones de personalidad descritos por Millon son los siguientes:

1. **Trastorno de la personalidad esquizoide**: Patrón caracterizado por distanciamiento emocional, preferencia por la soledad y bajo interés por las relaciones, con un mundo interno autosuficiente y escasa implicación afectiva.

2. **Trastorno de la personalidad evitativa**: Patrón definido por inhibición social, temor al rechazo y sensibilidad elevada a la crítica, con deseo de vínculo limitado por ansiedad interpersonal persistente.

3. **Trastorno de la personalidad depresiva**: Patrón marcado por tono afectivo triste, autovaloración negativa y tendencia a la culpa y el pesi-

mismo, con organización estable del malestar como rasgo central del funcionamiento.

4. **Trastorno de la personalidad dependiente**: Patrón caracterizado por necesidad excesiva de apoyo, dificultad para la autonomía y temor intenso a la separación, con búsqueda constante de cuidado y protección.

5. **Trastorno de la personalidad histriónica**: Patrón centrado en la búsqueda de atención, expresividad emocional intensa y necesidad de validación interpersonal, con relaciones marcadas por dramatización y dependencia del reconocimiento.

6. **Trastorno de la personalidad narcisista**: Patrón definido por grandiosidad, necesidad de admiración y sensibilidad marcada a la crítica, con regulación de la autoestima centrada en la autoafirmación y el estatus.

7. **Trastorno de la personalidad antisocial**: Patrón caracterizado por transgresión de normas, baja consideración por los demás y escasa responsabilidad, con conductas orientadas a la gratificación inmediata y el dominio.

8. **Trastorno de la personalidad sádica o agresiva**: Patrón descrito por Millon en el que predomina la hostilidad, la dureza interpersonal y el disfrute del control o del sometimiento del otro, especialmente en contextos relacionales asimétricos.

9. **Trastorno de la personalidad obsesivo-compulsiva**: Patrón centrado en rigidez, perfeccionismo y control, con orientación excesiva a normas, orden y estándares elevados, a costa de flexibilidad y espontaneidad.

10. **Trastorno de la personalidad negativista o pasivo-agresiva**: Patrón caracterizado por oposición indirecta, ambivalencia hacia la autoridad y expresión encubierta del enfado, con oscilaciones entre dependencia y resistencia.

11. **Trastorno de la personalidad masoquista o autodestructiva**: Patrón en el que la persona tiende a situarse en posiciones de sacrificio,

fracaso o malestar, manteniendo relaciones o situaciones que refuerzan la desvalorización personal.

12. **Trastorno de la personalidad esquizotípica**: Patrón definido por distorsiones cognitivas o perceptivas, pensamiento peculiar y estilo interpersonal excéntrico, con malestar en las relaciones cercanas.

13. **Trastorno de la personalidad límite**: Patrón caracterizado por inestabilidad en identidad, regulación emocional y vínculos, con intensa reactividad afectiva y dificultad para mantener cohesión del self.

14. **Trastorno de la personalidad paranoide**: Patrón marcado por desconfianza persistente, suspicacia y tendencia a interpretar las intenciones ajenas como hostiles, con relaciones basadas en vigilancia y defensa.

En el enfoque de Millon, estos patrones no representan compartimentos cerrados, sino **prototipos clínicos** que permiten comprender configuraciones organizadas del funcionamiento psicológico. Su propuesta amplía la comprensión de la personalidad patológica al integrar estilo, motivación, relaciones y severidad, y explica por qué muchas presentaciones reales no encajan de forma limpia en los sistemas diagnósticos más reducidos.

En conjunto, Millon aporta una gramática para pensar la personalidad patológica como organización adaptativa rígida: sus polaridades explican direcciones motivacionales básicas; sus prototipos describen configuraciones clínicas coherentes; su análisis por dominios permite formular el funcionamiento con precisión; y su enfoque aplicado favorece evaluación y tratamiento más ajustados a la arquitectura del caso. Esta perspectiva conserva valor contemporáneo porque evita dos reduccionismos: convertir el diagnóstico en una etiqueta totalizante o reducir la clínica a listas de criterios sin comprensión funcional.

Capítulo 12

Trastornos del Clúster A: Excéntricos

La agrupación conocida como **Clúster A** reúne presentaciones clínicas en las que predominan la desconfianza interpersonal, el desapego social y, en algunos casos, formas de pensamiento y percepción poco convencionales. Históricamente se ha descrito este clúster como "extraño o excéntrico", pero esa etiqueta puede resultar imprecisa si se interpreta como un rasgo superficial. Lo clínicamente relevante no es la apariencia, sino un estilo de funcionamiento psicológico donde se combinan dificultades específicas en el procesamiento social, en la construcción de confianza y en la forma de interpretar señales ambiguas del entorno.

Estas características no se expresan de la misma manera en todas las personas, ni implican necesariamente cuadros psicóticos. En el Clúster A pueden observarse fenómenos cercanos al espectro psicótico en intensidad leve o moderada (por ejemplo, interpretaciones idiosincráticas o experiencias perceptivas inusuales), pero con frecuencia se trata de patrones estables de personalidad más que de episodios agudos. La evaluación, por tanto, requiere una lectura longitudinal y funcional: cómo de persistentes son los patrones, en qué contextos aparecen, qué coste interpersonal generan y cuánto margen de flexibilidad existe.

A continuación, se describen ejes generales del funcionamiento psicológico que suelen aparecer, con variaciones, en los trastornos del Clúster A.

1. **Estilo interpersonal: cautela, distancia y dificultades para la confianza:** El núcleo interpersonal del Clúster A suele estar marcado por una relación problemática con la cercanía. La dificultad puede expresarse como desconfianza activa (expectativa de daño, engaño o intención hostil) o como distancia pasiva (baja motivación por la intimidad, preferencia estable por la soledad, escasa recompensa subjetiva del contacto social). En ambos casos, la consecuencia suele ser una red social más limitada y vínculos menos recíprocos o fluidos.

Desde un punto de vista clínico, importa distinguir dos fenómenos que pueden parecer similares desde fuera: la retirada por temor y la retirada por desapego. En algunas personas, el contacto social se evita porque se anticipa amenaza o humillación; en otras, se evita porque no se vive como especialmente gratificante, o porque exige un esfuerzo de lectura social que resulta incómodo. Esta diferencia orienta hipótesis distintas sobre ansiedad, vergüenza, motivación afiliativa y aprendizaje interpersonal.

2. **Procesamiento social y atribución de intenciones:** En el Clúster A es frecuente encontrar un estilo de interpretación social con sesgos específicos. Puede haber hipervigilancia ante señales ambiguas, tendencia a atribuir intenciones negativas sin evidencia suficiente, o dificultad para integrar matices (por ejemplo, ambivalencia, ironía, dobles significados). En algunos casos predomina una lectura "amenazante" del entorno; en otros, una lectura "desconectada", con menor sensibilidad a claves emocionales o pragmáticas de la interacción.

Estas dificultades afectan a la calidad de la reciprocidad: se vuelve más difícil calibrar la confianza, negociar desacuerdos o tolerar incertidumbre interpersonal. Se observan, con cierta frecuencia, malentendidos que se consolidan como "pruebas" de un modelo previo: si el mundo se experimenta como hostil, cada ambigüedad confirma el peligro; si se experimenta como irrelevante, cada interacción se vive como exigente o poco significativa.

3. **Estilo cognitivo: rigidez interpretativa y pensamiento idiosincrático:** El funcionamiento cognitivo en el Clúster A suele incluir patrones relativamente estables en la manera de razonar e interpretar. En algunas presentaciones predomina la sospecha y la búsqueda de coherencia cerrada (explicaciones que protegen de la incertidumbre, con poca apertura a alternativas). En otras, predomina un pensamiento más singular o idiosincrático, con asociaciones poco convencionales, creencias extrañas o interpretaciones personales de eventos cotidianos.

El punto clínico no es la "rareza" en sí, sino su impacto en el funcionamiento. El **pensamiento idiosincrático** se refiere a interpretaciones personales y poco compartidas de la realidad, que no siguen los significados habituales y pueden resultar difíciles de comprender para los demás, pero que no implican necesariamente una ruptura con la realidad. Lo relevante desde la clínica es valorar si estas formas de pensamiento incrementan el aislamiento, generan conflictos interpersonales, dificultan el desempeño cotidiano o sostienen un malestar persistente. Además, conviene diferenciar el pensamiento idiosincrático de la creatividad, de creencias religiosas compartidas dentro de un marco cultural o de estilos filosóficos personales. La evaluación requiere sensibilidad cultural y un análisis cuidadoso del grado de convicción, de la flexibilidad para contrastar hipótesis alternativas y del nivel de interferencia funcional que estas ideas producen en la vida de la persona.

4. **Experiencia perceptiva y "cercanía al espectro psicótico":** En una parte de las presentaciones del Clúster A pueden aparecer experiencias perceptivas inusuales o fenómenos cercanos a ideas de referencia (sentir que ciertos eventos externos "se relacionan" de forma especial con uno mismo). Estos fenómenos, cuando son leves y estables, no equivalen necesariamente a psicosis. La diferencia clínica clave suele estar en el grado de desorganización, la pérdida de juicio de realidad, la intensidad de la convicción y el deterioro global asociado.

En la práctica, interesa valorar si estas experiencias aumentan bajo estrés, si están asociadas a privación de sueño o consumo de sustancias, si se acompañan de deterioro progresivo y si existen episodios agudos. La presencia de fenómenos perceptivos inusuales puede coexistir con funcionamiento relativamente estable, o puede señalar vulnerabilidad que requiere seguimiento y un encuadre clínico cuidadoso.

5. **Afectividad: restricción expresiva y ansiedad interpersonal:** El tono afectivo del Clúster A suele describirse como restringido o poco expresivo, aunque esto no implica ausencia de emoción. En algunos casos, la emoción está presente, pero se comunica con menor intensidad o con menor variación facial y gestual. En otros, la emoción se organiza alrededor de ansiedad interpersonal, irritabilidad o tensión sostenida asociada a hipervigilancia. A veces coexisten rasgos de ansiedad y una tendencia a la retirada que funciona como estrategia de regulación.

En clínica puede observarse una discrepancia entre afecto expresado y experiencia interna: la persona puede reportar malestar significativo con un estilo comunicativo sobrio. Esta discrepancia puede inducir errores de evaluación si se confunde baja expresividad con bajo sufrimiento. La exploración del mundo interno, cuando es posible, suele aportar información relevante sobre estrés, aislamiento, rumiación o desconfianza.

6. **Identidad y self: coherencia, singularidad y protección del yo:** En muchas presentaciones del Clúster A la identidad puede mantenerse relativamente coherente, pero con rasgos de singularidad, autodefinición distanciada o baja integración social del self (por ejemplo, sentirse "fuera" de las normas compartidas). En estilos dominados por desconfianza, la autoimagen puede estar organizada alrededor de la necesidad de autoprotección y control de exposición. En estilos dominados por desapego, la identidad puede definirse por autonomía y autosuficiencia, con escasa dependencia del reconocimiento social.

La vulnerabilidad aparece cuando el self se sostiene mediante estrategias que empobrecen el vínculo o reducen oportunidades de corrección interpersonal: si la seguridad depende de desconfiar, el mundo se vuelve confirmatorio de peligro; si la estabilidad depende de aislarse, la vida relacional se vuelve cada vez más estrecha y menos reparadora.

7. **Estrategias de afrontamiento y ciclos interpersonales:** Los patrones del Clúster A suelen mantenerse mediante estrategias de afrontamiento que reducen malestar a corto plazo, pero generan costes a largo plazo. Dos estrategias frecuentes son la retirada (para disminuir activa-

ción social) y la vigilancia/anticipación (para prevenir daño). Ambas pueden ser funcionales en contextos adversos, pero cuando se generalizan se convierten en un patrón de vida: menos contacto social, menos oportunidades de apoyo, más interpretaciones de amenaza, mayor confirmación de que "no se puede confiar".

Desde una mirada clínica, los ciclos típicos incluyen: ambigüedad social → interpretación amenazante o desconectada → conducta defensiva (distancia, control, frialdad, sospecha) → respuesta del entorno (alejamiento, tensión, malentendidos) → confirmación del esquema inicial. Este tipo de secuencia es más informativa que una lista de rasgos, porque muestra cómo se mantiene el problema.

La **evaluación** del Clúster A requiere especial atención a tres aspectos. Primero, la historia longitudinal: cuándo aparecen los patrones, cómo se han expresado en diferentes etapas y cómo de estables han sido. Segundo, la diferenciación entre rasgos de personalidad y estados: ansiedad intensa, depresión, trauma, consumo de sustancias o privación de sueño pueden intensificar sospecha, retraimiento o experiencias inusuales. Tercero, el contexto cultural: creencias, estilos comunicativos y normas relacionales varían entre culturas, y ciertos rasgos pueden interpretarse erróneamente si se juzgan con un estándar único.

En la **entrevista clínica** suele ser útil un encuadre claro, un ritmo gradual y un estilo comunicativo concreto. En perfiles con alta desconfianza, los detalles de confidencialidad, límites y objetivos del proceso adquieren un valor central para construir una base mínima de colaboración. En perfiles con alto desapego, la dificultad puede residir menos en la suspicacia y más en la baja motivación para la exploración interpersonal, por lo que el trabajo se orienta a metas funcionales y a comprender el coste real del aislamiento.

Por tanto, los **trastornos del Clúster A** se caracterizan por estilos de funcionamiento marcados por distanciamiento interpersonal, dificultades en la percepción de los demás y formas de pensamiento o relación que tienden a apartarse de lo socialmente compartido. En estos cuadros predominan la desconfianza, la desconexión emocional o las interpretaciones inusuales de la experiencia, lo que suele traducirse en relaciones escasas, tensas o poco satisfactorias. No se trata de una pérdida general de contacto con la realidad, sino de patrones estables que condicionan la forma de vincularse y de comprender el entorno social.

1. **Trastorno de la personalidad paranoide**: Patrón persistente de desconfianza y suspicacia hacia los demás, con tendencia a interpretar las intenciones ajenas como maliciosas. Predominan la hipervigilancia, la sensibilidad a posibles agravios y la dificultad para establecer relaciones basadas en la confianza.

2. **Trastorno de la personalidad esquizoide**: Patrón caracterizado por distanciamiento de las relaciones sociales y escasa implicación emocional. Se observa preferencia por la soledad, bajo interés por la intimidad y una expresión afectiva limitada en el contacto interpersonal.

3. **Trastorno de la personalidad esquizotípica**: Patrón definido por malestar en las relaciones cercanas junto con distorsiones cognitivas o perceptivas y conductas excéntricas. Son frecuentes el pensamiento idiosincrático, las creencias inusuales y un estilo comunicativo peculiar, con ansiedad social marcada.

En conjunto, el Clúster A puede entenderse como un conjunto de estilos donde el vínculo social se vuelve difícil por desconfianza, por baja recompensa afiliativa o por una forma idiosincrática de interpretar el mundo. El eje clínico no es la "extrañeza", sino el grado de rigidez, la amplitud del impacto funcional y la posibilidad de construir experiencias correctivas que amplíen flexibilidad cognitiva, regulación emocional y capacidad de relación.

Capítulo 13

Trastorno de la Personalidad Paranoide

El **trastorno de la personalidad paranoide** se caracteriza por un patrón persistente de desconfianza y suspicacia hacia los demás, acompañado de una tendencia a interpretar sus intenciones como potencialmente dañinas. No se trata de una reacción puntual ante un conflicto aislado, sino de un estilo relativamente estable de funcionamiento psicológico que se expresa en distintos contextos y que suele generar dificultades interpersonales sostenidas. El rasgo distintivo no es la prudencia razonable, sino la lectura sistemáticamente amenazante de situaciones ambiguas, junto con una elevada necesidad de autoprotección.

En la descripción clínica clásica, la **suspicacia** se manifiesta como preocupación recurrente por la lealtad, la fiabilidad o la sinceridad de otras personas, incluso en ausencia de evidencias claras. Puede existir reticencia a confiar información personal por miedo a que se use en contra, así como una sensibilidad intensa a señales que se interpretan como humillación, crítica o falta de respeto. También es frecuente la tendencia a "guardar" agravios y a mantener resentimiento durante largos periodos, con una disposición a responder de forma defensiva ante la percepción de ataque al carácter o a la reputación. En algunos casos aparecen sospechas persistentes e infundadas respecto a la fidelidad de la pareja, aunque el contenido y el grado de convicción pueden variar.

El Trastorno de la Personalidad Paranoide se caracteriza por un patrón generalizado de desconfianza y suspicacia que organiza la percepción del otro y guía de forma constante la interpretación de las relaciones interpersonales:

1. **Desconfianza persistente hacia los demás**: Una tendencia estable a interpretar las intenciones ajenas como maliciosas, incluso en ausencia de evidencias claras que lo justifiquen.

2. **Sospecha de explotación o engaño**: Una convicción frecuente de que otras personas intentan aprovecharse, engañar o perjudicar, lo que condiciona la forma de relacionarse.

3. **Dificultad para confiar**: Una reticencia marcada a compartir información personal o a establecer vínculos cercanos por temor a que esa información sea utilizada en contra.

4. **Interpretación amenazante de comentarios neutros**: Una inclinación a atribuir significados ocultos, despectivos o amenazantes a observaciones o conductas que objetivamente son ambiguas o neutras.

5. **Rencor persistente**: Una tendencia a no olvidar ofensas, desaires o humillaciones percibidas, manteniendo resentimiento durante largos periodos.

6. **Hipersensibilidad al cuestionamiento**: Una reacción intensa ante críticas reales o percibidas, vividas como ataques personales a la integridad o a la intención.

7. **Sospecha infundada de infidelidad**: Una preocupación recurrente y no justificada por la lealtad de la pareja, con interpretaciones suspicaces de su comportamiento.

8. **Estilo relacional defensivo**: Una forma de interacción marcada por la cautela, la vigilancia y la necesidad de protegerse frente a posibles amenazas interpersonales.

Un punto clínico relevante es diferenciar la desconfianza como estrategia adaptativa en ciertos entornos de la desconfianza como **patrón desadaptativo generalizado**. En contextos de exposición real a violencia, abuso, persecución, discriminación o traición repetida, la vigilancia puede ser comprensible. En el trastorno de personalidad paranoide, en cambio, la suspicacia se vuelve rígida, se extiende a múltiples relaciones y tiende a mantenerse incluso cuando el entorno ofrece señales de seguridad suficientes. La evaluación requiere atender tanto al contexto actual como a la trayectoria vital que pudo moldear la expectativa de amenaza.

Desde el punto de vista del **funcionamiento psicológico**, suelen observarse varios mecanismos que se refuerzan entre sí. En el plano cognitivo, destacan sesgos atencionales hacia señales de peligro y un estilo interpretativo que privilegia explicaciones intencionales negativas. Las ambigüedades tienden a resolverse con inferencias de daño, control o manipulación, y es común el razonamiento confirmatorio: se buscan o se recuerdan datos que sostienen la hipótesis de amenaza, mientras se desestiman explicaciones alternativas. En el plano atribucional, puede aparecer una tendencia a externalizar la culpa en conflictos relacionales, interpretando con facilidad que la otra parte actuó con mala fe. Este patrón no necesariamente implica falta total de autocrítica, pero suele coexistir con una fuerte necesidad de proteger la autoestima y la coherencia del self frente a la vulnerabilidad.

En el **plano afectivo**, la emoción predominante suele ser la tensión sostenida, la irritabilidad o la rabia defensiva, especialmente cuando se percibe falta de respeto, desconsideración o engaño. La ansiedad puede estar presente, aunque a menudo queda enmascarada por una postura de firmeza o control. La regulación emocional tiende a organizarse alrededor de la prevención del daño: anticipación, vigilancia, control de información personal y estrategias de distancia o confrontación según el caso. La experiencia de confianza, cuando existe, puede ser frágil y condicional; pequeños desencadenantes pueden reactivar el esquema de amenaza.

En el **ámbito interpersonal**, el estilo paranoide suele generar ciclos relacionales previsibles. La expectativa de traición conduce a conductas de autoprotección, como pruebas implícitas de lealtad, control del intercambio de información, interpretación exhaustiva de detalles y, en ocasiones, comunicación acusatoria. Estas conductas pueden provocar respuestas defensivas o distanciamiento en los demás, lo que a su vez se vive como confirmación de que "no se puede confiar". El resultado suele ser un circuito de retroalimentación: mayor vigilancia produce mayor tensión relacional; la tensión relacional refuerza la vigilancia. En contextos laborales o familiares, esto puede expresarse como conflictos repetidos, dificultades para cooperar y problemas para aceptar supervisión o retroalimentación sin sentir ataque personal.

El **self** suele organizarse alrededor de valores de autonomía, firmeza y autosuficiencia. La vulnerabilidad puede vivirse como riesgo, y la dependencia como exposición peligrosa. En algunos casos se observa un sentido de integridad personal ligado a la justicia o a la rectitud, acompañado de sensibilidad a la crítica y a la humillación. Esta configuración puede explicar por qué la corrección externa se recibe con facilidad como cuestionamiento global del valor personal, y por qué la reparación relacional puede resultar difícil cuando se interpreta que la otra parte "ya mostró quién es".

Un aspecto clínico esencial es el **diagnóstico diferencial**. La suspicacia puede aparecer en numerosos cuadros sin constituir un trastorno de personalidad. En los trastornos psicóticos, por ejemplo, pueden existir ideas delirantes persecutorias con convicción fija y deterioro del juicio de realidad. En el trastorno de personalidad paranoide, la suspicacia suele mantener algún grado de plausibilidad subjetiva y, aunque rígida, no siempre alcanza el nivel de delirio plenamente estructurado; además, el curso no se define por episodios psicóticos. En el trastorno delirante persecutorio, el contenido suele ser más sistematizado y el foco del funcionamiento se organiza alrededor del delirio. En el trastorno de personalidad paranoide, el patrón es más amplio: abarca estilo interpersonal, atribuciones, sensibilidad a la crítica y estrategias defensivas, incluso sin un delirio central.

También conviene diferenciarlo del trastorno de personalidad esquizotípica, donde además de suspicacia suelen aparecer pensamiento y percepción inusuales o creencias extrañas más prominentes. Respecto al trastorno de personalidad límite, puede existir suspicacia o ideación paranoide transitoria vinculada al estrés, pero suele presentarse junto a inestabilidad afectiva marcada, miedo al abandono y cambios rápidos en la relación, con una cualidad episódica más evidente. En el trastorno de personalidad evitativa, la retirada interpersonal suele estar motivada por temor a la crítica y vergüenza, más que por la convicción de mala intención ajena. En trastornos del estado de ánimo, ansiedad o trauma, la hipervigilancia y la sospecha pueden intensificarse como estados; por ello, es fundamental una evaluación longitudinal que distinga rasgos persistentes de respuestas situacionales.

En términos de **comorbilidad**, pueden coexistir síntomas de ansiedad, depresión, consumo problemático de sustancias o trastornos somáticos funcionales, especialmente cuando el patrón relacional genera aislamiento y estrés crónico. También pueden coexistir otros rasgos de personalidad, como rigidez, hostilidad o dificultades de regulación emocional. La comorbilidad no invalida el diagnóstico, pero obliga a formular con precisión qué procesos pertenecen al estilo de personalidad y cuáles corresponden a síndromes concurrentes con tratamiento específico.

Respecto a la etiología, la evidencia apoya una comprensión multifactorial. Es plausible una contribución temperamental ligada a sensibilidad a amenaza e irritabilidad, combinada con aprendizajes relacionales tempranos donde la confianza se vivió como peligrosa o poco confiable. Historias de cuidado inconsistente, crítica intensa, humillación, ambientes altamente competitivos o experiencias de traición pueden consolidar esquemas de desconfianza y estrategias de autoprotección. A nivel de aprendizaje, la vigilancia reduce incertidumbre a corto plazo, lo que refuerza su uso; sin embargo, a largo plazo empobrece la red social y aumenta la probabilidad de conflictos, manteniendo el circuito.

La **evaluación clínica** se beneficia de un encuadre especialmente cuidadoso. La alianza terapéutica puede verse comprometida si se perciben ambigüedades, cambios no explicados o interpretaciones apresuradas. Suele ser más eficaz un estilo clínico transparente y consistente, con acuerdos claros sobre objetivos, límites y confidencialidad. La exploración del motivo de consulta y del impacto funcional del patrón suele ser un punto de entrada más productivo que la confrontación directa de creencias sospechosas. La validación se orienta a reconocer el malestar y la necesidad de seguridad, sin reforzar interpretaciones acusatorias. La formulación clínica, cuando es compartida, tiende a ser más útil si se presenta como hipótesis revisable sobre patrones de interpretación y reacción, en lugar de como juicio definitivo sobre "quién es" la persona.

En el **tratamiento**, la evidencia específica para trastorno de personalidad paranoide es más limitada que para otros cuadros, en parte por dificultades de acceso y adherencia. Aun así, existen principios clínicos ampliamente aceptados. En psicoterapia, el trabajo suele centrarse en flexibilizar el estilo interpretativo, aumentar tolerancia a la ambigüedad social y ampliar el repertorio de respuestas ante señales de posible amenaza. En enfoques cognitivo-conductuales, se emplean estrategias para identificar sesgos de atribución, explorar interpretaciones alternativas y diseñar pruebas conductuales graduadas que permitan discriminar peligro real de inferencias automáticas. En enfoques basados en esquemas, suele ser central el esquema de desconfianza/abuso y la construcción progresiva de experiencias correctivas de seguridad interpersonal. En enfoques psicodinámicos o relacionales, el foco suele estar en la comprensión de defensas, la sensibilidad a humillación, la proyección de intenciones hostiles y la repetición de patrones en vínculos actuales, siempre con un ritmo prudente para evitar escaladas defensivas.

La **intervención** suele beneficiarse de metas realistas y graduales. Cambios amplios en confianza interpersonal rara vez ocurren de forma rápida. Los indicadores clínicos de progreso tienden a ser el aumento de flexibilidad interpretativa, la reducción de respuestas defensivas automáticas, la mejora en reparación de conflictos y la expansión de relaciones funcionales con menor tensión. La farmacoterapia, cuando se utiliza, suele orientarse a síntomas concurrentes como ansiedad o depresión, o a estados de activación elevada, sin que exista un fármaco específico para "la personalidad". La indicación y el seguimiento pertenecen al ámbito médico, y la decisión clínica depende del cuadro completo.

El **curso** suele ser persistente, con variaciones según contexto y nivel de estrés. En periodos de incertidumbre, cambio vital o conflicto interpersonal, la suspicacia tiende a intensificarse. En entornos estables y con relaciones predecibles, puede atenuarse. Con el tiempo, algunos rasgos pueden suavizarse, aunque la tendencia a la vigilancia interpersonal puede mantenerse como estilo. El **pronóstico** mejora cuando existe disposición a observar patrones, a considerar alternativas interpretativas y a sostener procesos terapéuticos estables.

En síntesis, el **trastorno de personalidad paranoide** puede entenderse como una organización del funcionamiento centrada en autoprotección frente a amenaza interpersonal, con sesgos interpretativos, estrategias defensivas y ciclos relacionales que mantienen la desconfianza. La comprensión clínica se fortalece cuando se integra historia, contexto, severidad del deterioro y perfil de rasgos, evitando tanto la patologización de la prudencia como la minimización del sufrimiento y del coste relacional que el patrón puede producir.

Capítulo 14

Trastorno de la Personalidad Esquizoide

El **trastorno de la personalidad esquizoide** se describe, en términos generales, como un patrón persistente de desapego de las relaciones sociales y de restricción en la expresión emocional dentro de los contextos interpersonales. La característica central no es una "timidez" marcada ni un miedo intenso al juicio ajeno, sino una baja motivación por la intimidad y una preferencia estable por la vida privada, con escasa necesidad subjetiva de intercambio emocional cercano. La presentación clínica típica incluye un estilo de funcionamiento que tiende a la autosuficiencia, la reserva y una vida relacional limitada, con repercusiones variables según el entorno y las demandas vitales.

Conviene distinguir desde el inicio dos ideas que suelen confundirse. En primer lugar, el **desapego esquizoide** no equivale automáticamente a sufrimiento: existen personas con una orientación claramente solitaria que conservan buen funcionamiento laboral y una vida satisfactoria en términos propios. En segundo lugar, el diagnóstico no se fundamenta en el mero "gusto por estar solo", sino en la combinación de persistencia, generalización a diferentes ámbitos, rigidez del patrón y, cuando es clínicamente significativo, algún tipo de deterioro funcional o malestar asociado, ya sea en la persona o en su entorno relacional.

En la descripción clínica clásica, el funcionamiento esquizoide suele incluir varios rasgos que tienden a agruparse:

1. **Escaso interés por relaciones cercanas**: Una tendencia persistente a no buscar ni valorar especialmente los vínculos íntimos, incluso aquellos que suelen considerarse significativos en el plano familiar o afectivo.

2. **Rango reducido de vínculos íntimos**: Una red relacional muy limitada, con pocas figuras de cercanía emocional y escasa implicación en relaciones profundas o duraderas.

3. **Preferencia por actividades solitarias**: Una inclinación estable hacia actividades realizadas en solitario, que resultan más cómodas o satisfactorias que las compartidas con otras personas.

4. **Bajo interés por experiencias sociales intensas**: Una escasa atracción por contextos sociales cargados de estimulación emocional, como reuniones numerosas, celebraciones o dinámicas grupales demandantes.

5. **Aparente indiferencia ante elogios o críticas**: Una respuesta emocional poco reactiva frente a la valoración externa, tanto positiva como negativa, que suele percibirse como desapego o neutralidad.

6. **Expresividad afectiva limitada en la interacción**: Una forma de comunicación emocional contenida, con gestos, tono y manifestaciones afectivas reducidas durante el contacto interpersonal.

Estos rasgos no se expresan de forma idéntica en todos los casos: algunas presentaciones son discretas y compatibles con una vida estable, y otras conllevan aislamiento marcado, empobrecimiento de apoyos y dificultades adaptativas ante cambios vitales.

Desde una perspectiva de **funcionamiento psicológico**, el patrón esquizoide puede entenderse como una organización donde el sistema interpersonal ofrece poca recompensa o, en algunos casos, se vive como intrusivo. El contacto social puede percibirse como demandante, poco predecible o significativo; la distancia, en cambio, se experimenta como reguladora. En este sentido, el **desapego** funciona como estrategia de estabilidad: reduce la exposición a conflicto, ambivalencia y demandas emocionales, pero a la vez limita oportunidades de apoyo, reparación relacional y aprendizaje interpersonal. El resultado puede ser una vida relativamente tranquila y autónoma, o una vida progresivamente estrecha si las circunstancias exigen cooperación, intimidad o trabajo en equipo.

En el **plano afectivo**, suele destacarse una restricción expresiva. Esto no implica ausencia de emoción, sino menor tendencia a mostrarla externamente y, en algunos casos, menor vivencia de placer vinculado a lo social. Puede existir una tonalidad emocional sobria, con escasa oscilación visible. En ciertos perfiles, esta sobriedad se acompaña de **anhedonia social**, es decir, bajo disfrute del contacto interpersonal, aun cuando pueda existir disfrute en actividades individuales. En otros perfiles, la emoción está presente, pero se mantiene internalizada y se comunica poco, lo que puede dar lugar a malentendidos relacionales: quienes rodean a la persona interpretan frialdad donde puede existir simplemente reserva o preferencia por baja intensidad.

En el **plano cognitivo**, el estilo esquizoide no se define por pensamiento extraño o creencias idiosincráticas prominentes (eso pertenece más al espectro esquizotípico). El pensamiento suele ser organizado, aunque puede presentar cierto estilo **introspectivo**, abstracto o centrado en intereses personales. La dificultad, cuando existe, suele situarse más en la lectura pragmática de dinámicas sociales o en la motivación para participar, que en una alteración formal del pensamiento.

En el **self**, con frecuencia aparece una identidad centrada en la autonomía. La autoimagen puede organizarse alrededor de la autosuficiencia, la independencia y el control de la intimidad. La vulnerabilidad suele ser la exposición: el vínculo cercano puede vivirse como riesgo de invasión o de pérdida de espacio psicológico. Esta configuración ayuda a entender por qué, en algunos casos, las relaciones no se rechazan por hostilidad sino por necesidad de distancia.

Un elemento clínico importante es la manera en que se forma un ciclo de mantenimiento. El bajo interés por el vínculo conduce a menos **experiencias sociales**, lo que reduce habilidades y familiaridad con códigos interpersonales, y puede aumentar la sensación de incomodidad o de falta de "tono" social. Esa incomodidad refuerza la retirada, y la retirada refuerza la construcción de una vida donde el contacto social no se practica y, por tanto, se vuelve menos apetecible. Este círculo no siempre genera sufrimiento directo, pero sí puede aumentar vulnerabilidad ante pérdidas, enfermedad, cambios laborales o envejecimiento, cuando el apoyo social se vuelve más relevante.

En cuanto a la demanda **clínica**, es frecuente que las personas con funcionamiento esquizoide no consulten por el patrón de personalidad en sí mismo. La consulta suele producirse por motivos indirectos: estrés laboral, exigencias de convivencia, conflictos con familiares o pareja, o síntomas afectivos concurrentes como ánimo bajo, apatía o sensación de vacío. En evaluación clínica, puede observarse un estilo comunicativo breve, con menor expresión emocional y preferencia por temas concretos. El encuadre suele beneficiarse de respeto por el ritmo, claridad y ausencia de presión para una intimidad rápida.

El diagnóstico diferencial es un punto clave porque varios cuadros pueden parecer similares en superficie:

En primer lugar, conviene diferenciar el trastorno esquizoide del **trastorno evitativo de la personalidad**. En el evitativo suele existir deseo de vínculo y de aceptación, pero se evita la relación por miedo a la crítica, vergüenza o rechazo. En el esquizoide, en cambio, suele predominar una baja motivación por la intimidad; no es la ansiedad social el motor principal, aunque pueda haber incomodidad social secundaria por falta de práctica o por preferencias estables.

En segundo lugar, conviene diferenciarlo de los **trastornos del espectro autista**. En el espectro autista la dificultad central incluye alteraciones persistentes en comunicación social y reciprocidad, junto con patrones de intereses restringidos y conductas repetitivas, presentes desde etapas tempranas del desarrollo. En el esquizoide, lo nuclear es el desapego y la preferencia por distancia, sin que sea imprescindible una alteración primaria de la comunicación social o la presencia de intereses restringidos característicos. La historia evolutiva temprana y el perfil de comunicación son decisivos para esta diferenciación.

En tercer lugar, debe diferenciarse de la **depresión** y otros **trastornos afectivos**. La depresión puede producir retirada social, anhedonia y reducción de expresividad, pero suele acompañarse de cambios temporales en ánimo, energía, sueño, apetito, cogniciones de inutilidad o desesperanza y un curso más episódico. En el esquizoide, la orientación solitaria suele ser más estable y de larga data, con continuidad en el estilo.

También es importante diferenciarlo de **trastornos psicóticos** y de fenómenos negativos asociados a esquizofrenia. El aislamiento social y la restricción afectiva pueden aparecer como síntomas negativos, pero en ese caso suele haber historia de síntomas psicóticos, deterioro cognitivo o un curso compatible con trastorno psicótico. En el esquizoide, por definición, no hay episodios psicóticos persistentes como núcleo, y el patrón se entiende mejor como estilo de personalidad estable.

El solapamiento con el **trastorno esquizotípico** también requiere precisión. En el esquizotípico suelen destacar pensamiento y percepción inusuales, creencias extrañas o estilo comunicativo idiosincrático, además de la incomodidad social. En el esquizoide, en cambio, el pensamiento suele ser más convencional, y el centro es el desapego y la baja necesidad de cercanía.

En **comorbilidad**, pueden aparecer síntomas depresivos o ansiedad, especialmente cuando el aislamiento incrementa estrés o cuando las demandas vitales exceden el estilo de afrontamiento. También pueden coexistir otros rasgos de personalidad, como rigidez, evitación o sensibilidad a la crítica, aunque esto varía por caso. En términos generales, la comorbilidad debe entenderse a través del funcionamiento: qué síntomas son reactivos a contextos y cuáles forman parte del patrón estable.

Respecto a **factores de desarrollo**, la comprensión contemporánea suele ser multifactorial. Es plausible una contribución temperamental (baja búsqueda de afiliación, menor reactividad a recompensas sociales, preferencia por baja estimulación) combinada con experiencias relacionales donde la intimidad fue poco disponible, poco reforzante o vivida como intrusiva. Algunos entornos familiares refuerzan la autosuficiencia y la reserva como estilos de adaptación; otros pueden asociar la cercanía con crítica, invasión o falta de sintonía emocional, lo que favorece aprender que la distancia es más segura. En cualquier caso, el foco clínico no es asignar una causa única, sino comprender cómo el patrón se consolidó y qué funciones cumple en la regulación interna.

En **intervención**, la primera decisión clínica relevante no es "hacer a la persona más sociable", sino definir objetivos realistas y compatibles con su motivación. Cuando el patrón no genera malestar ni deterioro significativo, el foco suele situarse en habilidades funcionales: manejo de demandas laborales, comunicación instrumental, resolución de conflictos y estrategias de autocuidado. Cuando existen problemas asociados (por ejemplo, ánimo bajo, soledad no deseada, dificultades laborales por trabajo en equipo), la intervención puede orientarse a ampliar repertorios sin forzar un ideal de sociabilidad.

En **psicoterapia**, suelen ser útiles enfoques que priorizan una alianza estable, respetuosa y gradual. La relación terapéutica puede convertirse en un espacio donde se exploran, sin intrusión, las condiciones bajo las cuales el vínculo es tolerable y significativo. En enfoques cognitivo-conductuales, el trabajo puede centrarse en hábitos de evitación social, expectativas sobre el contacto interpersonal, y entrenamiento de habilidades en situaciones elegidas, siempre con un criterio de funcionalidad. En enfoques psicodinámicos o relacionales, suele explorarse el significado de la distancia, el temor a la intrusión, la regulación de afecto y la historia de apego, con especial cuidado de no interpretar de manera invasiva ni acelerar el proceso. En terapia de grupo, el beneficio potencial existe, pero la indicación debe considerarse con prudencia, dado que el contexto grupal puede resultar excesivamente demandante si no se ajusta al ritmo y a la tolerancia interpersonal.

La **farmacoterapia** no se dirige a "modificar" la personalidad. Cuando se utiliza, se orienta a síntomas concurrentes, como depresión o ansiedad, y su indicación pertenece al ámbito médico según evaluación clínica completa.

El **curso** suele ser estable, con variaciones según contexto. En entornos que valoran autonomía y trabajo individual, el patrón puede integrarse con buen rendimiento. En entornos que exigen alta interacción emocional o cooperación intensa, pueden aparecer fricciones y mayor coste. La **evolución** favorable se asocia, en términos generales, a aumento de flexibilidad: capacidad de participar en vínculos funcionales cuando se requiere, mejor lectura de señales interpersonales relevantes y mayor repertorio para manejar conflictos sin retirada rígida.

En síntesis, el trastorno de la personalidad esquizoide describe un estilo persistente de desapego y restricción afectiva en lo interpersonal, donde la distancia funciona como regulador central. La clave clínica está en evaluar persistencia, rigidez, impacto funcional y contexto, diferenciándolo de evitación por ansiedad, depresión, espectro autista y trastornos psicóticos. La intervención, cuando es pertinente, se centra en metas funcionales y en ampliar flexibilidad sin convertir la sociabilidad en un objetivo normativo.

Capítulo 15

Trastorno de la Personalidad Esquizotípica

El **trastorno de la personalidad esquizotípica** se describe, en términos generales, como un patrón persistente de dificultades en la intimidad y en la conexión social, acompañado de distorsiones cognitivas o perceptivas y de un estilo conductual y comunicativo excéntrico o idiosincrático. No se reduce a una mera rareza estética ni a un simple aislamiento: implica una manera relativamente estable de experimentar e interpretar el mundo interpersonal y los significados de los acontecimientos, con tendencia a atribuciones personales, asociaciones inusuales y una sensación frecuente de desajuste con lo común. El resultado suele ser incomodidad social, malentendidos relacionales y un funcionamiento limitado en contextos que exigen cooperación, lectura fina de claves sociales y flexibilidad interpersonal.

Conviene aclarar desde el inicio tres ideas que suelen generar confusión clínica. En primer lugar, la **excentricidad** por sí sola no constituye un trastorno: puede existir un estilo creativo, espiritual, alternativo o poco convencional sin rigidez, sin distorsiones de la experiencia y sin deterioro significativo. En segundo lugar, la presencia de **creencias inusuales** no equivale automáticamente a psicosis: en el funcionamiento esquizotípico muchas ideas son extrañas o poco plausibles, pero a menudo conservan cierto grado de oscilación, contextualidad o cuestionamiento, y no necesariamente alcanzan la convicción sostenida, la estructuración delirante o la desorganización global propias de un trastorno psicótico establecido. En tercer lugar, toda valoración debe considerar el **contexto** cultural y subcultural: algunas creencias o prácticas pueden ser normativas en una comunidad; adquieren valor clínico cuando se vuelven idiosincráticas incluso dentro del propio contexto, rígidas, generalizadas y asociadas a malestar o deterioro funcional.

En la descripción clínica clásica, el funcionamiento esquizotípico suele incluir varios rasgos que tienden a agruparse en tres áreas: dificultades interpersonales, experiencias cognitivo-perceptivas inusuales y un estilo comunicativo y conductual excéntrico. A modo de orientación clínica, suele observarse una combinación de elementos como los siguientes:

1. **Dificultad persistente para relaciones cercanas**: Una limitación para construir vínculos íntimos estables. En algunos casos existe deseo de conexión, pero se acompaña de incomodidad, suspicacia o sensación de no encajar; en otros predomina la retirada como forma de autoprotección.

2. **Incomodidad y ansiedad social persistentes**: La ansiedad social suele mantener una cualidad particular: no se explica únicamente por vergüenza o temor a la crítica, sino por interpretaciones de amenaza, intenciones ocultas o significados especiales en la conducta ajena. Con frecuencia la ansiedad no disminuye simplemente con la familiaridad, porque el problema no es solo ser evaluado, sino sentirse expuesto a dinámicas vividas como ambiguas o potencialmente dañinas.

3. **Ideas de referencia**: Tendencia a interpretar sucesos neutros como relacionados con uno mismo. Miradas, coincidencias, frases o gestos pueden sentirse cargados de intención personal. A menudo se expresan como impresiones o sensaciones, pero en situaciones de estrés pueden adquirir un tono más firme.

4. **Creencias extrañas o pensamiento mágico**: Ideas idiosincráticas sobre causalidad, señales, energías, presagios, conexiones especiales o influencias no convencionales. No se viven como mera fantasía, sino como una explicación plausible que organiza la experiencia.

5. **Experiencias perceptivas inusuales**: Sensaciones corporales extrañas, ilusiones, vivencias de presencia, cambios sutiles en la percepción del ambiente o del propio cuerpo. Suelen ser fenómenos limítrofes, llamativos, pero no necesariamente tan definidos, persistentes o estructurados como alucinaciones típicas de un trastorno psicótico.

6. **Suspicacia o ideación paranoide**: Desconfianza sostenida, hipervigilancia social y tendencia a atribuir intenciones negativas. Puede fluctuar, pero suele aumentar ante la ambigüedad interpersonal y la incertidumbre.

7. **Lenguaje y pensamiento idiosincráticos**: Estilo discursivo tangencial, sobreelaborado, metafórico o difícil de seguir. No siempre hay desorganización grave, pero sí una manera peculiar de asociar ideas, con saltos interpretativos y formulaciones que confunden al interlocutor.

8. **Expresión afectiva restringida o poco ajustada**: La comunicación emocional puede ser contenida, o bien aparecer como extraña respecto al contexto. En ocasiones hay una emotividad tenue; en otras, reacciones singulares que no sintonizan con el intercambio.

9. **Apariencia o conducta excéntrica**: Vestimenta, hábitos, rituales o manierismos que se perciben como inusuales. A veces cumplen una función reguladora o identitaria; otras veces reflejan un estilo de ajuste social menos calibrado.

Estos rasgos no se expresan de forma idéntica en todos los casos. Hay perfiles donde predomina el componente cognitivo-perceptivo con aislamiento moderado; otros donde la ansiedad social y la suspicacia son centrales; y otros donde lo más visible es la peculiaridad comunicativa y conductual. También varía el grado de insight: algunas personas reconocen que sus interpretaciones pueden ser exageradas o discutibles; otras las viven como certezas y reaccionan con retraimiento, irritación o defensividad ante la discrepancia.

Desde una perspectiva de **funcionamiento psicológico**, el patrón esquizotípico puede entenderse como una organización donde el mundo social se vive a la vez como altamente significativo y poco confiable. Muchas presentaciones muestran sensibilidad elevada a señales ambiguas, con tendencia a asignarles significados personales. En lugar de experimentar el entorno interpersonal como un conjunto de claves compartidas y relativamente estables, la persona puede vivenciarlo como un campo de señales enigmáticas, cargadas de intención, lo que favorece la vigilancia y la atribución de amenaza. Esta dinámica se intensifica con estrés, fatiga o incertidumbre, cuando el sistema cognitivo busca explicaciones rápidas para reducir ambigüedad y recuperar sensación de control.

El pensamiento mágico y las ideas de referencia pueden cumplir una función de organización del sentido. Allí donde para otros una coincidencia es azar, la persona puede experimentar un mensaje, una conexión o una pauta. Esta atribución no siempre es placentera: puede aportar sensación de significado y singularidad, pero también incrementar la sensación de exposición o de estar bajo influencia. La suspicacia, por su parte, funciona muchas veces como defensa: si el otro es impredecible, atribuir intenciones ocultas reduce incertidumbre, aunque aumente ansiedad. El costo se observa en la confianza: se empobrece la cooperación, se evita el vínculo y se pierde acceso a experiencias correctoras que podrían matizar interpretaciones.

En el **plano interpersonal**, suele formarse un ciclo de mantenimiento. La incomodidad social y la desconfianza conducen a evitar contextos relacionales; la evitación reduce oportunidades de aprendizaje social y de calibración de señales; la falta de retroalimentación favorece que las interpretaciones idiosincráticas se consoliden sin contraste. A su vez, el aislamiento incrementa la autorreferencialidad: el mundo interno gana peso y la vida compartida disminuye, lo que puede reforzar la sensación de diferencia. No se trata solo de una retirada voluntaria, sino de un equilibrio adaptativo frágil: la distancia regula ansiedad a corto plazo, pero estrecha la vida y rigidiza el patrón a largo plazo.

En el plano del **self**, muchas presentaciones se acompañan de una identidad vivida como singular, distinta o difícil de ubicar en categorías convencionales. Puede existir una autoimagen de observador, de persona especialmente perceptiva, o de alguien que capta claves que otros no ven. Esta identidad puede ser protectora frente a la sensación de exclusión, pero también puede fijar el aislamiento si se consolida la idea de que el otro no puede comprender o de que la cercanía supone riesgo. En algunos casos aparece una vivencia de límites psicológicos más permeables: la persona puede sentir que las miradas tienen efecto, que ciertos ambientes influyen de manera directa o que presencias externas alteran su estado interno. Aun sin psicosis franca, estas experiencias pueden guiar la conducta y condicionar la regulación emocional.

Un punto clínico importante es la relación del esquizotípico con el **espectro psicótico**. En este trastorno pueden presentarse periodos de intensificación, con ideas más firmes, mayor extrañeza perceptiva o incremento de la suspicacia, especialmente en contextos de estrés. Sin embargo, el patrón no se define por delirios persistentes, alucinaciones claras sostenidas ni desorganización severa, sino por manifestaciones atenuadas y fluctuantes integradas en un estilo relativamente estable. Esta distinción exige vigilancia: si aparecen síntomas persistentes, estructurados y con deterioro global progresivo, debe reconsiderarse la hipótesis diagnóstica y explorar trastornos psicóticos primarios u otras condiciones clínicas.

En cuanto a la demanda **clínica**, es frecuente que la persona no consulte por el patrón de personalidad como tal. La consulta suele producirse por motivos indirectos: ansiedad social intensa, episodios depresivos asociados a aislamiento, dificultades laborales por problemas comunicativos, conflictos interpersonales derivados de suspicacia o interpretaciones de amenaza, o miedo ante experiencias de extrañeza. En entrevista puede observarse un estilo narrativo singular, con conexiones poco habituales y significados simbólicos, y con dificultad para traducir ciertas experiencias a un lenguaje compartido. El **encuadre terapéutico** suele beneficiarse de una actitud respetuosa y clara: no se trata de validar sin matices creencias extrañas ni de confrontarlas de forma brusca, sino de comprender cómo se relacionan con la ansiedad, la regulación emocional y el funcionamiento interpersonal.

El **diagnóstico diferencial** es decisivo porque varias condiciones pueden parecer similares en superficie. En primer lugar, conviene diferenciarlo del trastorno de la personalidad esquizoide. En el **esquizoide** el núcleo es el desapego y la baja motivación por la intimidad, con pensamiento generalmente convencional. En el esquizotípico, aunque también puede haber aislamiento, destacan la distorsión interpretativa, el pensamiento mágico, las experiencias perceptivas inusuales y la comunicación idiosincrática. El aislamiento suele estar más impregnado de incomodidad, rareza y suspicacia.

En segundo lugar, debe diferenciarse del **trastorno de la personalidad paranoide**. Ambos comparten desconfianza, pero en el paranoide la suspicacia suele organizarse de manera más lineal, centrada en agravio, control o amenaza, con lógica interna rígida. En el esquizotípico, la desconfianza se mezcla con ideas de referencia, asociaciones simbólicas y componentes perceptivos extraños, con una textura más idiosincrática.

En tercer lugar, es crucial diferenciarlo de la esquizofrenia y otros **trastornos psicóticos**. La diferencia implica intensidad, duración y estructuración. En los trastornos psicóticos, los delirios y alucinaciones tienden a ser más persistentes y a organizar el funcionamiento, y puede haber desorganización marcada y deterioro significativo. En el esquizotípico, las experiencias suelen ser atenuadas, fluctuantes y parcialmente accesibles a discusión, aunque en momentos de estrés puedan intensificarse.

También conviene diferenciarlo del **trastorno evitativo de la personalidad** y de la **ansiedad social**. En la evitación suele existir deseo de vínculo, pero se evita por vergüenza y temor al juicio. En el esquizotípico, la evitación suele sostenerse más por desconfianza, por interpretaciones de amenaza o por una sensación de extrañeza y desajuste. La ansiedad social asociada al funcionamiento esquizotípico suele mejorar menos con la familiaridad porque su motor no es solo el juicio ajeno, sino la vivencia de exposición a significados ocultos o intenciones ambiguas.

Otro diferencial relevante es con los **trastornos del espectro autista**. En el espectro autista se esperan alteraciones persistentes de comunicación social y reciprocidad desde etapas tempranas, junto con patrones de intereses restringidos o conductas repetitivas. En el esquizotípico, aunque puede haber torpeza social, el sello clínico tiende a estar en la atribución de significado personal, el pensamiento mágico, la suspicacia y las experiencias perceptivas inusuales. La historia evolutiva temprana, el perfil de comunicación y la presencia de patrones restringidos característicos son claves para discriminar.

Asimismo, es importante considerar **trastornos afectivos**, especialmente **depresión** y **trastorno bipolar**. La depresión puede provocar retirada social y reducción de expresividad, pero suele tener curso más episódico y signos afectivos nucleares, con cambios vegetativos y cogniciones de desesperanza o inutilidad. En el bipolar, cuando hay síntomas psicóticos, suelen vincularse a episodios del estado de ánimo. En el esquizotípico, la rareza interpretativa y el estilo idiosincrático tienden a ser más estables y transversales.

En **comorbilidad**, son frecuentes síntomas depresivos y ansiosos, así como consumo de sustancias, que puede exacerbar la extrañeza perceptiva y la suspicacia y complicar la evaluación. También puede haber solapamiento con rasgos evitativos o paranoides. La evaluación clínica debe aclarar qué elementos pertenecen al patrón de larga data y cuáles son reactivos al contexto o a comorbilidad.

Respecto a **factores de desarrollo**, la comprensión contemporánea suele ser multifactorial. Puede existir una vulnerabilidad temperamental y neurobiológica hacia un modo distinto de procesar señales sociales, con mayor sensibilidad a la ambigüedad y tendencia a atribuciones personales. A esta vulnerabilidad pueden sumarse experiencias relacionales tempranas de falta de sintonía, rechazo o aislamiento, donde lo social se vivió como impredecible o poco seguro. En algunos casos, la retirada se aprende como estrategia reguladora: reduce exposición y ansiedad. El pensamiento mágico puede emerger como un modo de organizar incertidumbre y construir coherencia interna. La suspicacia puede consolidarse como autoprotección: anticipar daño se vive como control. Con el tiempo, estas estrategias pueden estabilizarse y volverse rígidas, especialmente si se reducen oportunidades de contraste con experiencias relacionales fiables.

En **intervención**, una decisión clínica inicial es cómo construir un encuadre que minimice rupturas. La persona puede interpretar malentendidos como señales de intención oculta, por lo que la claridad, la consistencia y la previsibilidad del terapeuta son fundamentales. La alianza se beneficia de un estilo que combine validación de la experiencia subjetiva con exploración gradual de alternativas interpretativas, evitando confrontaciones bruscas que aumenten defensividad. El objetivo terapéutico no suele ser erradicar toda creencia extraña, sino ampliar flexibilidad cognitiva, reducir ansiedad social, mejorar habilidades de relación y estabilizar el funcionamiento cotidiano.

En enfoques cognitivo-conductuales y metacognitivos, el trabajo puede centrarse en identificar sesgos interpretativos (autorreferencialidad, lectura de amenaza), entrenar verificación de hipótesis de manera colaborativa, aumentar tolerancia a la ambigüedad y desarrollar habilidades sociales concretas. La exposición social puede formar parte del tratamiento, pero conviene que sea graduada y acompañada de aprendizaje previo: distinguir señales relevantes de señales ambiguas, reducir hipervigilancia y entrenar respuestas comunicativas simples y eficaces. En abordajes de apoyo o relacionales, la terapia puede orientarse a mejorar regulación emocional, reducir aislamiento y ofrecer un espacio seguro donde se observen los patrones de confianza, distancia y atribución de intención, sin intrusión.

Las intervenciones psicosociales también son relevantes. La estructura diaria, objetivos ocupacionales realistas, entornos laborales con demandas sociales manejables y una red de apoyo mínima pueden reducir estrés y riesgo de intensificación. La terapia de grupo puede ser útil por el aprendizaje interpersonal en vivo, pero requiere selección cuidadosa y un marco estructurado, ya que en fases de alta suspicacia puede resultar sobrecargante.

La farmacoterapia, cuando se utiliza, se orienta a síntomas concurrentes y a periodos de intensificación, no a modificar la personalidad. Puede considerarse para depresión, ansiedad severa, insomnio o para reducir experiencias perceptivas inusuales y suspicacia intensa, siempre desde evaluación médica completa, ponderación de beneficios y riesgos, y seguimiento adecuado.

El **curso** suele ser estable, con oscilaciones según estrés y contexto. En ambientes estructurados, con baja ambigüedad y demandas sociales previsibles, algunas personas mantienen un funcionamiento aceptable.

En contextos de alta exigencia interpersonal, incertidumbre o conflicto, pueden aumentar la autorreferencialidad, la suspicacia y la retirada. La **evolución** favorable se asocia a mayor flexibilidad: capacidad de cuestionar interpretaciones en momentos críticos, aumento de repertorios interpersonales y reducción de aislamiento extremo. Si emergen síntomas persistentes de tipo psicótico o un deterioro global progresivo, la prioridad clínica es la detección temprana y la derivación a atención especializada.

En síntesis, el trastorno de la personalidad esquizotípica describe un patrón persistente de dificultades relacionales y extrañeza cognitivo-perceptiva, donde el mundo social se vive como cargado de significados personales y a menudo amenazantes, y donde la conducta y la comunicación adquieren un tono idiosincrático. La clave clínica es evaluar persistencia, rigidez, impacto funcional y contexto cultural, diferenciándolo de trastornos psicóticos, paranoia, evitación por vergüenza, espectro autista y trastornos afectivos. La intervención, cuando es pertinente, se centra en una alianza estable, en aumentar flexibilidad interpretativa, reducir ansiedad y aislamiento, mejorar habilidades sociales y abordar comorbilidades, con el objetivo principal de mejorar funcionamiento y calidad de vida sin imponer un ideal normativo de sociabilidad.

Capítulo 16

Trastornos del Clúster B: Impulsivos

Cuando se habla de los **trastornos del clúster B** en su vertiente impulsiva, se alude a un conjunto de patrones clínicos donde la desregulación conductual y emocional ocupa un lugar central. No se trata únicamente de "hacer cosas sin pensar", sino de un modo relativamente estable de responder a estados internos intensos y a situaciones interpersonales cargadas de significado mediante acciones rápidas, poco moduladas y orientadas a reducir tensión, obtener alivio inmediato o recuperar sensación de control. En estas presentaciones, la conducta tiende a convertirse en el regulador principal: se actúa para gestionar lo que cuesta sostener mentalmente.

Es importante precisar dos ideas para evitar simplificaciones. En primer lugar, impulsividad no equivale a irresponsabilidad moral ni a ausencia de valores; con frecuencia expresa dificultades reales en el control inhibitorio, la tolerancia al malestar, la planificación y la regulación afectiva, además de aprendizajes previos donde la acción inmediata resultó la vía más accesible para sobrevivir emocionalmente. En segundo lugar, la impulsividad del clúster B no es homogénea. Puede adoptar formas más reactivas y ligadas a la angustia (urgencia emocional, conductas precipitadas para aliviar un estado doloroso) o formas más orientadas a recompensa y dominancia (búsqueda de sensaciones, ventaja inmediata, menor sensibilidad a consecuencias), y ambas pueden coexistir en un mismo individuo según contexto, edad y comorbilidad.

Los trastornos del clúster B agrupan patrones de personalidad caracterizados por una emocionalidad intensa, dificultades en la regulación de los impulsos y relaciones interpersonales inestables o conflictivas, con expresiones clínicas diversas pero un trasfondo común de desregulación afectiva e interpersonal.

1. **Trastorno de la Personalidad Límite**: Se define por una marcada inestabilidad emocional, relaciones intensas y fluctuantes, impulsividad ligada a urgencia afectiva y una autoimagen frágil, con conductas orientadas a aliviar malestar intenso o a evitar abandono real o percibido.

2. **Trastorno de la Personalidad Antisocial**: Se caracteriza por un patrón persistente de transgresión de normas, impulsividad orientada a beneficio inmediato o dominancia, baja sensibilidad a consecuencias y dificultades para integrar responsabilidad y consideración por los demás.

3. **Trastorno de la Personalidad Histriónica**: Presenta una emocionalidad expresiva y cambiante, necesidad intensa de atención y validación interpersonal, conductas impulsivas de carácter relacional y un estilo comunicativo orientado a mantener estimulación y cercanía.

4. **Trastorno de la Personalidad Narcisista**: Se organiza en torno a una autoestima vulnerable o inflada, necesidad de reconocimiento, sensibilidad a la herida narcisista y conductas impulsivas que buscan restaurar estatus, control o autoimagen cuando esta se ve amenazada.

A nivel descriptivo, el funcionamiento impulsivo del clúster B suele organizarse alrededor de varios ejes que se refuerzan entre sí.

1. Predominio del aquí y ahora y dificultad para demorar gratificación: Un rasgo transversal es la tendencia a privilegiar el alivio inmediato frente a objetivos a largo plazo. La toma de decisiones se ve influida por el estado emocional del momento: cuando el afecto sube, el futuro se vuelve abstracto y pierde peso. Esto no implica que la persona no entienda intelectualmente las consecuencias, sino que, en el pico emocional, la capacidad de sostener esa representación y de usarla como freno disminuye. Aparecen decisiones precipitadas, cambios de plan, rupturas impulsivas, compras, consumo, conductas sexuales de riesgo, conducción temeraria, conflictos explosivos o, en algunas presentaciones, autolesión como forma de cortar un malestar intolerable.

2. Regulación emocional basada en acción: En estos cuadros, la emoción tiende a vivirse como intensa, urgente y difícil de modular. Con frecuencia hay baja tolerancia al malestar: la emoción no se experimenta como algo que sube y baja, sino como algo que invade y exige una salida. La conducta cumple entonces una función reguladora rápida. Puede aliviar por descarga fisiológica (ira, agitación), por anestesia emocional (consumo, disociación, conductas de riesgo) o por restablecimiento de control (acciones que reducen incertidumbre, como confrontar, vigilar, cortar, exigir, huir). El problema es que, aunque la acción reduce tensión a corto plazo, suele generar consecuencias a medio plazo que alimentan el ciclo: conflictos, pérdidas, culpa, vergüenza, deterioro funcional, sanciones, soledad.

3. Afectividad intensa, oscilante y altamente interpersonal: En la vertiente impulsiva del clúster B, el afecto suele activarse con rapidez ante señales de rechazo, crítica, abandono, humillación o amenaza a la autoestima. La reactividad interpersonal es clave: pequeñas ambigüedades pueden vivirse como grandes mensajes. Esto contribuye a cambios bruscos de estado, irritabilidad, explosiones de ira, episodios de desesperación o conductas desesperadas para recuperar cercanía, reconocimiento o seguridad. No siempre es "capricho"; con frecuencia hay un sistema de alarma relacional muy sensible, donde la distancia se experimenta como riesgo y la frustración como intolerable.

4. Estilo cognitivo bajo estrés: simplificación, polarización y sesgos de atribución: En momentos de alta activación, el pensamiento suele volverse menos matizado. Puede aparecer una lectura dicotómica (todo o nada), interpretaciones rápidas, certezas afectivas (si lo siento así, entonces es así) y atribuciones hostiles o de intención negativa, especialmente cuando hay historia de traición, maltrato o entornos impredecibles. No significa que la persona sea incapaz de reflexionar; muchas veces fuera del pico emocional puede comprender alternativas. El problema es la transición: cuando la activación sube, se estrecha el campo atencional y disminuye la capacidad de mentalizar, es decir, de sostener la complejidad de las propias motivaciones y las ajenas. Ese estrechamiento cognitivo facilita decisiones impulsivas y conductas de confrontación o escape.

5. Self vulnerable: identidad fluctuante, autoestima lábil y búsqueda de estabilización externa: Un componente frecuente es la fragilidad en la experiencia de identidad y en la estabilidad de la autoestima. La persona puede oscilar entre sentirse valiosa y sentirse despreciable, entre sentirse poderosa y sentirse impotente, según lo que ocurra en el entorno interpersonal. En lugar de una autoestima relativamente estable, aparece una autoestima dependiente del contexto, muy sensible a la validación o a la desconfirmación. En estas condiciones, la impulsividad puede funcionar como intento de restauración del self: acciones para sentirse vivo, para sentirse fuerte, para no sentirse abandonado, para recuperar estatus o para apagar vergüenza. Algunas conductas impulsivas son, en el fondo, conductas de regulación de identidad.

6. Relaciones intensas, inestables y con dificultades de límite: En el plano interpersonal, pueden observarse patrones de acercamiento rápido, expectativas altas, necesidad intensa de sintonía y, paralelamente, vulnerabilidad a la decepción. Cuando el vínculo se percibe seguro, la relación puede vivirse como fuente de calma; cuando se percibe amenaza, puede transformarse en campo de lucha, distancia brusca o ataques defensivos. Son frecuentes las dificultades de límite: pedir sin calibrar, invadir sin darse cuenta, o retirarse de manera abrupta. En algunos casos predomina la demanda de cercanía; en otros, predomina una relación instrumental con el otro; en otros, coexisten ambas, alternando según la activación emocional y la historia de apego.

7. Conducta como lenguaje: "actuar" lo que no se puede simbolizar: Una característica clínica útil es pensar que, en estas presentaciones, la conducta a menudo habla donde las palabras no alcanzan. Hay dificultades para nombrar estados internos complejos, para sostener ambivalencia o para tolerar sentimientos mixtos (amor y rabia, deseo y miedo). En ese vacío de simbolización, aparece el acting out: la acción expresa conflicto, busca respuesta del entorno o interrumpe una experiencia interna insoportable. Esto es especialmente visible cuando la persona no logra pedir ayuda de forma directa y, en su lugar, provoca crisis, confronta, amenaza con irse, se expone al riesgo o se autolesiona. No conviene romantizarlo ni justificarlo, pero sí comprender su función para poder intervenir de manera eficaz.

8. Aprendizajes de refuerzo: alivio inmediato y consecuencias tardías: El mantenimiento del patrón se explica en gran medida por aprendizaje. Si una conducta reduce el malestar de inmediato, el cerebro la registra como útil, aunque después aparezcan costes. Ese desajuste temporal es crucial: el refuerzo llega rápido; la consecuencia llega tarde. Por eso los sermones o las advertencias suelen funcionar poco en el pico emocional. Además, el entorno puede reforzar sin querer la impulsividad: cediendo ante explosiones, retirándose para evitar conflicto, o brindando atención intensa solo en crisis. Se configura así un circuito donde la crisis se convierte en la forma más eficaz de conseguir cambio ambiental, lo que fija el patrón.

9. Dimensión neuropsicológica: control inhibitorio, recompensa y urgencia emocional: Sin reducir lo clínico a lo biológico, es útil reconocer que en muchos casos hay dificultades en funciones ejecutivas situacionales: frenar, planificar, cambiar de estrategia, esperar. También puede existir alta sensibilidad a recompensa y a estímulos intensos, junto con una tendencia a actuar bajo urgencia emocional. Esto ayuda a entender por qué la persona puede prometer cambios en calma y fracasar en el momento crítico: no es solo voluntad, es capacidad de regulación bajo activación.

10. Desarrollo y consolidación del patrón: vulnerabilidad, ambiente y adaptación: La comprensión contemporánea suele ser multifactorial. Con frecuencia hay una combinación de temperamento (alta reactividad, búsqueda de sensaciones o baja inhibición), experiencias tempranas de invalidación, cuidado inconsistente, trauma relacional, exposición a violencia, o aprendizaje en entornos donde la impulsividad fue normalizada. En algunos trayectos vitales, la acción rápida fue adaptativa: permitió sobrevivir, protegerse o conseguir necesidades básicas. El problema aparece cuando ese estilo se cronifica y se generaliza a contextos donde deja de ser útil y se vuelve autodestructivo o conflictivo.

Ciclo clínico típico del funcionamiento impulsivo: Una forma clara de resumir el funcionamiento es describir el ciclo que se repite:

- Aparece un disparador interpersonal o emocional (rechazo, frustración, vergüenza, miedo, sensación de vacío).
- Se incrementa la activación fisiológica y la urgencia interna.
- Se estrecha el pensamiento, aumenta la certeza afectiva y disminuye la capacidad de pausa.
- Se ejecuta una conducta impulsiva para aliviar, recuperar control o obtener respuesta del entorno.
- Se produce alivio inmediato.
- Aparecen consecuencias (conflicto, pérdida, culpa, sanción, vergüenza, soledad).
- Esas consecuencias aumentan el malestar y preparan el terreno para el siguiente disparador.

Este ciclo explica por qué el patrón se vive como repetición: no porque la persona "quiera" sufrir, sino porque el sistema aprendió que la salida rápida funciona a corto plazo y no tiene otras herramientas suficientemente automatizadas.

En **evaluación clínica**, el foco no es solo contabilizar conductas impulsivas, sino comprender su función. Importa distinguir si la impulsividad está más ligada a urgencia emocional y vínculo, o más ligada a búsqueda de recompensa, dominancia o transgresión; si aparece en picos de afecto o de manera más basal; si se asocia a consumo; y qué grado de planificación existe. También es imprescindible evaluar riesgos: autolesión, suicidio, violencia, conducción temeraria, exposición sexual, problemas legales, abuso de sustancias. Del mismo modo, es clave no confundir impulsividad de personalidad con cuadros episódicos o neurobiológicos: trastorno por déficit de atención e hiperactividad, trastornos bipolares en fase de desinhibición, intoxicación o abstinencia de sustancias, o trastornos del control de impulsos.

En **intervención**, a nivel general, el objetivo no suele ser suprimir toda impulsividad, sino transformar la regulación basada en acción en regulación basada en pausa, simbolización y elección. En términos prácticos, esto implica construir seguridad y alianza, establecer estrategias de manejo de crisis, entrenar habilidades de tolerancia al malestar y regulación emocional, trabajar en mentalización bajo estrés, y diseñar entornos y rutinas que reduzcan disparadores evitables. Cuando hay comorbilidad relevante, como consumo, depresión, ansiedad o trauma, su abordaje es parte del tratamiento del patrón impulsivo, porque esos estados amplifican la urgencia y reducen control.

En síntesis, los trastornos del clúster B en su vertiente impulsiva pueden entenderse como organizaciones del funcionamiento donde la emoción intensa, la sensibilidad interpersonal y la dificultad para frenar y mentalizar bajo activación conducen a conductas rápidas orientadas a alivio inmediato o recuperación de control. La conducta cumple función reguladora, pero mantiene el ciclo por el refuerzo a corto plazo y las consecuencias a medio plazo. La clave clínica está en comprender la función de la impulsividad, evaluar riesgos y comorbilidades, y promover flexibilidad: más capacidad de pausa, mayor tolerancia al malestar, mejor lectura interpersonal y un repertorio conductual alternativo que permita vivir con menos crisis y mayor continuidad vital.

Capítulo 17

Trastorno de la Personalidad Antisocial

El **trastorno de la personalidad antisocial** se describe, en términos generales, como un patrón persistente de vulneración de normas sociales y de los derechos de los demás, acompañado de conductas repetidas de engaño, irresponsabilidad, impulsividad y, con frecuencia, agresividad o explotación interpersonal. No se trata simplemente de "ser rebelde" o de cometer actos ilegales aislados, sino de un estilo de funcionamiento relativamente estable en el que la relación con las reglas, la responsabilidad y el daño al otro se organiza de modo distinto al esperado en la convivencia social. En su forma clínica, este patrón se expresa de manera generalizada a través de diversos contextos (familia, pareja, trabajo, comunidad) y suele comenzar temprano, con antecedentes de problemas de conducta antes de la adultez.

Conviene aclarar desde el inicio varias confusiones frecuentes. En primer lugar, **antisocial** no significa "asocial". Asocial alude a retirada o bajo interés por la vida social; antisocial, en el sentido clínico, se refiere a conductas que van contra normas básicas de convivencia y que implican daño, abuso o explotación. En segundo lugar, la presencia de **delincuencia** no equivale automáticamente a un trastorno de personalidad: hay comportamientos delictivos vinculados a pobreza, contextos violentos, coerción grupal, consumo de sustancias o episodios afectivos, sin que exista un patrón de personalidad antisocial estable. En tercer lugar, tampoco debe confundirse con la idea popular de "**psicopatía**". La psicopatía es un constructo descriptivo con fuerte presencia en el ámbito forense, centrado en rasgos como frialdad emocional, ausencia de empatía, encanto superficial y manipulación, pero no es un diagnóstico formal en muchos sistemas clínicos. Puede solaparse con el trastorno antisocial, pero no son términos equivalentes.

En la descripción clínica clásica, el funcionamiento antisocial suele incluir varios rasgos que tienden a agruparse. La presentación concreta varía, pero con frecuencia se observan combinaciones de los siguientes elementos:

1. **Desprecio por normas y obligaciones**: Un estilo de relación con reglas y compromisos donde las normas se consideran obstáculos, imposiciones o algo aplicable a otros. Puede haber dificultad crónica para sostener rutinas, cumplir plazos, respetar límites o mantener responsabilidades continuadas.

2. **Engaño y manipulación instrumental**: Uso frecuente de mentira, fraude o encuadres engañosos para obtener ventajas. En algunas presentaciones, el engaño se acompaña de buena lectura de vulnerabilidades ajenas, lo que favorece explotación interpersonal.

3. **Impulsividad y baja planificación**: Tendencia a decisiones rápidas, cambios de rumbo sin considerar consecuencias, y búsqueda de gratificación inmediata. La impulsividad puede expresarse en consumo, conductas de riesgo, conflictos o rupturas precipitadas.

4. **Irritabilidad y agresividad**: Respuestas coléricas desproporcionadas, peleas, intimidación o violencia. En algunos casos la agresividad es reactiva (ante frustración o amenaza al estatus); en otros es más instrumental (para obtener control, recursos o reconocimiento).

5. **Desconsideración por seguridad propia o ajena**: Conductas temerarias, exposición reiterada a riesgos, conducción peligrosa, negligencia en cuidado de hijos o de terceros, o indiferencia ante consecuencias previsibles.

6. **Irresponsabilidad persistente**: Incumplimiento de obligaciones laborales, económicas o familiares, deudas reiteradas, falta de constancia, y un patrón de promesas que no se traducen en cambios sostenidos.

7. **Escasa culpa o remordimiento**: Minimización del daño causado, justificación, racionalización, o atribución de responsabilidad a la víctima o al contexto. Puede expresarse como indiferencia emocional ante el perjuicio ajeno o como arrepentimiento superficial sin modificación conductual.

Estos rasgos, para adquirir valor clínico, deben entenderse como un patrón estable, no como episodios aislados. El diagnóstico se apoya en la persistencia y en el carácter transversal del estilo, así como en la relación entre conducta, valores, empatía y responsabilidad. Muchas personas pueden mostrar impulsividad o conductas antisociales en periodos concretos sin que exista una estructura de personalidad antisocial; por ello la evaluación longitudinal es esencial.

Desde una perspectiva de **funcionamiento psicológico**, es útil considerar que el patrón antisocial no se sostiene solo por "mala voluntad", sino por una combinación de regulación emocional, aprendizaje, estilo cognitivo e identidad interpersonal que tiende a reforzarse con el tiempo. Un componente central en muchos casos es el predominio de una motivación orientada a beneficio inmediato, estatus o control, con baja consideración por costos a largo plazo y por impacto en terceros. Esto puede coexistir con una reactividad afectiva elevada (ira, frustración, vergüenza) o, en otros perfiles, con una afectividad más plana y una frialdad instrumental. La heterogeneidad es clínicamente importante: no todos los funcionamientos antisociales son iguales, y confundirlos lleva a intervenciones ineficaces.

En el **plano emocional**, se observan con frecuencia dos configuraciones, a veces mezcladas. En una primera, la persona presenta alta reactividad: baja tolerancia a frustración, irritabilidad, impulsividad bajo afecto y escaladas rápidas en conflicto. Aquí el daño puede ser consecuencia de desregulación y de respuestas defensivas. En una segunda, la persona muestra un estilo más frío: menor ansiedad, escasa culpa, menor resonancia ante sufrimiento ajeno y mayor capacidad de actuar de manera calculada. En esta configuración, la conducta puede ser más instrumental, y el impacto en terceros puede ser vivido como irrelevante o justificable. Entre ambos extremos hay múltiples combinaciones, y es común que la presentación cambie según el contexto: impulsividad y explosividad en lo íntimo, frialdad y cálculo en lo social, por ejemplo.

En el **plano cognitivo**, suelen destacarse sesgos que favorecen la repetición del patrón. Puede aparecer un estilo atribucional que minimiza responsabilidad personal y enfatiza culpa externa, junto con racionalizaciones que legitiman el acto ("si no lo hago yo, lo hará otro", "la gente es débil", "se lo merecía", "yo solo me defendí"). En perfiles con alta agresividad, puede existir sesgo de atribución hostil: interpretar ambigüedades como provocación o falta de respeto, lo que dispara respuestas de dominancia. En perfiles más instrumentales, el pensamiento puede ser pragmático y centrado en oportunidad, con menor consideración de normas morales como guías internas.

En el **plano interpersonal**, las relaciones suelen organizarse alrededor de poder, ventaja o control, o bien alrededor de dinámicas inestables donde la persona alterna seducción y desprecio, demanda y abandono, o cercanía y explotación. Es frecuente la dificultad para construir compromiso genuino sostenido. En algunos casos hay capacidad para vínculos selectivos, pero con límites instrumentales: se protege a los propios, mientras se deshumaniza o se utiliza a los demás. En otros, el patrón es más generalizado, con historial de relaciones conflictivas, rupturas, violencia o traición. En lo social, puede aparecer una presencia carismática o dominante, con habilidad para detectar debilidades, negociar, intimidar o persuadir. Esta habilidad puede enmascarar el problema en etapas iniciales, sobre todo en contextos donde el rendimiento o el encanto se premian y la conducta se fiscaliza poco.

En el **self**, suele observarse una identidad organizada en torno a autonomía extrema, dureza o superioridad, o bien en torno a una autoimagen de víctima justificada, donde el mundo se percibe como hostil y la transgresión se vive como defensa. En algunos perfiles, el orgullo y el estatus son núcleos motivacionales: ser humillado o "quedar por debajo" resulta intolerable y desencadena agresión o revancha. En otros, el núcleo es el vacío y la búsqueda de estimulación: se actúa para sentir algo, para escapar del aburrimiento o para sostener una sensación de potencia. Estas motivaciones internas no excusan el daño, pero ayudan a comprender por qué el patrón se repite y qué palancas terapéuticas podrían ser útiles.

Un elemento clínico esencial en este trastorno es el papel del **aprendizaje** y el refuerzo. La conducta antisocial suele producir beneficios a corto plazo: recursos, alivio de tensión, control, evitación de vergüenza, estatus, o reducción de sensación de amenaza. Si esos beneficios se obtienen repetidamente y las consecuencias son tardías o inconsistentes, el patrón se fija. Además, el entorno puede reforzar sin querer la conducta: cediendo ante intimidación, evitando conflicto por miedo, normalizando violencia, o premiando el dominio como signo de fuerza. En trayectorias de vida con violencia temprana, negligencia o modelos familiares antisociales, la transgresión puede haberse aprendido como estrategia adaptativa. Lo que fue adaptativo en un contexto hostil se vuelve destructivo en contextos donde se requiere cooperación y responsabilidad.

La **dimensión evolutiva** es particularmente relevante. Muchos modelos clínicos subrayan que el trastorno antisocial suele tener antecedentes de conductas disruptivas en la infancia o adolescencia, con dificultades persistentes en límites, empatía, aprendizaje de normas y regulación del impulso. En algunos casos aparece temprano un patrón de dureza emocional, baja sensibilidad al castigo y tendencia a la dominancia. En otros, el desarrollo está marcado por trauma, inestabilidad, abandono, violencia comunitaria o institucionalización, donde se aprende que el mundo es impredecible y que la fuerza o el engaño son vías de supervivencia. Estas trayectorias pueden converger en un resultado similar en la adultez, aunque los mecanismos internos sean distintos. Distinguirlos es clínicamente útil, porque orienta el pronóstico y el tipo de intervención.

En la demanda **clínica**, el trastorno antisocial raramente aparece como motivo explícito de consulta. La derivación suele llegar por problemas legales, conflictos de pareja, violencia, consumo de sustancias, dificultades laborales, o demandas familiares. A veces la persona consulta por síntomas asociados (ansiedad, irritabilidad, insomnio), más que por el patrón interpersonal. En evaluación, es común encontrar discrepancias entre el relato del paciente y la información de terceros o registros, por lo que la exploración debe ser cuidadosa, estructurada y, cuando sea posible, apoyada en datos colaterales. La entrevista clínica suele beneficiarse de claridad, límites firmes y un estilo no confrontativo, pero tampoco ingenuo: evitar luchas de poder, mantener un encuadre consistente y orientar la conversación a hechos, consecuencias y objetivos concretos.

El **diagnóstico diferencial** requiere precisión, especialmente en contextos forenses o de alta conflictividad. En primer lugar, debe diferenciarse de **conductas antisociales secundarias** a **consumo de sustancias**. Intoxicación y abstinencia pueden aumentar agresión, impulsividad y transgresión, y cuando el consumo se estabiliza, parte del patrón puede disminuir. En segundo lugar, conviene diferenciarlo de **episodios maníacos** o **hipomaníacos**, donde la desinhibición, grandiosidad y conducta riesgosa pueden simular un estilo antisocial, pero tienen curso episódico y se acompañan de cambios claros en energía, sueño y ánimo. En tercer lugar, debe considerarse el **trastorno por déficit de atención e hiperactividad**, donde la impulsividad y el mal control pueden producir problemas legales o laborales, sin que exista necesariamente engaño, explotación o ausencia de remordimiento como rasgos nucleares.

También es importante diferenciarlo del **trastorno límite de la personalidad**. En el límite puede haber impulsividad, agresión y conductas de riesgo, pero suelen estar estrechamente ligadas a miedo al abandono, inestabilidad afectiva intensa y autolesión. En el antisocial, el daño a terceros y la transgresión pueden ser más centrales y menos dependientes del vínculo. No obstante, hay solapamientos, y en clínica no es raro encontrar combinaciones o rasgos mixtos. Otro diferencial es con el **trastorno narcisista**: ambos pueden mostrar explotación interpersonal, pero en el narcisista predomina la regulación de autoestima y la necesidad de admiración, mientras que en el antisocial suele ser más prominente la transgresión, el engaño y la irresponsabilidad persistente. Asimismo, debe diferenciarse de **trastornos del control de impulsos** y de **agresión episódica**, donde hay explosiones de ira, pero no necesariamente un patrón generalizado de engaño, explotación y desprecio por normas.

En **comorbilidad**, es frecuente el consumo problemático de sustancias, que potencia impulsividad y violencia y empeora el pronóstico. También son comunes trastornos del neurodesarrollo y de conducta, síntomas de ansiedad e irritabilidad, y en algunos casos trastornos depresivos o experiencias traumáticas que influyen en la reactividad y en la desconfianza. La comorbilidad debe leerse a través del funcionamiento: qué síntomas amplifican el riesgo y cuáles son dianas de intervención realistas.

En **intervención**, el abordaje suele ser complejo y requiere expectativas realistas. No es un cuadro que se transforme solo por insight intelectual o por sermones morales. La prioridad clínica suele ser doble: reducción de riesgo y aumento de responsabilidad conductual. Para ello, resultan útiles intervenciones estructuradas centradas en habilidades, manejo de contingencias y objetivos concretos. En muchos casos, el punto de entrada más eficaz es tratar comorbilidades que amplifican el patrón, especialmente consumo, irritabilidad, impulsividad y trastornos del sueño. El trabajo terapéutico suele beneficiarse de un encuadre claro, reglas consistentes, consecuencias previsibles y acuerdos explícitos. La relación terapéutica no se apoya tanto en una intimidad emocional rápida como en un contrato de trabajo con metas medibles: reducir violencia, sostener empleo, cumplir obligaciones, disminuir consumo, mejorar control de ira y aumentar habilidades de resolución de problemas.

En **psicoterapia**, suele ser más útil un enfoque orientado a conducta y consecuencias que uno centrado exclusivamente en exploración emocional, al menos en fases iniciales. La intervención puede incluir entrenamiento en control de impulsos, identificación de disparadores, pausas conductuales, técnicas de resolución de problemas, regulación de ira, y reestructuración de justificativos cognitivos que sostienen la transgresión. Cuando existe capacidad y motivación, puede trabajarse también la mentalización y la perspectiva del otro, no como apelación moral abstracta, sino como habilidad práctica para reducir conflictos, mejorar resultados y disminuir escaladas. En ámbitos forenses o institucionales, los programas estructurados con supervisión y contingencias claras suelen ofrecer mejores condiciones de adherencia que intervenciones difusas sin seguimiento.

La **farmacoterapia** no se dirige a modificar el núcleo del trastorno. Puede considerarse para síntomas concurrentes relevantes, como irritabilidad intensa, impulsividad, trastornos del sueño, ansiedad o depresión, siempre desde evaluación médica completa. Es importante señalar que en este perfil existe riesgo de uso indebido de medicación y de baja adherencia, por lo que la indicación debe ser prudente y con seguimiento.

En cuanto al **curso**, en términos generales la expresión conductual más impulsiva y violenta tiende a disminuir con la edad en una parte de los casos, especialmente cuando cambian contextos, se reduce la exposición a grupos de riesgo o se estabilizan rutinas. Sin embargo, la disminución de conductas no implica necesariamente aumento de empatía o cambio profundo en valores; a veces se trata de fatiga, aprendizaje por consecuencias acumuladas o cambio de oportunidades. Un factor pronóstico importante es la presencia temprana de conductas graves y persistentes, consumo de sustancias, exposición a entornos violentos y ausencia de apoyos prosociales. La **evolución** más favorable se asocia a aumento de estructura, disminución de consumo, inserción laboral estable, redes prosociales y adquisición de habilidades de autocontrol y resolución de conflictos.

En síntesis, el trastorno de la personalidad antisocial describe un patrón persistente de transgresión, engaño, irresponsabilidad y daño a terceros, sostenido por una combinación de impulsividad, aprendizaje por refuerzo inmediato, sesgos cognitivos justificativos y un estilo interpersonal orientado a control o ventaja. La clave clínica está en evaluar la estabilidad del patrón, su inicio temprano, su generalización y su impacto, diferenciándolo de conductas antisociales secundarias a sustancias o episodios afectivos, y de otros trastornos de personalidad con solapamientos parciales. La intervención, cuando es posible, se centra en objetivos concretos, reducción de riesgo, tratamiento de comorbilidades, aumento de responsabilidad conductual y adquisición de habilidades, con un encuadre firme, consistente y realista.

Capítulo 18

Trastorno de la Personalidad Límite

El **trastorno de la personalidad límite** se describe, en términos generales, como un patrón persistente de inestabilidad en la regulación emocional, en la identidad y en las relaciones interpersonales, acompañado de impulsividad y de una sensibilidad marcada a señales de pérdida, rechazo o desconfirmación afectiva. Su rasgo central no es simplemente "tener emociones intensas", sino la combinación de intensidad, rapidez de cambio, dificultad para recuperar estabilidad interna y una tendencia a que el vínculo interpersonal actúe como amplificador o detonante del malestar. En la experiencia clínica, el funcionamiento límite suele expresarse como una vida emocional con picos abruptos, relaciones que oscilan entre cercanía intensa y rupturas dolorosas, y un self que puede sentirse poco cohesionado o fluctuante según el contexto.

Conviene aclarar desde el inicio varias ideas que suelen distorsionar la comprensión del trastorno. En primer lugar, el diagnóstico no equivale a una "personalidad difícil" ni a un defecto moral. Habla de un modo de funcionamiento aprendido y consolidado, con componentes temperamentales y relacionales, que genera sufrimiento y deterioro y que, en muchos casos, responde de manera significativa a intervenciones psicoterapéuticas estructuradas. En segundo lugar, el trastorno límite no se reduce a conductas llamativas; a veces el núcleo está más en el mundo interno que en lo conductual: vacío, hipersensibilidad al rechazo, vergüenza, desorganización afectiva, disociación bajo estrés. En tercer lugar, existe heterogeneidad: hay presentaciones más externalizantes (ira, impulsividad visible, crisis frecuentes) y otras más internalizantes (autocrítica severa, retraimiento, depresión, autodaño encubierto), y ambas pueden alternar.

En la descripción clínica clásica, el funcionamiento límite suele incluir varios rasgos que tienden a agruparse:

1. **Inestabilidad emocional y alta reactividad afectiva**: Cambios rápidos de ánimo, con emociones intensas que pueden dispararse ante estímulos interpersonales relativamente pequeños. La emoción suele vivirse como urgente y difícil de modular, y la recuperación al estado basal puede ser lenta.

2. **Hipersensibilidad al abandono y a la distancia**: Temor intenso a perder vínculos significativos, a ser rechazado o dejado de lado. Este temor no siempre se expresa como una demanda explícita; a veces se expresa como control, pruebas, reproches, retirada defensiva o rupturas impulsivas para “no ser abandonado”.

3. **Relaciones intensas e inestables**: Oscilación entre idealización y desvalorización del otro, especialmente cuando el vínculo se vive como incierto. La relación puede sentirse como el regulador principal del estado interno: si el vínculo está “bien”, hay calma; si el vínculo parece amenazado, aparece tormenta emocional.

4. **Identidad inestable o difusa**: Fluctuaciones en la autoimagen, valores, metas o sentido de continuidad personal. Puede haber sensación de no saber quién se es, de ser “distinto” según con quién se esté, o de tener un self frágil que depende mucho de la validación externa.

5. **Impulsividad en áreas potencialmente dañinas**: Conductas precipitadas orientadas a aliviar malestar, recuperar control o llenar vacío. No siempre responden a búsqueda de placer; con frecuencia responden a urgencia emocional.

6. **Ira intensa o dificultad para modular la rabia**: Irritabilidad, explosiones o resentimiento persistente. En algunos casos, la rabia funciona como defensa ante vulnerabilidad, vergüenza o miedo; en otros, aparece como respuesta a la sensación de injusticia o desconfirmación.

7. **Sensación crónica de vacío**: Vivencia de hueco interno, falta de sentido, desconexión o aburrimiento intolerable. El vacío puede empujar a la búsqueda de intensidad o a la dependencia de estímulos externos para sentirse real.

8. **Episodios de disociación o síntomas paranoides transitorios bajo estrés**: En momentos de alta activación, algunas personas presentan desconexión, desrealización, despersonalización o interpretaciones persecutorias breves. Estas experiencias suelen ser reactivas y fluctuantes.

9. **Conductas autolesivas o suicidas**: No aparecen en todos los casos, pero son clínicamente relevantes por su frecuencia e importancia pronóstica. A menudo se relacionan con regulación del dolor emocional, reducción de disociación, expresión de desesperación o comunicación de un estado interno cuando no hay palabras disponibles. La evaluación del riesgo y el abordaje específico forman parte esencial de la práctica clínica.

Estos rasgos no se expresan igual en todas las personas ni con la misma intensidad. El diagnóstico exige valorar persistencia, generalización, rigidez del patrón y deterioro funcional. También exige distinguir lo que es parte del estilo estable de lo que corresponde a crisis situacionales, traumas recientes o comorbilidades.

Desde una perspectiva de **funcionamiento psicológico**, el trastorno límite puede entenderse como una organización donde la emoción, el vínculo y el sentido de identidad están estrechamente acoplados. La persona suele contar con un sistema de alarma interpersonal muy sensible, que detecta y magnifica señales de distancia, ambigüedad o desconfirmación. Esa alarma activa rápidamente estados internos intensos, y en esos picos disminuye la capacidad de pausa, de reflexión y de mentalización. Mentalizar, en este contexto, significa poder sostener la complejidad de lo que uno siente y de lo que el otro puede estar sintiendo o pensando, sin colapsar en certezas absolutas. Cuando la activación sube, el mundo se simplifica: el otro se vive como totalmente bueno o totalmente malo; el futuro se vuelve catastrófico; el dolor se vive como interminable; la urgencia domina.

Una forma útil de describir el núcleo del funcionamiento es pensar en una dificultad específica: sostener ambivalencia y continuidad bajo estrés. En momentos de calma, la persona puede reconocer matices, recordar afectos positivos y entender alternativas. En momentos críticos, esa continuidad se rompe: si el otro no responde, se siente abandono total; si hay un desacuerdo, se vive traición; si aparece vergüenza, se siente aniquilación del self. En ese quiebre, la conducta puede convertirse en regulador principal: se actúa para cortar el dolor, para recuperar cercanía, para castigar, para escapar, para llenar vacío o para sentirse real.

En el **plano interpersonal**, el patrón suele formar un ciclo de mantenimiento. El miedo a la pérdida genera conductas de aseguramiento o protesta (exigencias, pruebas, control, celos, reclamos, amenazas de ruptura, retirada abrupta). Estas conductas, aunque comprensibles desde la urgencia emocional, pueden producir fatiga o distancia en el otro, lo que confirma la expectativa de abandono y aumenta la intensidad de la protesta. A veces el ciclo adopta otra forma: ante el mínimo indicio de rechazo, la persona se retira primero o rompe el vínculo para evitar ser abandonada, generando pérdidas reales que consolidan el esquema. En relaciones íntimas, este ciclo puede alternar con fases de idealización, donde el vínculo se vive como salvación, y fases de desvalorización, donde el vínculo se vive como amenaza o humillación.

En el plano del **self**, la identidad inestable no es solo una cuestión narrativa, sino una vivencia emocional. Puede haber sensación de falta de base interna, de depender del reflejo del otro para existir. Cuando el otro valida, el self se siente coherente; cuando el otro se aleja o critica, el self se derrumba. Esta dependencia no es necesariamente consciente ni voluntaria; suele ser el resultado de un desarrollo donde la estabilidad interna no se consolidó plenamente, por temperamento y por experiencias relacionales. En algunos casos, la persona oscila entre grandiosidad defensiva y autodesprecio: cuando se siente herida, puede atacar para no sentir vulnerabilidad; cuando el ataque tiene consecuencias, aparece culpa o vergüenza extrema.

En el **plano cognitivo**, el funcionamiento límite se caracteriza menos por pensamiento extraño y más por pensamiento condicionado por el afecto. Bajo estrés, aumenta el razonamiento emocional (si lo siento, entonces es verdad), la atención selectiva a señales de rechazo y la interpretación catastrófica. Puede aparecer también una dificultad para integrar memorias afectivas: en el pico de malestar, cuesta recordar que hubo momentos de calma o cuidado; el estado presente se vuelve total. Esta cualidad explica por qué muchas intervenciones terapéuticas deben entrenar habilidades que funcionen precisamente cuando el sistema está activado, y no solo en momentos de reflexión.

En cuanto a **factores de desarrollo**, la comprensión contemporánea suele ser multifactorial. Es frecuente encontrar una combinación de vulnerabilidad temperamental (alta reactividad emocional, sensibilidad interpersonal, impulsividad) con experiencias relacionales de inconsistencia, invalidación o imprevisibilidad. En algunos trayectos vitales hay historia de trauma, abandono, negligencia o violencia; en otros, hay una historia menos evidente de trauma, pero sí de falta de sintonía emocional, mensajes contradictorios o una estructura familiar donde la emoción intensa no pudo ser contenida y nombrada. El concepto de invalidación resulta clínicamente útil: cuando los estados internos del niño se minimizan, se ridiculizan o se castigan, la persona aprende a desconfiar de su experiencia y a intensificarla para ser escuchada, o a desconectarse de ella para sobrevivir. Con el tiempo, la emoción se vuelve difícil de regular y se expresa mediante crisis, urgencia o disociación.

La **demanda clínica** suele presentarse por motivos indirectos: crisis de pareja, rupturas repetidas, conflictos intensos, episodios depresivos, ansiedad, consumo de sustancias, problemas laborales por reactividad interpersonal, o conductas autolesivas. En **evaluación**, es importante distinguir entre el patrón estable y los episodios reactivos, así como valorar riesgos. También es esencial explorar la historia de vínculos, la forma en que la persona interpreta señales de distancia y el repertorio real de estrategias de regulación emocional. La entrevista clínica suele beneficiarse de un encuadre firme y empático: calidez sin sobreinvolucramiento, límites claros, coherencia y predictibilidad. La inconsistencia del encuadre, la ambigüedad o los cambios bruscos de disponibilidad terapéutica tienden a activar el sistema de alarma interpersonal y aumentar riesgo de rupturas de la alianza.

El **diagnóstico diferencial** es particularmente importante, porque varios cuadros pueden parecer similares en la superficie.

En primer lugar, debe diferenciarse del **trastorno bipolar**. En el bipolar, la inestabilidad del ánimo se organiza en episodios con cambios en energía, sueño, velocidad del pensamiento y conducta, y el curso es más episódico. En el límite, la oscilación suele ser más rápida y reactiva a eventos interpersonales, con una sensibilidad marcada a señales de abandono y con un patrón estable de identidad y relaciones. Puede haber comorbilidad, por lo que la distinción exige historia longitudinal y evaluación clínica cuidadosa.

En segundo lugar, conviene diferenciarlo de trauma complejo y **trastorno por estrés postraumático**, donde hay hipervigilancia, disociación, reactividad y dificultades relacionales. La frontera no siempre es nítida, y en clínica es frecuente que existan elementos de ambos. En estos casos, el foco no es solo etiquetar, sino comprender qué mecanismos dominan: reexperimentación, evitación y amenaza (más típicos de TEPT) frente a miedo al abandono, identidad inestable y patrón relacional oscilante (más típico del límite), aunque pueden coexistir.

En tercer lugar, debe diferenciarse del **trastorno histriónico**, donde predomina la búsqueda de atención y la expresividad emocional teatral, y del **trastorno narcisista**, donde predomina la regulación de autoestima, la necesidad de admiración y la sensibilidad a la humillación. El trastorno límite puede compartir intensidad emocional y conflictos interpersonales, pero su núcleo suele estar más en la desregulación, el miedo a la pérdida, el vacío y la identidad frágil. También conviene diferenciarlo del **trastorno antisocial**, donde el daño a terceros, el engaño y la irresponsabilidad persistente pueden ser centrales; en el límite, la impulsividad suele estar más ligada a urgencia emocional y a la relación de apego.

Asimismo, es importante considerar **trastornos del neurodesarrollo**, como el trastorno por déficit de atención e hiperactividad, que puede contribuir a impulsividad y desregulación, y cuadros de ansiedad y depresión, que pueden amplificar retraimiento, irritabilidad y conductas de riesgo. También debe considerarse la posibilidad de **síntomas psicóticos persistentes**, ya que en el límite puede haber fenómenos transitorios bajo estrés, pero si los síntomas son sostenidos y estructurados se debe explorar un trastorno psicótico primario u otra condición.

En **comorbilidad**, son frecuentes trastornos depresivos y de ansiedad, consumo de sustancias, trastornos de la conducta alimentaria, problemas de sueño y, en algunos casos, síntomas disociativos significativos. Estas comorbilidades no son accesorios: pueden ser el motor principal del deterioro y deben abordarse en el plan terapéutico.

Respecto a la **intervención**, la evidencia clínica y la experiencia acumulada convergen en que la psicoterapia estructurada es el eje del tratamiento. El primer objetivo no es analizar en profundidad desde el inicio, sino construir seguridad clínica: reducir riesgos, estabilizar crisis, establecer un plan de manejo de urgencias y desarrollar habilidades de regulación. A partir de esa base, se trabaja en patrones relacionales, identidad, mentalización y reconstrucción de significados.

Entre los modelos más utilizados se encuentran los enfoques basados en habilidades y regulación emocional, como la terapia dialéctico-conductual; los enfoques centrados en mentalización, que entrenan la capacidad de comprender estados mentales propios y ajenos bajo estrés; enfoques psicodinámicos estructurados, que trabajan la integración de representaciones del self y del otro y la estabilidad de la identidad; y terapias centradas en esquemas, que abordan patrones de larga data, necesidades emocionales no satisfechas y modos de afrontamiento. Más allá del modelo, hay elementos comunes que suelen ser decisivos: consistencia del encuadre, claridad de objetivos, validación sin colusión, límites terapéuticos firmes, trabajo con rupturas de alianza y entrenamiento de habilidades aplicables en momentos de alta activación.

Un aspecto clínico crucial es la manera de manejar la relación terapéutica. En el trastorno límite, la **terapia** no solo es un espacio de conversación; es un laboratorio donde se activan expectativas de abandono, miedo a la crítica, necesidad de reparación y pruebas de confiabilidad. Por eso el terapeuta debe sostener un estilo estable: ni distante ni fusionado, ni punitivo ni complaciente. Las intervenciones suelen requerir nombrar el proceso en curso, ayudar a la persona a distinguir hecho de interpretación, sostener pausa antes de actuar y recuperar continuidad narrativa. La terapia se beneficia de metas concretas: reducir crisis, sostener rutinas, mejorar habilidades de comunicación, establecer límites, y construir una vida que merezca ser vivida en términos personales, con proyectos, vínculos y autocuidado.

La **farmacoterapia** no se dirige a "curar" la personalidad. Puede ser útil para síntomas concurrentes, como depresión, ansiedad, insomnio, irritabilidad o impulsividad, y su indicación corresponde al ámbito médico según evaluación completa. En general, se recomienda prudencia con polifarmacia y mantener foco en tratamiento psicoterapéutico, especialmente cuando la medicación se convierte en sustituto de habilidades.

El **curso** del trastorno no es necesariamente de deterioro progresivo. En una proporción significativa de casos, con intervención adecuada y con el paso del tiempo, disminuyen la impulsividad y las crisis agudas, y mejora la estabilidad relacional. La mejoría suele asociarse a adquisición de habilidades, redes de apoyo más estables, reducción de consumo de sustancias, manejo del estrés y tratamiento de trauma cuando está presente. No obstante, el riesgo clínico en fases agudas puede ser alto, especialmente si hay autolesión, ideación suicida, violencia en la relación o comorbilidad con consumo, por lo que la prevención y el manejo estructurado de crisis son parte esencial del abordaje.

En síntesis, el trastorno de la personalidad límite describe un patrón persistente de desregulación emocional e interpersonal, con hipersensibilidad al abandono, relaciones intensas e inestables, identidad frágil o fluctuante, impulsividad y, en algunos casos, disociación y conductas autolesivas bajo estrés. La clave clínica está en evaluar persistencia, generalización, impacto funcional, riesgos y comorbilidades, y diferenciarlo de bipolaridad, trauma complejo y otros trastornos de personalidad con solapamientos parciales. La intervención, cuando es pertinente, se apoya en psicoterapias estructuradas, encuadre firme y validante, entrenamiento de habilidades y construcción de estabilidad vital, con objetivos centrados en seguridad, flexibilidad y calidad de vida.

Capítulo 19

Trastorno de la Personalidad Histriónica

El **trastorno de la personalidad histriónica** se describe, en términos generales, como un patrón persistente de emocionalidad intensa y búsqueda de atención, con un estilo interpersonal orientado a captar interés, aprobación y respuesta del entorno. Su rasgo central no es simplemente ser expresivo o sociable, sino la combinación de necesidad elevada de validación externa, tendencia a dramatizar o intensificar la comunicación emocional y dificultad para sostener un sentido de valía personal cuando la atención disminuye. En la clínica, este funcionamiento suele manifestarse como relaciones marcadas por la seducción social, la teatralidad, la sugestibilidad y una vivencia de malestar cuando la persona no se siente vista, reconocida o confirmada.

Conviene aclarar desde el inicio algunas ideas que suelen generar malentendidos. En primer lugar, la extraversión, el carisma o una forma expresiva de ser no constituyen por sí mismos un trastorno. Muchas personas son comunicativas, intensas o creativas y mantienen vínculos estables, responsabilidad y buen juicio interpersonal. En segundo lugar, no debe confundirse el estilo histriónico con "falsedad" deliberada o con manipulación planificada. En muchos casos, la forma de expresarse es automática, aprendida y orientada a regular estados internos de inseguridad, vacío o miedo a la indiferencia. En tercer lugar, el diagnóstico exige valorar persistencia, rigidez y deterioro funcional: el problema no es la emoción, sino la dependencia de la emoción como herramienta principal para relacionarse y para sostener la autoestima. Finalmente, debe considerarse el sesgo cultural y de género: históricamente, la etiqueta histriónica se aplicó con mayor facilidad a mujeres expresivas o con una sexualidad visible, en contextos donde determinadas formas de expresividad femenina se valoran de manera distinta o más restrictiva que las masculinas. Por ello es esencial que la evaluación se base en funcionamiento y deterioro, no en estereotipos.

En la descripción clínica clásica, el funcionamiento histriónico suele incluir varios rasgos que tienden a agruparse:

1. **Búsqueda persistente de atención y malestar cuando no se es el centro**: Una necesidad de estar en foco, de generar respuesta o de evitar la sensación de invisibilidad. Cuando el entorno no responde, puede aparecer irritación, tristeza, sensación de vacío o una escalada en la intensidad expresiva.

2. **Estilo relacional orientado a impacto**: La interacción suele incluir gestos, tono, narrativa y presencia diseñados (a veces sin plena conciencia) para provocar interés. La persona puede presentar gran habilidad social inicial, con facilidad para iniciar contactos, cautivar o atraer.

3. **Emociones intensas pero cambiantes, a veces con cualidad superficial**: La emoción se expresa con fuerza, pero puede cambiar rápidamente según el contexto y la retroalimentación social. No necesariamente es que "no sienta", sino que la emoción funciona más como señal interpersonal que como proceso interno elaborado.

4. **Comunicación dramática y lenguaje impresionista**: Relatos con muchos adjetivos, énfasis afectivo, metáforas y conclusiones globales, con menor detalle factual. La narrativa busca transmitir vivencia y generar impacto más que reconstruir con precisión.

5. **Sugestibilidad y dependencia de claves externas**: Tendencia a quedar influido por el clima emocional del grupo, por figuras de autoridad o por modas, con cambios de opinión o de interés que siguen la validación recibida. Esto puede generar decisiones poco estables.

6. **Interpretación rápida de la intimidad**: La relación puede vivirse como muy cercana con poca base real, especialmente cuando hubo una interacción intensa. Es frecuente la sensación de "conexión especial" que luego se frustra cuando el otro no la comparte o cuando aparecen límites.

7. **Uso de apariencia, estilo o presencia para captar atención**: No se trata de moralizar sobre estética, sino de observar una estrategia reiterada donde la imagen y la presentación se vuelven herramientas centrales para asegurar reconocimiento o respuesta.

8. **Dificultad para tolerar la normalidad relacional**: Lo cotidiano, lo silencioso o lo no espectacular puede vivirse como desconfirmación. Esto favorece ciclos donde se buscan picos emocionales para sentir vínculo o valía.

Estos rasgos pueden ser muy variables. Hay presentaciones más cálidas y prosociales, donde el problema principal es la inestabilidad de la autoestima y la necesidad de atención; y otras más competitivas, donde la relación con el otro se vive como escenario, con celos, rivalidad o necesidad de mantener posición privilegiada. En algunos casos, el estilo histriónico se manifiesta sobre todo en la pareja; en otros, en ámbitos sociales o laborales; y en otros, atraviesa múltiples áreas.

Desde una perspectiva de **funcionamiento psicológico**, el patrón histriónico puede entenderse como una organización donde la autoestima depende en gran medida de la mirada ajena. El reconocimiento externo no es un complemento, sino un regulador central del estado interno. Cuando hay atención, la persona se siente viva, valiosa, segura. Cuando la atención baja, aparece una caída: inseguridad, sensación de insignificancia, vacío, o miedo a quedar fuera del vínculo. En este marco, la intensificación expresiva cumple una función: restablecer contacto, recuperar confirmación, neutralizar la incertidumbre relacional. La persona no busca necesariamente "drama" por placer; muchas veces busca alivio ante una sensación intolerable de invisibilidad.

En el **plano emocional**, suele observarse una regulación basada en amplificación. La emoción se eleva para lograr claridad, para mover al otro, para asegurar respuesta. Esto puede ser especialmente evidente en situaciones ambiguas: silencios, demoras, cambios de planes, atención compartida. Lo ambiguo se vive como amenaza porque no garantiza confirmación. Por ello, es frecuente una escalada rápida en intensidad: si el otro no responde, se incrementa el tono, la urgencia, la tristeza o la indignación. El problema es que este mecanismo, aunque eficaz a corto plazo, tiene costos: fatiga en el entorno, pérdida de credibilidad, conflictos por exceso de demanda o por vivencia de presión.

En el **plano cognitivo**, el estilo suele estar guiado por impresión y afecto más que por análisis. Bajo estrés interpersonal, puede aparecer razonamiento emocional: si me siento ignorado, entonces me están rechazando; si siento que no soy importante, entonces no lo soy. La capacidad de matizar suele estar presente, pero puede quedar eclipsada por la urgencia afectiva. También puede haber sesgos de comparación social: evaluar el propio valor en función de la atención recibida en relación con otros, lo que alimenta celos y competitividad.

En el **plano interpersonal**, la relación se convierte con facilidad en escenario de confirmación. La persona puede acercarse con encanto, intensidad y seducción social, generando vínculos rápidos. Cuando el vínculo se estabiliza y la novedad disminuye, aparece el desafío: sostener cercanía sin espectáculo. Si la persona interpreta la calma como desinterés, puede intensificar emoción, introducir conflictos o buscar nuevas fuentes de atención. Esto crea un ciclo de mantenimiento: la atención refuerza la estrategia; la falta de atención dispara más estrategia; la estrategia excesiva produce cansancio y distancia; la distancia confirma el miedo a la indiferencia; y así se repite.

En el **self**, es frecuente una identidad fuertemente relacional: la persona se conoce a través del impacto que genera. Puede haber dificultad para sostener un sentido de sí mismo cuando no hay espejo social. Esto puede expresarse como cambios rápidos en intereses, valores o proyectos según el grupo de pertenencia o la figura significativa del momento. También puede aparecer una vulnerabilidad particular a la vergüenza: sentirse "uno más" o "no especial" puede vivirse como doloroso. En algunas trayectorias, el estilo histriónico se organiza como defensa frente a experiencias tempranas de desatención, competencia afectiva o validación condicional (ser querido cuando se destaca, cuando entretiene, cuando complace), lo que enseña que la atención hay que ganarla.

La **demanda clínica** suele llegar por motivos indirectos. Es frecuente que la persona consulte por síntomas de ansiedad o ánimo bajo, por rupturas repetidas, por conflictos de pareja, por insatisfacción crónica en relaciones o por sensación de vacío. A veces también consulta porque el entorno la acusa de exagerar, mentir o dramatizar, y ella no comprende por qué sus vivencias no son tomadas en serio. En **evaluación**, puede observarse un estilo comunicativo muy expresivo, con gran carga afectiva, y con relato centrado en cómo se sintió más que en secuencia de hechos. El **encuadre clínico** se beneficia de validar la emoción sin reforzar la escalada, y de construir un espacio donde se pueda traducir la intensidad en significado, necesidades y límites.

El **diagnóstico diferencial** es esencial, porque el clúster B presenta solapamientos y porque el estilo expresivo puede confundirse con otros cuadros.

En primer lugar, conviene diferenciarlo del **trastorno de la personalidad límite**. En el límite predominan la desregulación emocional con miedo al abandono, impulsividad marcada y, en algunos casos, autolesión y disociación bajo estrés. En el histriónico, aunque puede haber miedo a la desconfirmación, suele destacar más la búsqueda de atención, la teatralidad y la sugestibilidad, con menos rasgos de autoagresión como núcleo. Sin embargo, pueden coexistir rasgos mixtos, y en clínica no es raro que el estilo histriónico se combine con reactividad límite en relaciones íntimas.

En segundo lugar, debe diferenciarse del **trastorno de la personalidad narcisista**. En el narcisista el eje suele ser la regulación de autoestima a través de grandiosidad, necesidad de admiración y sensibilidad a la humillación, con una relación más jerárquica con el otro. En el histriónico, el eje es más relacional y expresivo: necesidad de atención, cercanía, impacto emocional y respuesta, con menos énfasis en superioridad estable. Aun así, pueden coexistir, especialmente cuando la atención se vive como prueba de estatus.

En tercer lugar, conviene diferenciarlo del **trastorno de la personalidad dependiente**. En el dependiente predomina el temor a la separación y la necesidad de cuidado, con sumisión, dificultad para tomar decisiones y búsqueda de protección. En el histriónico puede existir dependencia afectiva, pero se expresa más a través de seducción social, dramatización y necesidad de atención que a través de sumisión o pasividad. La forma en que la persona pide cercanía y cómo reacciona al límite suele orientar.

También es importante diferenciarlo de **trastornos afectivos**, en particular de **episodios hipomaníacos** o **maníacos**. La expansividad, la sociabilidad y la desinhibición de una fase hipomaníaca pueden parecer histriónicas, pero en el trastorno bipolar el cambio es episódico, con variaciones claras en sueño, energía, velocidad del pensamiento y conducta, y con un inicio y fin relativamente delimitables. El histriónico, en cambio, es un estilo más persistente y transversal.

Otro diferencial relevante es con **trastornos somáticos** y de **ansiedad**, donde puede haber búsqueda de atención a través del síntoma. En esos casos, el foco está en la preocupación por la salud o en el miedo, más que en un estilo interpersonal teatral generalizado. También conviene considerar consumo de sustancias, que puede amplificar dramatización, desinhibición y conflictos, sin constituir por sí mismo un patrón de personalidad estable.

En **comorbilidad**, pueden aparecer trastornos de ansiedad, depresión, síntomas somáticos y, en algunos casos, consumo de sustancias, especialmente cuando la persona utiliza estimulación externa para sostener estado interno o para afrontar vacío. También pueden coexistir rasgos de otros trastornos del clúster B, como límite o narcisista, lo que modifica el pronóstico y el foco terapéutico.

Respecto a **factores de desarrollo**, la comprensión contemporánea suele ser multifactorial. Puede existir un componente temperamental de alta sociabilidad, búsqueda de estimulación y sensibilidad interpersonal. A esto pueden sumarse aprendizajes tempranos donde la atención fue inconsistente o condicional: ser visto cuando se destacaba, cuando se agradaba, cuando se entretenía, cuando se cumplía un rol emocional en la familia. En algunos entornos, la expresión intensa fue recompensada; en otros, fue el único modo de ser escuchado. También puede haber experiencias de comparación, rivalidad afectiva o roles parentales invertidos, donde el niño aprende a gestionar estados del adulto mediante dramatización o encanto. De nuevo, el foco clínico no es asignar una causa única, sino comprender qué función cumple el estilo y cómo se mantiene.

En **intervención**, la primera tarea suele ser construir un encuadre que permita trabajar la emoción sin amplificarla. La alianza se beneficia de una actitud que combine calidez con límites claros. En estos casos, el terapeuta debe evitar dos extremos: invalidar la experiencia, lo que aumenta la escalada; o reforzar el dramatismo como forma principal de vínculo terapéutico, lo que consolida el patrón. Un objetivo central es desarrollar regulación interna: aprender a sostener emoción y necesidad sin convertirlas en actuación inmediata.

En **psicoterapia**, suelen ser útiles enfoques que trabajen autoestima, mentalización y habilidades relacionales. En enfoques cognitivo-conductuales y de esquemas, el trabajo puede centrarse en identificar creencias nucleares (si no me ven, no valgo; si no impacto, me abandonan), disminuir comparación social, aumentar tolerancia a la frustración y entrenar formas de pedir atención y afecto de manera directa y proporcional. En enfoques psicodinámicos o relacionales, puede explorarse la función de la teatralidad, la vergüenza subyacente, el miedo a la indiferencia y la historia de validación condicional, cuidando especialmente el manejo de la transferencia, donde la necesidad de atención puede aparecer con fuerza. En terapia de grupo, el aprendizaje puede ser valioso porque ofrece retroalimentación interpersonal real, pero conviene un marco estructurado y una conducción que ayude a traducir emoción en comunicación clara, evitando que el grupo se convierta en escenario de competencia por atención.

La **farmacoterapia** no se orienta a modificar el núcleo del trastorno. Cuando se utiliza, se dirige a comorbilidades o síntomas concurrentes, como ansiedad, depresión o problemas de sueño, según evaluación médica completa. En general, el cambio clínico más relevante proviene del aprendizaje de regulación emocional, del fortalecimiento de la identidad y de la mejora en la calidad de las relaciones.

El **curso** suele ser relativamente estable, con oscilaciones según contexto y etapa vital. En algunos casos, con madurez y experiencias relacionales más seguras, disminuye la necesidad de impacto constante y aumenta la capacidad de intimidad tranquila. La **evolución** favorable se asocia a incremento de flexibilidad: poder disfrutar de conexión sin espectáculo, tolerar la atención compartida, sostener autoestima sin validación inmediata y mantener vínculos con límites y reciprocidad.

En síntesis, el trastorno de la personalidad histriónica describe un patrón persistente de búsqueda de atención y emocionalidad expresiva, donde la mirada del otro funciona como regulador central de la autoestima y del estado interno. La clave clínica está en evaluar persistencia, rigidez e impacto funcional, evitando lecturas estereotipadas, y diferenciándolo de límite, narcisista, dependiente y trastornos afectivos episódicos. La intervención, cuando es pertinente, se centra en construir regulación interna, mejorar mentalización y comunicación de necesidades, fortalecer identidad y desarrollar vínculos más estables, con un encuadre terapéutico cálido, consistente y con límites claros.

Capítulo 20

Trastorno de la Personalidad Narcisista

El **trastorno de la personalidad narcisista** se describe, en términos generales, como un patrón persistente de regulación de la autoestima basado en la necesidad de validación externa, con tendencia a la grandiosidad, la autoimportancia y la expectativa de trato especial, acompañado con frecuencia de sensibilidad marcada a la crítica, dificultades para reconocer las necesidades del otro y una forma de relación donde la admiración, el estatus o la superioridad ocupan un lugar central. En su núcleo clínico no está simplemente "ser vanidoso", sino una organización psicológica en la que el valor personal depende en exceso de la confirmación, y donde la experiencia de desconfirmación se vive como amenaza intensa, humillación o derrumbe del self. Por eso, bajo la apariencia de confianza y seguridad puede existir una vulnerabilidad significativa, especialmente ante el fracaso, la comparación o la pérdida de reconocimiento.

Conviene aclarar desde el inicio varias confusiones comunes. En primer lugar, el narcisismo como rasgo es universal: todas las personas necesitan autoestima, reconocimiento y un cierto sentido de valía. El problema clínico aparece cuando el sistema de autoestima se vuelve rígido, dependiente de la admiración o del estatus, y se sostiene mediante estrategias que dañan relaciones o generan deterioro funcional. En segundo lugar, no toda expresión de ambición, liderazgo o autoafirmación implica narcisismo patológico; muchas personas con alto rendimiento pueden ser exigentes o competitivas sin presentar patrones persistentes de explotación, desprecio o fragilidad ante la crítica. En tercer lugar, es un trastorno heterogéneo: no siempre se presenta como arrogancia visible. Existe una forma más manifiesta y expansiva, y otra más vulnerable e hipersensible, con vergüenza, retraimiento y resentimiento, que a veces pasa desapercibida porque no encaja con el estereotipo del narcisismo grandioso.

En la comprensión clínica contemporánea se suele distinguir entre dos grandes **modos de funcionamiento** narcisista, que comparten una organización centrada en la regulación de la **autoestima**, pero que se expresan de manera muy diferente en la conducta, en las relaciones y en la vivencia subjetiva. Esta distinción ayuda a evitar lecturas simplificadas y a entender por qué personas con un mismo núcleo narcisista pueden presentar estilos externos casi opuestos.

El funcionamiento **narcisista grandioso** se caracteriza por una autoimagen inflada o defensivamente idealizada, acompañada de una necesidad intensa de reconocimiento, admiración o confirmación externa. La persona suele mostrarse segura, dominante o carismática, con una tendencia a colocarse en posiciones de superioridad, liderazgo o excepción. En el plano interpersonal, puede aparecer explotación del otro, escasa reciprocidad empática y dificultad para tolerar la crítica o la frustración, que se viven como amenazas directas al valor personal. La regulación de la autoestima se apoya en la visibilidad, el rendimiento, el estatus o el impacto social: sentirse visto, admirado o temido funciona como estabilizador interno. Cuando este equilibrio se rompe, pueden aparecer reacciones de ira, desprecio, desvalorización del otro o conductas impulsivas orientadas a restaurar la posición perdida.

El funcionamiento **narcisista vulnerable**, en cambio, se organiza alrededor de una autoestima frágil, inestable y altamente sensible a la evaluación externa. Aunque el núcleo sigue siendo narcisista, la experiencia subjetiva es muy distinta. Predominan sentimientos de inseguridad, vergüenza, inferioridad encubierta y temor intenso a la humillación. La persona puede sentirse especial o distinta, pero esa vivencia no se traduce en seguridad, sino en una sensación constante de estar en riesgo de ser expuesta, comparada desfavorablemente o desconfirmada. En lugar de buscar activamente la admiración, puede evitar contextos sociales, retirarse o limitar de forma extrema su mundo interpersonal como estrategia de autoprotección. La retirada, el aislamiento o la inhibición no implican ausencia de narcisismo, sino una forma defensiva de preservarlo.

Desde esta perspectiva, la diferencia entre ambos modos no está en la presencia o ausencia de narcisismo, sino en la estrategia predominante de regulación de la autoestima. En el **grandioso**, la estrategia es **expansiva**: mostrarse, imponerse, destacar. En el **vulnerable**, la estrategia es **evitativa**: esconderse, reducir exposición, controlar el entorno para minimizar el riesgo de herida narcisista. Ambos comparten una alta dependencia de condiciones externas para sostener el valor personal y una dificultad para tolerar una autoimagen ordinaria, limitada o dependiente.

En la práctica clínica, estos dos modos no siempre aparecen de forma pura. Pueden alternarse a lo largo del tiempo o coexistir en una misma persona según el contexto. Es frecuente observar oscilaciones entre momentos de grandiosidad defensiva y periodos de retraimiento, vergüenza o inhibición, especialmente tras experiencias de fracaso, pérdida de estatus o crítica significativa. Esta oscilación suele generar confusión diagnóstica si solo se atiende a la conducta visible y no al modo subyacente de regulación del self.

Comprender esta distinción resulta especialmente relevante para interpretar presentaciones atípicas, como el aislamiento prolongado, la evitación social intensa o la coexistencia con trastornos de ansiedad. En estos casos, el narcisismo vulnerable puede pasar desapercibido si se asocia el diagnóstico únicamente a exhibicionismo o arrogancia. Sin embargo, el núcleo clínico sigue estando presente en la hipersensibilidad a la evaluación, en la centralidad de la autoestima y en la necesidad de proteger una autoimagen que se vive como precaria.

En la descripción clínica clásica, el funcionamiento narcisista suele incluir varios rasgos que tienden a agruparse:

1. **Autoimportancia y grandiosidad**: Una tendencia a sobrevalorar logros, capacidades o singularidad, y a esperar reconocimiento sin proporcionalidad real. Puede expresarse como relatos de superioridad, desprecio por lo común o necesidad de situarse por encima.

2. **Fantasías de éxito, poder, belleza o amor ideal**: No se trata solo de soñar, sino de vivir estas representaciones como parte central de la identidad, sosteniendo expectativas elevadas y, a veces, poco realistas.

3. **Creencia de ser especial y de relacionarse solo con personas especiales**: Una idea de pertenecer a una categoría superior, que puede traducirse en desprecio por figuras percibidas como ordinarias o "inferiores".

4. **Necesidad de admiración**: Búsqueda repetida de confirmación, aplauso, atención o validación. La admiración funciona como regulador del estado interno: cuando está presente, el self se estabiliza; cuando falta, aparece irritación, vacío, ansiedad o devaluación del entorno.

5. **Sentido de derecho o privilegio**: Expectativa de trato especial y de que las reglas se flexibilicen. La frustración ante el límite puede vivirse como injusticia o insulto.

6. **Explotación interpersonal**: Uso del otro como medio para objetivos propios, con reciprocidad limitada. Puede ser sutil, mediante seducción, promesas o manipulación social, o más directa, mediante presión y control.

7. **Dificultades de empatía**: Problemas para reconocer el impacto emocional en el otro o para sostener su perspectiva cuando interfiere con la propia necesidad de validación. Esto no implica ausencia total de empatía en todos los casos; a veces la empatía está presente en condiciones de calma, pero se desconecta en situaciones que activan amenaza a la autoestima.

8. **Envidia y comparación**: Envidia del éxito ajeno o convicción de que el otro envidia. La comparación social tiende a ser constante, con sensibilidad a la jerarquía y a la posición.

9. **Actitudes arrogantes o despectivas**: Conductas o modos de comunicación que humillan, minimizan o ridiculizan, especialmente cuando la persona se siente cuestionada o disminuida.

Estos rasgos pueden aparecer con intensidades distintas. En algunas personas predomina la presentación expansiva: seguridad aparente, dominio social, competitividad y desconsideración. En otras predomina la presentación vulnerable: hipersensibilidad a la crítica, vergüenza intensa, resentimiento, sensación de injusticia y retirada defensiva. En la clínica real, ambos polos pueden alternar: una fase de grandiosidad que sostiene el self y una fase de caída cuando la realidad desconfirma. Esa oscilación es clave para entender el funcionamiento narcisista.

Desde una perspectiva de **funcionamiento psicológico**, el trastorno puede conceptualizarse como una dificultad para mantener una autoestima estable y realista sin depender de espejos externos. La persona intenta construir un self fuerte, admirable o invulnerable para no contactar con experiencias internas de inferioridad, vergüenza o insignificancia. Cuando el entorno confirma esa imagen, se mantiene una sensación de control y valía. Cuando el entorno no la confirma, aparece lo que clínicamente puede describirse como herida narcisista: un estado de dolor por humillación, desconfirmación o pérdida de estatus, que puede disparar ira, desprecio, retraimiento, venganza simbólica o intentos desesperados de restaurar superioridad.

En este marco, la **grandiosidad** puede entenderse como defensa y como estrategia. No siempre es una mentira consciente; a veces es una organización de la experiencia que preserva cohesión interna. El problema es que exige un mantenimiento constante: la persona necesita rendimiento, atención o admiración para sostener esa imagen. Esto vuelve la vida psicológica vulnerable a fracasos, críticas, envejecimiento, pérdidas, comparaciones inevitables o situaciones en las que no puede ser el mejor. En esos momentos, la defensa puede intensificarse (más arrogancia, más control, más desprecio) o colapsar (vergüenza, depresión, sensación de vacío).

En el **plano emocional**, suele destacar una sensibilidad particular a la vergüenza y a la humillación, aunque no siempre se exprese como tal. La

vergüenza puede transformarse en ira, sarcasmo o desprecio, porque reconocerla implica sentirse inferior. También puede transformarse en **retraimiento**: evitar contextos donde se pueda fracasar o ser evaluado, o elegir escenarios donde la persona domina. A veces aparecen estados depresivos no tanto por tristeza, sino por pérdida de sentido cuando la grandiosidad se desinfla. En presentaciones vulnerables, la emoción dominante puede ser resentimiento crónico y sensación de no ser reconocido como se merece.

En el **plano cognitivo**, es frecuente un estilo de atribución que protege la autoestima: el éxito se atribuye a capacidad propia; el fracaso se atribuye a injusticia, incompetencia ajena o condiciones externas. También puede aparecer una narrativa de excepcionalidad: las normas son para otros, o la persona es demasiado especial para ser comprendida. Bajo estrés, el pensamiento se puede polarizar: o triunfo y superioridad, o humillación y derrumbe. Esta **polarización** dificulta el aprendizaje a partir de errores, porque el error no se integra como información, sino que se vive como ataque al self.

En el **plano interpersonal**, las relaciones tienden a organizarse alrededor de tres necesidades: admiración, control y protección de la autoestima. Puede observarse una fase inicial de encanto, competencia social o seducción, seguida de dinámicas de devaluación cuando el otro deja de confirmar, pone límites o muestra autonomía. La reciprocidad puede ser frágil: el otro existe en la medida en que sostiene la imagen del self. Esto no significa que no haya afecto; puede existir apego, deseo de vínculo y cuidado selectivo. Sin embargo, cuando la relación amenaza la autoestima, aparecen conductas defensivas: críticas, exigencias, celos, control, silencios punitivos, desprecio o abandono. En algunas parejas, se observa un patrón de "contrato implícito": el otro debe admirar y acomodarse; a cambio, recibe protección, estatus o atención. Cuando ese contrato se rompe, surge conflicto.

Un ciclo de mantenimiento frecuente puede describirse así. La persona busca confirmación mediante rendimiento, imagen o control interpersonal. Obtiene admiración o ventaja y se estabiliza. Con el tiempo, la relación o el contexto introducen límites, críticas o comparación. Aparece herida narcisista y se activa defensividad: devaluación del otro, racionalización, ataque o retirada. El conflicto o la distancia resultante genera pérdida de apoyo real. Esa pérdida aumenta vulnerabilidad interna, lo que intensifica la búsqueda de nuevas fuentes de admiración o control. El patrón se repite, con costes crecientes en intimidad, confianza y estabilidad vital.

Respecto a **factores de desarrollo**, la comprensión contemporánea suele ser multifactorial. Puede existir un componente temperamental relacionado con sensibilidad a la jerarquía social, búsqueda de logro y reactividad ante la vergüenza. A esto pueden sumarse experiencias relacionales en las que la validación fue condicional: ser querido cuando se destacaba, cuando se rendía o cuando se representaba un ideal familiar, y sentirse ignorado o devaluado cuando se fallaba o se mostraba vulnerabilidad. En otros casos, el desarrollo se asocia a entornos donde hubo humillación, crítica severa o comparación constante, lo que favorece construir defensas de superioridad para no sentir inferioridad. También pueden existir historias de sobreidealización sin límites realistas, donde el niño no aprende tolerancia a frustración ni integración de límites. Estas trayectorias distintas pueden converger en un mismo resultado: un self que necesita confirmación externa para sostenerse y que reacciona con defensividad ante la desconfirmación.

La **demanda clínica** rara vez llega formulada como "tengo narcisismo". Es más común que la persona consulte por depresión, ansiedad, conflictos de pareja, crisis laborales tras fracasos o rupturas, o por sensación de vacío y falta de sentido. A veces consulta por problemas de ira o por sentirse incomprendida, injustamente tratada o subvalorada. En la entrevista clínica puede observarse oscilación entre idealización del terapeuta y devaluación, necesidad de controlar el encuadre, sensibilidad a interpretaciones y tendencia a discutir desde una posición de superioridad. El **encuadre** se beneficia de claridad, límites consistentes y un estilo que evite luchas de poder: ni confrontación humillante ni complacencia. La alianza, en muchos casos, se construye mejor alrededor de objetivos concretos (mejorar relaciones, disminuir conflictos, tolerar críticas, manejar vergüenza) que alrededor de etiquetas.

El **diagnóstico diferencial** es esencial porque hay solapamientos con otros trastornos de personalidad y con cuadros episódicos.

En primer lugar, conviene diferenciarlo del **trastorno antisocial**. Ambos pueden mostrar explotación interpersonal y baja consideración por el otro, pero en el antisocial suele ser más central la transgresión, el engaño y el daño a terceros de manera persistente, con irresponsabilidad marcada. En el narcisista, el motor suele estar más en la regulación de autoestima, el estatus y la necesidad de admiración, y la explotación puede ser más funcional a ese objetivo.

En segundo lugar, debe diferenciarse del **trastorno histriónico**. En el histriónico predomina la búsqueda de atención y la expresividad emocional teatral; en el narcisista predomina la búsqueda de admiración y superioridad, con mayor sensibilidad a la humillación y una relación más jerárquica con el otro. Puede haber rasgos mixtos: intensidad expresiva con grandiosidad, por ejemplo.

En tercer lugar, debe diferenciarse del **trastorno límite**. En el límite el centro suele ser la desregulación emocional con miedo al abandono, identidad inestable y vínculos intensos con temor a la pérdida; en el narcisista, el centro es la regulación de autoestima, la grandiosidad defensiva y la sensibilidad a la crítica. No obstante, hay solapamientos: la herida narcisista puede parecer reactividad límite, y algunas personas muestran ambos patrones.

También conviene diferenciarlo de **episodios hipomaníacos** o **maníacos**. En la manía puede haber grandiosidad, necesidad reducida de sueño, hiperactividad y desinhibición con curso episódico. En el trastorno de personalidad narcisista, el estilo es más estable y transversal a situaciones, sin el patrón vegetativo y energético típico de una fase maníaca. La historia longitudinal es decisiva.

En **comorbilidad**, pueden aparecer episodios depresivos, especialmente tras fracasos o pérdidas de estatus, y trastornos de ansiedad, especialmente cuando la persona se siente evaluada. También puede existir consumo de sustancias, a veces como forma de sostener sensación de potencia o de amortiguar vergüenza. En algunos casos aparecen problemas alimentarios, somatización o trastornos del sueño, en parte vinculados a estrés crónico por rendimiento y comparación.

En **intervención**, la psicoterapia suele ser el eje cuando existe motivación y se puede sostener la alianza. El primer reto terapéutico no es confrontar la grandiosidad, sino construir una relación de trabajo donde se pueda explorar la vulnerabilidad sin humillación y sin colusión. Muchas personas con funcionamiento narcisista toleran mal la sensación de dependencia del terapeuta o de no controlar el proceso, por lo que la claridad del encuadre y los objetivos compartidos son fundamentales. El trabajo terapéutico suele orientarse a varios focos: mejorar la regulación de autoestima sin depender tanto de la admiración, aumentar tolerancia a la crítica, reconocer la vergüenza y transformarla en información, ampliar empatía y reciprocidad, y desarrollar un sentido de identidad más realista y estable.

En enfoques cognitivo-conductuales y de esquemas, suele trabajarse la identificación de creencias nucleares (si no soy el mejor, no valgo; si me critican, es intolerable; si cedo, soy débil), la reducción de estrategias compensatorias rígidas (control, desprecio, perfeccionismo extremo), y el entrenamiento de habilidades interpersonales basadas en reciprocidad. En enfoques psicodinámicos o relacionales, se exploran patrones de idealización y devaluación, la herida narcisista, la envidia, la vergüenza y el modo en que la relación terapéutica activa necesidades de reconocimiento y defensas. En enfoques centrados en mentalización, se trabaja la capacidad de sostener la perspectiva del otro cuando el self se siente amenazado, y de tolerar ambivalencia sin colapsar en superioridad o desprecio.

Un punto clínico importante es el manejo de la crítica y los límites. En el **tratamiento** suele ser más eficaz formular el límite como estructura del trabajo y como protección del objetivo, no como castigo. También es útil traducir lo interpersonal a consecuencias observables: cómo ciertas respuestas defensivas deterioran relaciones, generan pérdidas y aumentan la soledad. La intervención tiene más probabilidades de avanzar cuando la persona puede conectar el costo del patrón con su propia vida, no solo con el daño a otros.

La **farmacoterapia** no se orienta a modificar el núcleo del trastorno. Puede ser útil para comorbilidades relevantes, como depresión, ansiedad o insomnio, y su indicación corresponde al ámbito médico según evaluación completa.

El **curso** suele ser relativamente estable, con posibles cambios con la edad y con la acumulación de experiencias. En algunas personas, la conducta más ostentosa o competitiva disminuye con el tiempo, especialmente si cambian prioridades o si el costo interpersonal se vuelve evidente. Sin embargo, la sensibilidad a la desconfirmación puede persistir si no se trabajan estrategias de regulación de autoestima. La **evolución** favorable se asocia a mayor flexibilidad: poder reconocer límites sin derrumbe, tolerar crítica sin ataque, mantener autoestima sin necesidad de admiración constante y construir relaciones más recíprocas.

En síntesis, el trastorno de la personalidad narcisista describe un patrón persistente de regulación de autoestima centrado en admiración, estatus y superioridad, con vulnerabilidad a la crítica, dificultades de empatía y relaciones marcadas por dinámicas de idealización, control y devaluación. La clave clínica está en evaluar persistencia, rigidez e impacto funcional, evitando estereotipos, y diferenciándolo de antisocial, histriónico, límite y cuadros afectivos episódicos. La intervención, cuando es pertinente, se centra en fortalecer un self más estable, aumentar tolerancia a la vergüenza y a la crítica, mejorar reciprocidad y mentalización, y reducir estrategias defensivas que sostienen la grandiosidad a costa de la intimidad y de la continuidad vital.

Capítulo 21

Trastornos del Clúster C: Ansiosos

Los **trastornos del clúster C** se describen, en términos generales, como patrones persistentes de funcionamiento dominados por ansiedad, inhibición, necesidad de seguridad y estrategias de control orientadas a prevenir daño, rechazo o pérdida. A diferencia de otras configuraciones donde la conducta puede organizarse alrededor de la búsqueda de intensidad, poder o novedad, en el clúster C suele predominar una motivación de evitación: evitar equivocarse, evitar ser evaluado negativamente, evitar la incertidumbre, evitar el conflicto, evitar la separación o evitar perder el control. El malestar se sostiene menos por "lo que ocurre" y más por la manera en que la persona anticipa y administra el riesgo, con un sesgo estable hacia lo amenazante y una tendencia a construir la vida alrededor de medidas de protección.

Conviene precisar desde el inicio dos ideas que suelen confundirse. En primer lugar, ansiedad no equivale a fragilidad. Muchas personas con patrones del clúster C son responsables, trabajadoras, cuidadosas y con alta capacidad de sacrificio; el problema aparece cuando la prudencia se vuelve rigidez, cuando la autoprotección se convierte en restricción vital, o cuando la seguridad se compra al precio de inhibición, dependencia o perfeccionismo paralizante. En segundo lugar, estos patrones no se reducen a "tener un trastorno de ansiedad". Puede existir comorbilidad con ansiedad clínica, pero en el clúster C lo nuclear es un estilo de personalidad: una forma estable de percibir, interpretar y responder al mundo, especialmente en lo interpersonal, con estrategias de seguridad que se repiten en distintos contextos y a lo largo del tiempo.

Los trastornos del clúster C agrupan patrones de personalidad en los que predominan la ansiedad, la inhibición, la necesidad de seguridad y el control como formas centrales de regulación del malestar y de la relación con los demás.

1. **Trastorno de la Personalidad Evitativa**: Se caracteriza por inhibición social persistente, sensibilidad intensa a la crítica y temor al rechazo. Existe deseo de vínculo y de aceptación, pero la anticipación de evaluación negativa lleva a evitar relaciones y situaciones sociales, generando aislamiento no deseado y autovaloración negativa.

2. **Trastorno de la Personalidad Dependiente**: Se define por una necesidad excesiva de cuidado y apoyo, con dificultad para tomar decisiones de forma autónoma y temor intenso a la separación. La relación con el otro se convierte en fuente principal de seguridad, favoreciendo sumisión, delegación de responsabilidad y mantenimiento de vínculos incluso cuando son insatisfactorios.

3. **Trastorno de la Personalidad Obsesivo-Compulsiva**: Se organiza alrededor de preocupación por el orden, el control, las normas y el perfeccionismo, a costa de flexibilidad y espontaneidad. La necesidad de control funciona como estrategia para manejar ansiedad e incertidumbre, pero suele interferir en las relaciones, el disfrute y la eficacia adaptativa.

En conjunto, el clúster C describe estilos de funcionamiento orientados a prevenir amenaza, error o abandono, donde la ansiedad se regula mediante evitación, dependencia o control rígido, con costes variables en autonomía, intimidad y bienestar.

En términos clínicos, el clúster C integra tres grandes expresiones del mismo problema de base: cómo gestionar miedo e inseguridad. En el trastorno evitativo predomina la retirada y la inhibición social ante el temor a la crítica o al rechazo. En el dependiente predomina el apego ansioso, la sumisión y la búsqueda de protección ante el temor a quedarse solo o a no poder manejar la vida. En el obsesivo-compulsivo de la personalidad predomina el sobrecontrol, el perfeccionismo y la rigidez ante el temor a equivocarse, perder control o exponerse a incertidumbre. Aunque la forma cambie, la función suele ser parecida: reducir amenaza y aumentar sensación de seguridad.

Una manera útil de organizar las características generales del funcionamiento psicológico en este clúster es describir varios ejes que suelen aparecer, combinados en distintas proporciones según el caso.

1. Sesgo hacia amenaza y anticipación de consecuencias negativas: El procesamiento de la información tiende a estar orientado a detectar riesgo. La mente funciona como un sistema de alarma: busca señales de desaprobación, error, conflicto, pérdida o posible fracaso. Esta vigilancia puede ser evidente, con preocupación verbalizada, o más silenciosa, como una tensión basal que guía decisiones. El resultado es una vida mental donde el futuro pesa mucho, la anticipación domina, y lo incierto se vive como especialmente costoso.

2. Intolerancia a la incertidumbre y necesidad de garantías: En el clúster C es frecuente la dificultad para sostener decisiones sin certeza. Aparece la necesidad de asegurar, comprobar, pedir confirmación, planificar en exceso, o posponer hasta "estar listo". Esta búsqueda de garantías produce alivio momentáneo, pero a medio plazo aumenta dependencia de confirmación externa y refuerza la idea de que no se puede tolerar el no saber. En el día a día se expresa como indecisión, procrastinación por miedo a fallar, o rigidez para no improvisar.

3. Estrategias de seguridad como reguladores centrales: El funcionamiento se apoya en conductas destinadas a reducir ansiedad: evitar situaciones evaluativas, buscar figuras protectoras, delegar responsabilidad, controlar detalles, seguir reglas estrictas, ensayar conversaciones, revisar una y otra vez, trabajar de más para no ser criticado, o mantenerse siempre "correcto". Estas estrategias tienen sentido psicológico porque reducen activación a corto plazo, pero también estrechan la vida y bloquean el aprendizaje corrector. La persona no llega a comprobar que podría tolerar el malestar, porque la evitación o el control impiden la experiencia.

4. Afectividad dominada por ansiedad, vergüenza y culpa: En el clúster C, la emoción predominante suele ser ansiedad, pero a menudo está acompañada por vergüenza (sentirse insuficiente, expuesto o defectuoso) y culpa (temor a fallar a otros, a ser egoísta o a no cumplir). En algunos perfiles, la ansiedad se expresa como inquietud; en otros, como inhibición y bloqueo. La vergüenza puede alimentar la evitación social y la hipersensibilidad a la crítica. La culpa puede alimentar complacencia, dificultad para poner límites y sobrecarga por responsabilidad.

5. Autocrítica y estándares internos exigentes: Es frecuente una voz interna evaluadora: exigencias de ser correcto, competente, prudente, responsable o "no dar problemas". En algunos casos esto adopta un perfeccionismo explícito; en otros, se expresa como temor constante a hacerlo mal o a ser una carga. Esta autocrítica no siempre produce mejor rendimiento; muchas veces produce bloqueo, miedo a exponerse y desánimo crónico, especialmente cuando el estándar es inalcanzable o cuando el error se vive como catástrofe.

6. Relación particular con el conflicto y el límite interpersonal: En muchos casos, el conflicto se vive como peligro: peligro de rechazo, de pérdida de vínculo, de humillación, o de descontrol emocional. Por ello se desarrollan estilos interpersonales evitativos o acomodaticios. Puede haber tendencia a decir que sí para no molestar, a callar necesidades, a tolerar situaciones insatisfactorias o incluso abusivas por miedo a la confrontación. En otros casos, el conflicto se gestiona mediante control y normas: se intenta evitarlo imponiendo orden, reglas o correcciones, lo que también puede deteriorar vínculos.

7. Dependencia de evaluación externa y sensibilidad a la crítica: Aunque se exprese de formas diferentes, es común que el valor personal se vincule a la mirada del otro: aprobación, competencia, "hacerlo bien", no decepcionar. La crítica puede vivirse como amenaza intensa y activar retirada, sumisión o sobreesfuerzo. En perfiles evitativos, la crítica anticipada conduce a no exponerse. En perfiles dependientes, conduce a agradar y ceder. En perfiles obsesivo-compulsivos, conduce a controlar y perfeccionar para no ser cuestionado.

8. Predominio de control sobre espontaneidad: En el clúster C suele haber dificultad para jugar, improvisar o experimentar sin plan. La espontaneidad se vive como riesgo: riesgo de error, de vergüenza, de perder imagen o de perder control. Esto puede generar una vida ordenada pero rígida, con poco espacio para deseo, placer o exploración. En muchos casos aparece fatiga, resentimiento o sensación de vida estrecha, precisamente porque se invierte mucha energía en prevenir.

Estas características generales ayudan a comprender un punto crucial: el clúster C no es solo un conjunto de rasgos, sino una lógica de funcionamiento. La persona no "elige" sentirse ansiosa; aprende un sistema de supervivencia psicológica en el que la seguridad se prioriza sobre la expansión. El costo es que la vida se organiza en torno a lo que no debe pasar, más que en torno a lo que se desea construir.

Un ciclo de mantenimiento típico en el clúster C puede describirse así. La persona anticipa una amenaza (rechazo, error, pérdida, evaluación). Aumenta ansiedad y autocrítica. Para reducir el malestar, activa una estrategia de seguridad: evita, se somete, pide confirmación, controla, perfecciona, pospone o delega. Esa estrategia produce alivio inmediato. Sin embargo, a medio plazo reduce exposición a experiencias correctoras: la persona no practica habilidades, no comprueba su capacidad real, no aprende a tolerar incertidumbre. La autoestima se vuelve más dependiente del control o de la aprobación. Con el tiempo, la vida se estrecha y el umbral de amenaza baja, haciendo que cada vez más situaciones requieran seguridad. El patrón se refuerza.

En el **plano interpersonal**, también se forman ciclos. Por ejemplo, cuando una persona se inhibe o se somete, puede evitar conflicto a corto plazo, pero acumular resentimiento y sensación de invisibilidad. Cuando una persona controla y corrige para sentirse segura, puede generar distancia y tensión, lo que aumenta su ansiedad y su necesidad de control. Cuando una persona se apoya excesivamente en otra para sentirse capaz, la relación puede volverse asimétrica y frágil, y cada signo de autonomía del otro se vive como riesgo de abandono. En todos los casos, la relación se convierte en regulador de seguridad, y eso vuelve el vínculo vulnerable a la ambigüedad.

En el plano del **self**, es frecuente una identidad centrada en ser responsable, correcto, prudente o "no molestar", con poca integración de necesidades propias. Puede existir dificultad para reconocer deseo, rabia o ambición, porque esas partes se vivieron como peligrosas, egoístas o castigables. En consecuencia, la persona puede funcionar mucho para otros y poco para sí misma. También puede aparecer una autoestima condicional: valgo si cumplo, si no fallo, si me aprueban, si no me equivoco. Esta condición alimenta el miedo a exponerse y la rigidez.

En **evaluación clínica**, resulta útil distinguir entre ansiedad como síntoma episódico y ansiedad como estructura de personalidad. Una persona puede estar ansiosa por un problema concreto; en el clúster C, el sesgo hacia amenaza y las estrategias de seguridad tienden a estar presentes desde hace años, en múltiples ámbitos, y con un estilo relativamente predecible. También conviene observar qué estrategia domina: evitación, dependencia o sobrecontrol. Aunque las tres pueden coexistir, suele haber una preferencia dominante que orienta el diagnóstico y la intervención.

El **diagnóstico diferencial** es importante porque varios cuadros pueden parecerse. Los trastornos de ansiedad pueden producir evitación y preocupación, pero a menudo tienen un inicio y una fluctuación más ligados a situaciones concretas y responden a cambios de estado. En el clúster C, la evitación o el control suelen ser rasgos de larga data, integrados en identidad y relaciones. El trastorno obsesivo-compulsivo puede parecer similar al sobrecontrol del obsesivo-compulsivo de la personalidad, pero en el TOC las obsesiones suelen vivirse como intrusas y los rituales como obligados y egodistónicos; en el patrón de personalidad, la rigidez y el perfeccionismo suelen vivirse como correctos o necesarios, aunque generen costos. También conviene diferenciar algunos perfiles del espectro autista, donde puede haber ansiedad social y rigidez, pero con un historial evolutivo temprano y rasgos comunicativos característicos. Y es esencial diferenciar depresión, que puede aumentar indecisión, retraimiento y autocrítica, pero con curso más episódico y con cambios vegetativos y afectivos nucleares.

En **comorbilidad**, son frecuentes trastornos de ansiedad, depresión, somatización, problemas de sueño y, en algunos casos, uso de sustancias como intento de amortiguar tensión. En el obsesivo-compulsivo de la personalidad pueden coexistir rasgos obsesivos clínicos o ansiedad generalizada; en el evitativo pueden coexistir fobia social y depresión; en el dependiente pueden coexistir ansiedad de separación y episodios depresivos ante pérdidas. La comorbilidad debe leerse funcionalmente: qué síntomas amplifican el patrón y cuáles son consecuencias del estrechamiento vital.

Respecto a **factores de desarrollo**, la comprensión contemporánea suele ser multifactorial. Puede existir un temperamento más inhibido, sensible o cauteloso, combinado con experiencias tempranas donde el error fue castigado, la crítica fue intensa, la autonomía fue desalentada o el afecto fue condicional al rendimiento o a la obediencia. En algunos casos hay historia de inseguridad relacional: figuras cuidadoras impredecibles, enfermedad, pérdidas o entornos donde el niño aprendió que la seguridad depende de agradar, de anticiparse o de no molestar. En otros casos, el estilo surge en contextos donde el control y el cumplimiento fueron la vía para recibir estabilidad. El resultado es un aprendizaje de base: el mundo es peligroso o exigente, y la seguridad se logra evitando, dependiendo o controlando.

En **intervención**, la idea general no es eliminar la prudencia ni convertir a la persona en temeraria, sino aumentar flexibilidad y tolerancia al riesgo normal de vivir. Un objetivo central es desplazar la regulación basada en seguridad hacia una regulación basada en competencia: desarrollar habilidades internas para manejar ansiedad, incertidumbre y conflicto sin recurrir automáticamente a evitación, sumisión o sobrecontrol. Para ello, suelen ser útiles intervenciones que trabajen varios frentes: identificar estrategias de seguridad, entrenar tolerancia al malestar, practicar exposición gradual a situaciones evitadas, fortalecer asertividad y límites, disminuir autocrítica y construir un sentido de self menos dependiente de aprobación.

En **psicoterapia**, el encuadre suele beneficiarse de predictibilidad y colaboración, porque la incertidumbre terapéutica puede activar el sistema ansioso. En enfoques cognitivo-conductuales, el trabajo se centra a menudo en sesgos de amenaza, reestructuración de creencias, exposición y prevención de evitación, y entrenamiento de habilidades. En terapia de esquemas, se trabaja la vergüenza, la autoexigencia y los modos de afrontamiento (rendición, evitación, sobrecompensación) que sostienen el patrón. En enfoques centrados en compasión y regulación emocional, se reduce autocrítica y se entrena una relación interna menos punitiva. En enfoques psicodinámicos, se exploran temores relacionales, conflicto entre dependencia y autonomía, y significados del control y de la evitación, siempre con especial cuidado de sostener seguridad y no interpretar de manera que aumente vergüenza. La farmacoterapia, cuando se utiliza, se orienta a comorbilidades como ansiedad o depresión y pertenece al ámbito médico.

En síntesis, los trastornos del clúster C comparten un funcionamiento psicológico dominado por ansiedad, vigilancia ante amenaza, intolerancia a la incertidumbre y estrategias de seguridad que se expresan como evitación, dependencia o sobrecontrol. Estas estrategias alivian a corto plazo, pero estrechan la vida y refuerzan el patrón a largo plazo. La clave clínica está en evaluar persistencia, rigidez e impacto funcional, y en orientar la intervención a aumentar flexibilidad: más capacidad de exponerse, poner límites, tolerar error e incertidumbre, y sostener autoestima y autonomía sin depender tanto de control o aprobación.

Capítulo 22

Trastorno de la Personalidad Evitativa

El **trastorno de la personalidad evitativa** se describe, en términos generales, como un patrón persistente de inhibición social, sentimientos de inadecuación e hipersensibilidad a la evaluación negativa, que conduce a evitar relaciones, situaciones de exposición y contextos donde existe posibilidad de crítica, rechazo o vergüenza. La característica central no es una preferencia tranquila por la soledad ni una falta de interés por el vínculo, sino una combinación de deseo de conexión y temor intenso a la desconfirmación. En la vida cotidiana, este patrón suele traducirse en una existencia relacional limitada no por indiferencia, sino por una autoprotección constante frente al riesgo de sentirse humillado, rechazado o "descubierto" como insuficiente.

Conviene distinguir desde el inicio dos confusiones frecuentes. En primer lugar, no toda timidez es evitación patológica. Muchas personas son reservadas o introvertidas y, aun así, establecen vínculos significativos, se exponen cuando es necesario y mantienen buen funcionamiento. El trastorno evitativo implica rigidez, generalización y costes acumulativos: la evitación se convierte en el modo predominante de relacionarse con la incertidumbre social, estrechando progresivamente oportunidades vitales. En segundo lugar, tampoco debe reducirse a un trastorno de ansiedad social sin más. Puede existir solapamiento con fobia social, pero en el evitativo la inseguridad y la autopercepción de inadecuación tienden a ser rasgos estables del self, no solo un miedo situacional; además, el patrón suele afectar a la identidad, a la elección de vida, a la trayectoria laboral y a la manera de construir intimidad.

En la descripción clínica clásica, el funcionamiento evitativo suele incluir varios rasgos que tienden a agruparse:

1. **Evitación de actividades con contacto interpersonal significativo**: Una tendencia persistente a evitar trabajos, estudios o roles que exigen interacción, especialmente si implican exposición pública, evaluación o posibilidad de crítica.

2. **Reticencia a implicarse con otras personas a menos que exista certeza de aceptación**: Se busca seguridad antes de acercarse. La persona puede desear vínculo, pero necesita señales claras de aprobación para arriesgarse.

3. **Restricción en relaciones íntimas por miedo a la vergüenza o al ridículo**: La intimidad se vive como escenario de posible humillación. Puede haber temor a mostrar necesidades, vulnerabilidad, afecto o aspectos personales, por miedo a ser juzgado o abandonado.

4. **Preocupación intensa por ser criticado o rechazado**: La atención se focaliza en señales de desaprobación, incluso ambiguas. Se anticipa que un error o un gesto torpe confirmará la idea de no ser suficiente.

5. **Inhibición en situaciones nuevas por sentimientos de inadecuación**: En contextos desconocidos, la ansiedad aumenta y la persona se bloquea. Esto refuerza la percepción de torpeza y alimenta la evitación futura.

6. **Autoimagen de inferioridad o ineptitud social**: Una vivencia persistente de ser menos atractivo, menos competente o valioso que los demás. Esta autoimagen puede ser explícita o expresarse como vergüenza silenciosa.

7. **Reticencia a asumir riesgos personales o a realizar actividades nuevas**: No solo por prudencia, sino por miedo a quedar en evidencia.

La evitación puede abarcar ámbitos no sociales cuando la actividad implica posibilidad de fallo visible o comparación.

Estos rasgos no se expresan de forma idéntica en todos los casos. Algunas presentaciones son relativamente circunscritas a lo social; otras implican una vida amplia de evitación, con limitaciones en carrera, relaciones, ocio y proyectos. En algunas personas, el estilo evitativo se acompaña de una presentación amable y complaciente; en otras, de retraimiento y frialdad aparente, que en realidad protege un deseo de pertenencia vivido como peligroso.

Desde una perspectiva de **funcionamiento psicológico**, el trastorno evitativo puede entenderse como una organización donde la amenaza central es la vergüenza y el rechazo, y donde la retirada funciona como regulador principal. El sistema interno opera con una regla implícita: si me expongo, me verán defectuoso; si me ven defectuoso, me rechazarán; si me rechazan, será intolerable. Esa regla no siempre se formula con palabras, pero guía decisiones. Por eso, la evitación no es falta de interés, sino una estrategia de seguridad altamente reforzada: reduce ansiedad a corto plazo, pero consolida la inseguridad a largo plazo.

En el **plano afectivo**, predominan ansiedad y vergüenza. La ansiedad se activa ante la posibilidad de evaluación; la vergüenza se activa ante la posibilidad de quedar en evidencia, ser comparado o no cumplir expectativas. A menudo existe una mezcla de miedo anticipatorio y dolor por comparación. El problema no es solo sentir ansiedad, sino la dificultad para sostenerla el tiempo suficiente como para comprobar que es tolerable y que el rechazo no es inevitable. Muchas personas evitativas viven la exposición como una especie de juicio total: no se evalúa una conducta, se evalúa el valor personal. De ahí que el error se experimente como confirmación de defectuosidad.

En el **plano cognitivo**, suelen observarse sesgos que mantienen el patrón. La atención se orienta hacia señales de desaprobación; se sobreestiman las probabilidades de crítica; se subestima la capacidad propia para manejar incomodidad; se anticipa catástrofe social. También es frecuente el pensamiento posevento: repasar conversaciones, detectar supuestos fallos, imaginar lo que el otro "debió pensar". Este procesamiento rumiativo aumenta la vergüenza y refuerza la idea de que exponerse es peligroso. A la vez, la evitación reduce la oportunidad de adquirir evidencias contrarias, porque el individuo no se expone de manera suficiente como para generar experiencias correctoras.

En el **plano interpersonal**, aparece un conflicto constante entre necesidad de conexión y necesidad de protección. La persona puede desear intimidad, pero al acercarse se activa alarma: cualquier signo ambiguo se interpreta como señal de rechazo. Esta alarma lleva a conductas de seguridad: hablar poco, no expresar preferencias, evitar desacuerdos, retirarse antes de que el otro pueda rechazar, o adoptar un estilo excesivamente cuidadoso. Estas conductas tienen costes relacionales: dificultan la espontaneidad, impiden que el otro conozca a la persona en profundidad y pueden generar una interacción más distante, lo que paradójicamente confirma la expectativa de no ser querido. En ocasiones se forma un patrón de acercamiento y retirada: se busca vínculo, se percibe amenaza, se retrocede, se siente soledad, se vuelve a intentar, y así sucesivamente.

En el **self**, suele haber una identidad teñida por inadecuación. La persona puede definirse por lo que no se atreve a hacer, por oportunidades perdidas o por una narrativa de inferioridad. Esta autoimagen se refuerza porque el repertorio de experiencias se estrecha: al evitar, la persona aprende menos, practica menos habilidades, se expone menos a logros sociales o profesionales, y por tanto tiene menos material para construir una autoimagen competente. Con el tiempo, la evitación no solo evita rechazo: evita también crecimiento, disfrute y pertenencia. De ahí que una consecuencia frecuente sea la soledad no deseada: se quiere vínculo, pero se teme su costo.

Un elemento clínico importante es la formación de **ciclos** de mantenimiento muy estables, que tienden a repetirse en el tiempo y a reforzarse a través de la interacción entre pensamientos, emociones y conductas. La secuencia típica es: anticipación de evaluación, aumento de ansiedad y vergüenza, activación de conductas de seguridad (evitar, callar, retirarse, posponer), alivio inmediato, y a medio plazo aumento de inseguridad por falta de práctica y por pérdida de oportunidades. Este ciclo se consolida porque el alivio es rápido, mientras que el coste se acumula lentamente. A medida que pasa el tiempo, el umbral de amenaza baja: cada vez más situaciones se perciben como evaluativas y cada vez más estrecha se vuelve la vida.

En la **demanda clínica**, es frecuente que la persona no consulte por "evitación" sino por sus consecuencias: ansiedad, ánimo bajo, aislamiento, sensación de estancamiento, dificultades laborales, o dolor por no poder formar pareja o mantener amistades. También puede consultar tras un evento que exige exposición: un nuevo trabajo, una mudanza, una ruptura, o una etapa vital donde se vuelve ineludible socializar. En entrevista clínica, puede observarse un estilo contenido, con autocensura, vigilancia y temor a equivocarse incluso en el espacio terapéutico. El encuadre suele beneficiarse de calidez, previsibilidad y un ritmo respetuoso, evitando interpretaciones que aumenten vergüenza y cuidando especialmente la experiencia de evaluación.

El **diagnóstico diferencial** es central porque varios cuadros pueden parecer similares.

En primer lugar, conviene diferenciar el trastorno evitativo del **trastorno de ansiedad social**. En la ansiedad social, el miedo se organiza en torno a situaciones específicas de desempeño o interacción, con intensidad variable y a veces con inicio más delimitable; en el evitativo, la inhibición y la autoimagen de inadecuación tienden a ser más transversales y persistentes, afectando identidad y elección de vida. Sin embargo, la frontera no siempre es nítida y el solapamiento es frecuente; en la práctica clínica se evalúa la amplitud del patrón, su antigüedad y su integración en el self.

En segundo lugar, debe diferenciarse del **trastorno de la personalidad esquizoide**. En el esquizoide predomina bajo interés por la intimidad y preferencia por la distancia, con menor angustia por evaluación. En el evitativo suele existir deseo de vínculo, pero se evita por miedo a crítica y vergüenza. Esta diferencia es crucial: el evitativo sufre por la distancia; el esquizoide suele estar más cómodo con ella.

En tercer lugar, conviene diferenciarlo de los **trastornos del espectro autista**. En el espectro autista hay una alteración primaria de comunicación social y reciprocidad, junto con patrones de intereses restringidos o conductas repetitivas, con historia evolutiva desde etapas tempranas. En el evitativo, la competencia social puede estar presente, pero se inhibe por miedo y autocrítica; la historia suele destacar vergüenza, sensibilidad a crítica y evitación progresiva. La exploración del desarrollo temprano, del estilo comunicativo y de la presencia de patrones restringidos ayuda a discriminar.

En cuarto lugar, conviene diferenciarlo de depresión y otros trastornos afectivos. La **depresión** puede producir retirada, baja energía y anhedonia, pero suele acompañarse de cambios vegetativos y cogniciones depresivas nucleares, con curso más episódico. En el evitativo, la inhibición social suele preceder y permanecer, aunque la depresión pueda aparecer como consecuencia del aislamiento. En muchos casos coexisten, y el trabajo clínico debe abordar ambos niveles: patrón de personalidad y episodio afectivo.

También es importante considerar el solapamiento con el **trastorno obsesivo-compulsivo de la personalidad**. Algunas personas evitan por perfeccionismo y miedo a cometer errores, lo que puede parecer evitativo. En ese caso, la evaluación debe determinar si el núcleo es la vergüenza interpersonal y el miedo a la crítica, o el sobrecontrol, la rigidez y el temor al error como eje de funcionamiento. A menudo ambos patrones se combinan.

En **comorbilidad**, son frecuentes trastornos de ansiedad (especialmente ansiedad social y ansiedad generalizada), episodios depresivos, problemas de sueño y, en algunos casos, consumo de sustancias como intento de amortiguar ansiedad social. También pueden aparecer síntomas somáticos vinculados a tensión crónica. La comorbilidad debe leerse de manera funcional: qué síntomas son consecuencia del aislamiento, cuáles son dianas prioritarias y qué elementos alimentan el ciclo de evitación.

Respecto a **factores de desarrollo**, la comprensión contemporánea suele ser multifactorial. Puede existir un temperamento más inhibido o sensible a la evaluación, combinado con experiencias tempranas de crítica, ridiculización, comparación, bullying o rechazo. En algunos entornos familiares, la aprobación puede haber sido condicional al rendimiento o a la corrección, lo que enseña que el error implica pérdida de amor o humillación. En otros casos, el entorno fue sobreprotector y redujo oportunidades de exposición gradual, lo que dejó a la persona con poca experiencia de manejo de incomodidad social. También pueden influir experiencias repetidas de "no encajar" en grupos, que consolidan una narrativa de defectuosidad. El punto clínico no es atribuir una causa única, sino comprender cómo el patrón se consolidó y qué funciones cumple en la regulación de vergüenza y miedo al rechazo.

En **intervención**, la decisión inicial relevante es establecer objetivos realistas y progresivos. El objetivo no es convertir a la persona en extrovertida, sino aumentar capacidad de exposición funcional, reducir autocrítica paralizante y construir vínculos suficientemente seguros. La terapia suele beneficiarse de un trabajo explícito sobre vergüenza y sobre el sesgo de evaluación. Es útil distinguir entre dos tipos de evitación: la evitación externa (no ir, no hablar, no presentarse) y la evitación interna (estar presente, pero con estrategias de seguridad que impiden conexión, como hablar poco, ensayar mentalmente, evitar mostrar preferencias, estar hipervigilante). Ambas deben abordarse, porque la persona puede exponerse físicamente y aun así mantenerse psicológicamente escondida.

En enfoques cognitivo-conductuales, suele ser central la exposición graduada a situaciones temidas, junto con la reducción de conductas de seguridad y el entrenamiento de habilidades sociales cuando es necesario. La exposición no se plantea como prueba de valor personal, sino como entrenamiento para tolerar incomodidad y para obtener evidencias nuevas. Un componente importante es el trabajo con autocrítica: identificar estándares imposibles, disminuir lectura de mente, introducir interpretaciones alternativas, y entrenar autocompasión funcional, no como consuelo vacío, sino como reducción de castigo interno que alimenta evitación.

En enfoques de esquemas, el trabajo suele centrarse en esquemas de defectuosidad/vergüenza, rechazo, aislamiento social y exigencias implacables, con intervención tanto cognitiva como experiencial para modificar la vivencia de sí mismo y la expectativa de rechazo. En enfoques psicodinámicos o relacionales, se exploran significados de la vergüenza, el miedo a la exposición y las experiencias tempranas de crítica o humillación, utilizando la relación terapéutica como espacio seguro para ensayar expresividad y límites. En todos los enfoques, la alianza requiere especial cuidado: el paciente puede temer ser juzgado por el terapeuta y puede interpretar silencios o neutralidad como desaprobación.

La farmacoterapia no se orienta a modificar el patrón de personalidad, pero puede ser útil cuando existe comorbilidad con ansiedad o depresión que impide el trabajo psicoterapéutico. Su indicación corresponde al ámbito médico y debe integrarse como apoyo, no como sustituto del aprendizaje de exposición y regulación.

El **curso** suele ser relativamente estable si no se interviene, con tendencia a que la evitación se generalice y se cronifique, especialmente si la vida se organiza alrededor de la seguridad. Sin embargo, con intervención adecuada y experiencias relacionales correctoras, es posible aumentar significativamente la flexibilidad, ampliar vida social y reducir vergüenza. Un factor pronóstico importante es la existencia de oportunidades graduadas de exposición y de vínculos que no refuercen el miedo. La mejoría suele ser gradual, porque implica reeducar un sistema de alarma que se ha vuelto hipersensible y una autocrítica que se ha automatizado.

En síntesis, el trastorno de la personalidad evitativa describe un patrón persistente de inhibición social y sensibilidad extrema a la evaluación negativa, donde la evitación funciona como estrategia de seguridad frente a vergüenza y rechazo. La clave clínica está en evaluar persistencia, generalización y coste funcional, diferenciándolo de timidez, ansiedad social episódica, esquizoide, espectro autista y depresión. La intervención, cuando es pertinente, se centra en exposición graduada, reducción de conductas de seguridad, trabajo con autocrítica y vergüenza, fortalecimiento de habilidades interpersonales y construcción de un self menos dependiente de aprobación, con el objetivo de ampliar vida y vínculo sin imponer un ideal normativo de sociabilidad.

Capítulo 23

Trastorno de la Personalidad Dependiente

El **trastorno de la personalidad dependiente** se describe, en términos generales, como un patrón persistente de necesidad excesiva de cuidado y apoyo, que conduce a conductas sumisas, adhesivas y orientadas a mantener la cercanía, junto con un temor intenso a la separación y a la idea de tener que afrontar la vida sin una figura protectora. Su rasgo central no es la cooperación, ni el afecto, ni la capacidad de vincularse, sino la dificultad para sostener autonomía emocional y práctica cuando el vínculo se percibe en riesgo. En este funcionamiento, la relación se convierte en el regulador principal de la seguridad interna: el bienestar depende en gran medida de sentir que hay alguien disponible, estable y competente que guíe, confirme o cuide.

Conviene aclarar desde el inicio varias confusiones frecuentes. En primer lugar, dependencia no es sinónimo de apego sano. Todas las personas dependen en distintos momentos de otros, y pedir ayuda no es patológico. Lo clínico aparece cuando la búsqueda de cuidado se vuelve rígida, generalizada y costosa, cuando la persona siente que no puede decidir, sostenerse o protegerse sin otro, y cuando esa necesidad dirige elecciones vitales y tolerancia a relaciones desequilibradas. En segundo lugar, este patrón no se define por "ser buena persona" o por ser complaciente; la complacencia, aquí, suele cumplir una función de supervivencia interpersonal: asegurar el vínculo y reducir el miedo a la pérdida. En tercer lugar, la evaluación debe considerar el contexto cultural, familiar y socioeconómico. Existen entornos donde la interdependencia es norma y virtud, y donde la autonomía individual se valora menos. El diagnóstico exige observar si el patrón excede lo culturalmente esperado, si es rígido y si produce deterioro o malestar significativo.

En la descripción clínica clásica, el funcionamiento dependiente suele incluir varios rasgos que tienden a agruparse:

1. **Dificultad para tomar decisiones cotidianas sin consejo o confirmación**: La persona busca reiteradamente que otros validen elecciones, incluso pequeñas. No es solo prudencia; es inseguridad de base y miedo a equivocarse sin respaldo.

2. **Necesidad de que otros asuman responsabilidad**: Tendencia a delegar decisiones importantes o a colocar a otros en posiciones de guía. Puede verse en áreas como finanzas, trabajo, salud o crianza, con una renuncia parcial a la agencia propia.

3. **Dificultad para expresar desacuerdo**: El conflicto se vive como amenaza al vínculo. Para evitar pérdida o rechazo, la persona calla opiniones, cede y se adapta, aunque acumule frustración o se sienta invisibilizada.

4. **Escasa iniciativa por miedo a incompetencia**: Puede haber bloqueo al comenzar proyectos o asumir tareas, no por falta de capacidad real, sino por baja autoeficacia y temor a fallar sin apoyo.

5. **Esfuerzos excesivos por obtener cuidado o aprobación**: Conductas de complacencia, sacrificio o sumisión que buscan garantizar la permanencia del otro. A veces incluyen tolerar condiciones injustas o aceptar roles desiguales.

6. **Malestar intenso al estar solo**: La soledad no se vive como descanso, sino como desamparo. Puede aparecer ansiedad, sensación de incapacidad, vacío o urgencia por contactar con alguien.

7. **Búsqueda urgente de una nueva relación cuando termina una**: La persona puede precipitar vínculos para no quedar sin figura protectora, incluso si el nuevo vínculo no es conveniente.

8. **Preocupación persistente por ser abandonado**: Temor continuo a quedarse sin cuidado, con vigilancia ante señales de distancia y tendencia a asegurar el vínculo mediante demandas, sumisión o control indirecto.

Estos rasgos pueden expresarse con estilos diferentes. En algunos casos predomina una dependencia más silenciosa, con apariencia de docilidad y buena adaptación; en otros predomina una dependencia ansiosa, con necesidad constante de confirmación y gran angustia ante la separación. También puede existir un estilo dependiente con alta eficacia externa: personas muy competentes en lo laboral que, sin embargo, se sienten incapaces emocionalmente sin una figura de referencia. La dependencia clínica no se mide por el rendimiento, sino por la estructura de seguridad interna y por la capacidad de sostener decisiones y límites sin derrumbe vincular.

Desde una perspectiva de **funcionamiento psicológico**, el trastorno dependiente puede entenderse como una organización donde la amenaza central es el desamparo, y donde el vínculo funciona como "base de seguridad" imprescindible. La persona suele portar una convicción implícita: yo no puedo solo, el otro sí puede; si el otro se va, me quedo indefenso. Esa convicción guía la conducta y explica por qué el desacuerdo, la distancia o el límite se viven con tanta intensidad. El problema no es querer estar acompañado; el problema es que la autonomía se experimenta como peligro, y el cuidado se vuelve condición para sentirse real, capaz o a salvo.

En el **plano afectivo**, predominan ansiedad de separación, miedo y culpa. La ansiedad aparece ante la posibilidad de distancia. La culpa aparece ante la idea de molestar, exigir o "hacer enfadar" al otro, porque el conflicto amenaza la seguridad. En muchos casos, la rabia está presente, pero se inhibe: se evita sentirla o expresarla por miedo a perder el vínculo. Esto puede tener dos consecuencias clínicas. Por un lado, la persona se sobre-adapta y se vuelve cada vez más sumisa. Por otro, la rabia acumulada puede aparecer de manera indirecta, como resentimiento, quejas pasivas, somatización o episodios de saturación donde la persona explota y luego se arrepiente intensamente, reforzando el ciclo de culpabilidad.

En el **plano cognitivo**, suele observarse una baja autoeficacia aprendida. La persona anticipa que no podrá manejar tareas, decisiones o conflictos, y por ello busca guía externa. También puede existir un estilo de pensamiento catastrofista en relación con la separación: si me dejan, no podré; si me quedo solo, todo se derrumba. La duda no se limita a capacidades objetivas; alcanza a la identidad: sin el otro, quién soy. A veces la persona confunde autonomía con abandono, y límites con rechazo. Esto explica por qué puede reaccionar con ansiedad intensa ante una conducta del otro que, objetivamente, es normal: salir con amigos, necesitar espacio, no responder de inmediato.

En el **plano interpersonal**, el patrón dependiente suele organizarse alrededor de un intercambio asimétrico. La persona ofrece lealtad, cuidado, disponibilidad, complacencia y, a veces, renuncia a sus propias necesidades. A cambio busca protección, decisiones, estructura y confirmación. Esta asimetría puede ser estable durante un tiempo, pero con frecuencia genera tensión: el otro se siente cargado o controlado; la persona dependiente se siente poco vista, pero no se atreve a pedir desde la igualdad. En algunos vínculos, la dependencia se combina con dinámicas de poder: la persona tolera control, humillación o abuso por miedo a quedarse sola. Por eso, un punto clínico esencial es la vulnerabilidad a relaciones explotadoras: el temor al desamparo puede hacer que lo inaceptable se vuelva tolerable.

Un **ciclo** de mantenimiento típico puede describirse así. La persona percibe una señal de distancia (real o imaginada). Aumenta ansiedad y aparecen conductas de seguridad: pedir confirmación, ceder, evitar conflicto, buscar consejo, adaptarse más. Esa conducta reduce malestar de inmediato porque restaura cercanía o reduce riesgo de rechazo. Sin embargo, a medio plazo debilita la autonomía: la persona practica menos decidir, tolera menos incertidumbre y se convence más de que no puede sola. El entorno aprende también el patrón: resuelve por ella, decide por ella, o se convierte en regulador principal. Con el tiempo, el umbral de amenaza baja y la dependencia se intensifica. Si el otro responde con fatiga y se aleja, la ansiedad se dispara y el ciclo se acelera, confirmando el miedo original.

La **demanda clínica** suele aparecer en momentos de ruptura o amenaza al vínculo: separación, divorcio, duelo, enfermedad del cuidador, cambio de trabajo que exige autonomía, mudanza, o conflicto con la figura protectora. Muchas personas consultan por ansiedad, crisis de pánico, síntomas depresivos o sensación de no poder funcionar solas. Otras consultan porque se encuentran atrapadas en relaciones controladoras, pero no se sienten capaces de salir. En la **entrevista clínica** puede observarse búsqueda de dirección y de respuestas claras, con tendencia a pedir al terapeuta que decida o aconseje de manera directiva. El encuadre se beneficia de calidez y apoyo, pero también de una orientación gradual hacia la agencia: acompañar sin sustituir, sostener sin dirigirlo todo, para evitar que la terapia se convierta en un nuevo vínculo de dependencia rígida.

El **diagnóstico diferencial** es especialmente importante porque varios cuadros pueden parecerse en la superficie.

En primer lugar, conviene diferenciarlo del **trastorno de la personalidad evitativa**. En el evitativo el núcleo es la vergüenza y el temor a la crítica, con inhibición social; la persona desea vínculo, pero se retira por miedo a ser evaluada negativamente. En el dependiente el núcleo es el desamparo y el miedo para quedarse solo, con tendencia a aferrarse y a ceder para mantener cercanía. En clínica pueden coexistir: una persona puede evitar por vergüenza y, a la vez, depender intensamente de una figura segura.

En segundo lugar, debe diferenciarse del **trastorno límite de la personalidad**. Ambos pueden compartir miedo a la pérdida y conductas para evitar abandono, pero en el límite suele haber mayor desregulación afectiva, impulsividad, oscilación intensa en la valoración del otro y, en algunos casos, autolesión o disociación bajo estrés. En el dependiente, el estilo suele ser más sumiso y estable, con menos explosividad y más renuncia a la propia posición, aunque esto varía según comorbilidad y contexto.

En tercer lugar, conviene diferenciarlo del **trastorno histriónico**. En el histriónico predomina la búsqueda de atención y el impacto emocional; en el dependiente predomina la necesidad de cuidado y guía. Ambos pueden buscar cercanía, pero la motivación suele diferir: ser visto y confirmado frente a ser protegido y sostenido.

En cuarto lugar, debe diferenciarse del **trastorno obsesivo-compulsivo de la personalidad**. En el obsesivo-compulsivo de la personalidad predomina el sobrecontrol, la rigidez y el perfeccionismo, y la dependencia se vive a menudo como pérdida de control. En el dependiente, en cambio, se tolera ceder control con tal de mantener seguridad. Sin embargo, pueden coexistir: algunas personas dependen afectivamente, pero controlan detalles para disminuir ansiedad.

También es relevante diferenciar el trastorno dependiente de situaciones donde la dependencia es consecuencia de una **condición médica**, discapacidad, crisis vital o depresión mayor. Una persona puede necesitar apoyo por razones reales sin que exista un patrón de personalidad. La clave está en la historia longitudinal: si el estilo dependiente es de larga data, transversal y anterior a la crisis, y si la renuncia a la autonomía se expresa incluso cuando la persona podría funcionar.

En **comorbilidad**, son frecuentes trastornos de ansiedad (especialmente ansiedad generalizada y ansiedad de separación en adultos), episodios depresivos, somatización y problemas de sueño. También puede coexistir consumo de sustancias como forma de amortiguar ansiedad o dolor por separación. En algunos casos hay comorbilidad con trastorno evitativo o con rasgos obsesivo-compulsivos, lo que suele aumentar la rigidez del patrón y la dificultad para exponerse a decisiones autónomas.

Respecto a **factores de desarrollo**, la comprensión contemporánea suele ser multifactorial. Puede existir un temperamento ansioso y sensible a la pérdida, combinado con experiencias tempranas donde la autonomía no fue promovida o donde se reforzó la idea de incapacidad. En algunos entornos, el cuidado fue sobreprotector: el niño no practica competencias, no tolera frustración y aprende que otros resuelven. En otros, el cuidado fue inconsistente o inseguro: el niño aprende que para mantener cercanía debe adaptarse y no contrariar. También pueden influir dinámicas familiares donde el niño asumió un rol de complacencia para mantener paz o donde se reforzó la dependencia como forma de control. Estas trayectorias pueden generar una convicción internalizada de que el mundo es demasiado difícil y que el vínculo es la principal garantía de seguridad.

En **intervención**, el objetivo general no es empujar a una independencia brusca, sino construir autonomía gradual y realista. La terapia suele orientarse a fortalecer autoeficacia, tolerancia a la separación y capacidad de sostener desacuerdo sin sentir que el vínculo se rompe. Una parte esencial del trabajo es identificar conductas de seguridad que mantienen dependencia (pedir confirmación constante, delegar decisiones, evitar conflicto, renunciar a necesidades) y sustituirlas por habilidades de agencia: tomar pequeñas decisiones, practicar asertividad, tolerar incomodidad y comprobar que el vínculo puede sobrevivir a un límite.

En enfoques cognitivo-conductuales, el trabajo suele centrarse en creencias nucleares (soy incapaz, sin el otro no puedo), en entrenamiento de toma de decisiones, en exposición a estar solo de manera graduada y en habilidades de comunicación asertiva. En terapia de esquemas, se trabaja con esquemas de abandono, incompetencia, sumisión y búsqueda de aprobación, junto con modos de afrontamiento que sostienen el patrón. En enfoques psicodinámicos o relacionales, se exploran significados del cuidado, del miedo a la separación y de la renuncia al self, prestando especial atención a la relación terapéutica, donde puede aparecer tendencia a idealizar al terapeuta o a buscar dirección excesiva. La indicación clínica suele ser sostener apoyo sin fomentar dependencia: ayudar a que la persona encuentre sus propias respuestas, en lugar de sustituirlas.

Un punto clínico delicado es el trabajo con límites. Para muchas personas dependientes, poner límites se vive como acto agresivo o como riesgo de abandono. Por eso el aprendizaje debe ser gradual y acompañado: diferenciar límite de rechazo, diferenciar desacuerdo de pérdida, y desarrollar un estilo de comunicación que exprese necesidades sin colapso de culpa. En paralelo, se trabaja el criterio relacional: detectar señales de abuso o explotación y construir planes de protección cuando la dependencia ha mantenido vínculos dañinos.

La farmacoterapia no se orienta a modificar el patrón de personalidad, pero puede ser útil para comorbilidades como ansiedad o depresión, especialmente cuando el nivel de activación impide el trabajo psicoterapéutico. Su indicación corresponde al ámbito médico y debe integrarse como apoyo, no como sustituto del aprendizaje de autonomía.

El **curso** suele ser relativamente estable si el patrón se refuerza a través de relaciones asimétricas y si la persona evita sistemáticamente decisiones propias. Sin embargo, con intervención adecuada, experiencias correctoras y entrenamiento de habilidades, es posible una mejoría significativa: más capacidad de tolerar soledad, mayor autonomía práctica, mejor asertividad y relaciones más recíprocas. La **evolución** favorable se asocia a entornos que apoyan la independencia gradual sin humillar, y a vínculos donde el cuidado no se obtiene a costa de renunciar al self.

En síntesis, el trastorno de la personalidad dependiente describe un patrón persistente de necesidad excesiva de cuidado, con conductas sumisas y adhesivas y temor intenso a la separación, donde el vínculo funciona como regulador principal de seguridad interna. La clave clínica está en evaluar persistencia, rigidez e impacto funcional, distinguirlo de dependencia contextual por crisis o enfermedad, y diferenciarlo de evitación por vergüenza, de desregulación límite y de estilos histriónicos u obsesivo-compulsivos. La intervención, cuando es pertinente, se centra en construir agencia y autoeficacia, tolerar separación y desacuerdo, desarrollar asertividad y establecer relaciones más recíprocas, con un ritmo gradual que transforme la seguridad basada en el otro en seguridad basada en habilidades internas.

Capítulo 24

Trastorno de la Personalidad Obsesivo-Compulsiva

El **trastorno de la personalidad obsesivo-compulsiva** se describe, en términos generales, como un patrón persistente de preocupación por el orden, el control, la corrección y el perfeccionismo, que interfiere con la flexibilidad, la espontaneidad y la eficacia real del funcionamiento. Su rasgo central no es "ser meticuloso" ni "tener manías", sino la necesidad estable de reducir incertidumbre y prevenir errores mediante reglas, estándares elevados y una organización rígida de la vida cotidiana. En estas presentaciones, la seguridad psicológica se logra a través del sobrecontrol: cuando todo está previsto, revisado y bajo normas claras, la ansiedad disminuye; cuando aparece lo ambiguo o lo imperfecto, aumenta la tensión y se activan estrategias de control.

Conviene aclarar desde el inicio una confusión muy frecuente: este trastorno no es lo mismo que el trastorno obsesivo-compulsivo (TOC). En el **TOC**, suelen aparecer obsesiones intrusas y rituales vividos como obligatorios, a menudo con vivencia de extrañeza o **egodistonía** (la persona reconoce que esas ideas o compulsiones son excesivas o no deseadas, aunque le cueste detenerlas). En la **personalidad obsesivo-compulsiva**, en cambio, lo característico es un estilo de vida y de carácter más **egosintónico**: la rigidez, el perfeccionismo y el control suelen vivirse como correctos, necesarios o incluso virtuosos, aunque generen costes. Puede existir comorbilidad entre ambos, pero la lógica clínica es distinta: en uno predomina el circuito obsesión-ansiedad-compulsión; en el otro predomina un modo de organización de la identidad y del funcionamiento cotidiano.

Otra precisión importante es que muchas personas son responsables, ordenadas y exigentes sin que exista un trastorno. Lo clínico aparece cuando el patrón es rígido, transversal a diferentes contextos, estable en el tiempo y suficientemente costoso: deteriora relaciones, bloquea decisiones, reduce bienestar, incrementa conflictos o produce un rendimiento paradójicamente menor por exceso de verificación, lentitud o incapacidad para delegar. En otras palabras, no es "hacerlo bien", sino vivir bajo la tiranía de hacerlo perfecto, correcto y controlado.

En la descripción clínica clásica, el funcionamiento obsesivo-compulsivo de la personalidad suele incluir varios rasgos que tienden a agruparse:

1. **Preocupación excesiva por detalles, reglas, listas, orden y organización**: La persona invierte mucha energía en sistemas, clasificaciones, cronogramas o protocolos. El problema es que el método puede volverse más importante que el objetivo, y se pierde de vista lo esencial.

2. **Perfeccionismo que interfiere con la finalización de tareas**: El estándar es tan alto que dificulta cerrar proyectos. Se revisa, se corrige, se reescribe, se posterga la entrega "hasta que esté perfecto", con resultados de lentitud, bloqueo o rendimiento real inferior al esperado.

3. **Devoción excesiva al trabajo y a la productividad en detrimento de ocio y relaciones**: Se prioriza el deber sobre el disfrute. A menudo no se trata de placer por trabajar, sino de necesidad de control, de evitar culpa o de sentirse válido a través del rendimiento.

4. **Excesiva escrupulosidad y rigidez en lo moral o lo normativo**: Puede existir una adhesión rígida a principios, con dificultad para tolerar matices o contextos. Lo "correcto" se experimenta como obligación interna, no como elección flexible.

5. **Dificultad para tirar objetos o desprenderse, incluso sin valor**: En algunos casos aparece acumulación o retención basada en la idea de

que "puede ser útil" o de que tirar implica error, pérdida o irresponsabilidad.

6. **Reticencia a delegar tareas si otros no se ajustan exactamente al propio modo de hacerlas**: Delegar se vive como riesgo. Se piensa que el otro lo hará mal, que no seguirá el estándar, o que el resultado no será controlable. Esto genera sobrecarga y conflictos.

7. **Estilo de gasto restrictivo o tacaño**: El dinero puede vivirse como algo que debe guardarse para contingencias, con dificultad para gastar incluso en necesidades razonables, por miedo a perder seguridad futura.

8. **Rigidez y obstinación**: Dificultad para negociar criterios, cambiar planes o adoptar soluciones "suficientemente buenas". Se sostienen reglas y procedimientos incluso cuando el contexto demanda adaptación.

Estos rasgos pueden presentarse de maneras distintas. Algunas personas muestran una versión más "funcional" en lo externo: alto rendimiento, confiabilidad, responsabilidad. Sin embargo, el coste aparece en la vida interna y relacional: tensión constante, dificultad para descansar, irritabilidad ante lo imprevisto, conflictos por control, y una sensación de que nunca es suficiente. En otras presentaciones, la rigidez y el perfeccionismo generan bloqueos evidentes: se tarda demasiado en terminar, se evita iniciar tareas por miedo a no hacerlas perfectas, o se pierde eficiencia por revisión interminable. En ambos casos, el denominador común es la necesidad de certeza y el temor al error como amenaza al self.

Desde una perspectiva de **funcionamiento psicológico**, el patrón obsesivo-compulsivo puede entenderse como una organización donde el control cumple una función reguladora central. La persona busca seguridad mediante previsión, orden y corrección. La incertidumbre se vive como peligro, no solo como incomodidad. Equivocarse se vive con frecuencia como algo más que un fallo: puede sentirse como irresponsabilidad, incompetencia o pérdida de valor personal. Por eso el perfeccionismo no es solo un estándar, sino una defensa: si todo está bajo control, se reduce la posibilidad de crítica, vergüenza, culpa o fracaso.

En el **plano afectivo**, la emoción que suele sostener el patrón es ansiedad, a menudo mezclada con culpa. La ansiedad se activa ante lo incierto, lo ambiguo y lo imprevisible. La culpa se activa ante la posibilidad de no cumplir, de no hacer lo correcto o de fallar a una obligación. En muchas personas, la rabia también está presente, pero se expresa de forma particular: aparece como irritabilidad ante errores ajenos, impaciencia ante la ineficiencia, o tensión cuando otros "desordenan" el sistema. Esa irritabilidad suele ser el reverso del esfuerzo por mantener control; cuando el control se rompe, emerge frustración. En algunos casos hay también vergüenza, especialmente cuando el rendimiento no alcanza el ideal interno, lo que puede llevar a redoblar el control en lugar de flexibilizar.

En el **plano cognitivo**, suelen observarse sesgos hacia la responsabilidad y la amenaza: se sobreestima el costo de equivocarse y se subestima la capacidad de reparar. Hay un pensamiento orientado a prevenir, con anticipación constante: qué puede salir mal, qué falta, qué no está suficientemente revisado. Se tiende a confundir prudencia con certeza: si no hay seguridad total, se pospone o se revisa más. A esto se suma un estilo de pensamiento dicotómico aplicado a la calidad: o está perfecto o está mal. Esa lógica produce trabajo excesivo y reduce creatividad, porque la exploración implica tolerar errores y versiones intermedias.

En el **self**, suele observarse una identidad organizada alrededor de ser correcto, responsable y competente. La valía personal puede quedar ligada al cumplimiento, al control y a la productividad. Esto tiene un efecto sutil pero profundo: descansar puede vivirse como pérdida de valor; disfrutar puede vivirse como culpa; improvisar puede vivirse como irresponsabilidad. La persona se convierte en su propio supervisor interno, y el mundo interno se llena de deberes. Esta organización puede dar estabilidad y rendimiento, pero puede empobrecer la experiencia de placer, juego y espontaneidad. En algunos casos, cuando la vida exige flexibilidad (paternidad, cambios laborales, enfermedad, crisis), el sistema se tensiona y aparece colapso por saturación.

En el **plano interpersonal**, el patrón obsesivo-compulsivo suele generar dinámicas específicas. Por un lado, puede producir confiabilidad: la persona cumple, organiza, sostiene. Por otro lado, puede producir control y crítica: necesidad de que las cosas se hagan "bien", corrección de detalles, dificultad para delegar y tendencia a imponer estándares. Esto puede generar cansancio en el entorno, especialmente en pareja o familia, donde la vida cotidiana implica imperfección y negociación. A veces la relación se organiza alrededor de roles: una persona controla y otra se adapta; una persona decide y otra cede. Con el tiempo, esto puede producir resentimiento en ambos lados: quien controla se siente cargado y solo; quien se adapta se siente infantilizado o insuficiente. También puede aparecer una dificultad para la intimidad emocional: cuando la vida está dominada por tareas y control, el vínculo queda reducido a funcionamiento y deber, y disminuye espacio para vulnerabilidad y afecto espontáneo.

Un **ciclo** de mantenimiento típico puede describirse así. La persona anticipa un posible error, crítica o pérdida de control. Aumenta ansiedad y sentido de responsabilidad. Para reducir malestar, incrementa el control: revisa más, perfecciona, planifica, corrige, evita delegar, pospone decisiones hasta estar seguro. Esto produce alivio inmediato porque aumenta sensación de seguridad. Sin embargo, a medio plazo aumenta la carga, reduce la flexibilidad y confirma la idea de que solo con control extremo se está a salvo. El entorno puede reforzar el patrón: si la persona controla, las cosas "salen bien", y eso se interpreta como prueba de que el control era necesario. Pero el coste se acumula: fatiga, conflictos, rigidez, falta de disfrute y un umbral de tolerancia a lo imperfecto cada vez menor.

La **demanda clínica** suele aparecer por vías indirectas. Es frecuente que la persona consulte por ansiedad, insomnio, estrés laboral, conflictos de pareja, sensación de agotamiento, irritabilidad o episodios depresivos cuando el rendimiento se vuelve insostenible. A veces consulta tras una crisis que rompe el sistema de control: un despido, una mudanza, una enfermedad, el nacimiento de un hijo, o una relación donde el otro no acepta la rigidez. En la **entrevista clínica** puede observarse un estilo formal, orientado a hechos, con tendencia a justificar estándares y a describir "cómo debería ser". El **encuadre terapéutico** suele beneficiarse de claridad, estructura y colaboración, porque la ambigüedad puede activar defensividad. Al mismo tiempo, la terapia necesita introducir gradualmente flexibilidad sin que el paciente lo viva como ataque a sus valores.

El **diagnóstico diferencial** es particularmente relevante. En primer lugar, debe diferenciarse del TOC, como se mencionó. En el **TOC** hay obsesiones intrusas y compulsiones; en la personalidad obsesivo-compulsiva hay un estilo de perfeccionismo y control más integrado en el carácter. En segundo lugar, debe diferenciarse de **trastornos de ansiedad generalizada**, donde la preocupación es amplia y puede ser más fluctuante; en la personalidad obsesivo-compulsiva la preocupación se organiza alrededor de control, corrección y estándares, con rigidez y estilo moral. En tercer lugar, conviene diferenciarlo del **trastorno del espectro autista**, donde puede haber rigidez y necesidad de rutina, pero con un perfil de comunicación social y una historia evolutiva que orientan; en el obsesivo-compulsivo de la personalidad, la rigidez suele estar más ligada a responsabilidad, perfeccionismo y moralidad, y no necesariamente a las características nucleares del espectro autista. También conviene diferenciarlo del **trastorno por déficit de atención e hiperactividad**: algunas personas con TDAH desarrollan sobrecontrol como compensación; sin embargo, el núcleo del TDAH es la desatención e impulsividad, mientras que el de la personalidad obsesivo-compulsiva es el control y el perfeccionismo. Por último, hay que distinguirlo de **estilos narcisistas** o **paranoides**: en el obsesivo-compulsivo la rigidez suele justificarse por corrección y responsabilidad; en otros estilos, el control puede estar más ligado a superioridad, desconfianza o dominancia.

En **comorbilidad**, es frecuente encontrar ansiedad, depresión, problemas de sueño, somatización por tensión crónica y, en algunos casos, síntomas obsesivos clínicos. También puede coexistir con otros rasgos del clúster C, como evitación (miedo a evaluación) o dependencia (necesidad de guía), aunque la combinación varía. La comorbilidad debe leerse en términos funcionales: qué síntomas son consecuencia del sobrecontrol, qué factores amplifican la rigidez y qué dianas terapéuticas facilitarían un cambio sostenible.

Respecto a **factores de desarrollo**, la comprensión contemporánea suele ser multifactorial. Puede existir un temperamento más inhibido o cuidadoso, combinado con experiencias tempranas donde el error se castigó, la crítica fue intensa o el afecto estuvo vinculado al rendimiento. En algunos entornos familiares, la obediencia y la perfección fueron la vía para recibir reconocimiento o evitar conflicto; en otros, hubo imprevisibilidad, y el niño aprendió que el control de detalles era la única forma de seguridad. También pueden influir modelos parentales rígidos, con moralidad inflexible o alta exigencia. Con el tiempo, el perfeccionismo se convierte en identidad: no solo hago las cosas bien, debo ser alguien que no falla. La intención original suele ser adaptativa; el problema aparece cuando el patrón se generaliza y se vuelve la única forma de regular el miedo.

En **intervención**, el objetivo general no suele ser "bajar la exigencia" sin más, sino transformar el sobrecontrol rígido en control flexible. La persona no necesita perder responsabilidad; necesita ampliar el repertorio para tolerar incertidumbre, error y negociación sin sentir amenaza al self. Un foco terapéutico central es diferenciar valores de reglas. Los valores pueden mantenerse (responsabilidad, calidad, ética), pero las reglas rígidas pueden flexibilizarse (cuándo es suficiente, cuándo delegar, cuándo aceptar una versión adecuada). Otro foco es trabajar la relación con el error: aprender que el error no es catástrofe moral, sino información; y que reparar es una competencia tan valiosa como prevenir.

En enfoques cognitivo-conductuales, suele trabajarse la reestructuración de estándares rígidos, la exposición a imperfección y la reducción de conductas de verificación. La exposición, aquí, no es tanto a un miedo social como a la experiencia de hacer algo "suficientemente bien" y tolerar la incomodidad sin corregirlo. También se entrena delegación, toma de decisiones con incertidumbre y habilidades de priorización. En terapia de esquemas, se trabaja con exigencias implacables, castigo interno, inhibición emocional y control, buscando construir una relación interna menos punitiva. En enfoques de aceptación y compromiso, se entrena la capacidad de actuar según valores aun con incertidumbre, y se reduce la fusión con la necesidad de certeza. En enfoques psicodinámicos o relacionales, se exploran significados del control, la culpa, la vergüenza y la historia de exigencia, con cuidado de no convertir la terapia en un espacio donde el paciente intente "hacerla perfecta". En todos los enfoques, el trabajo con la alianza es importante: el terapeuta debe sostener estructura suficiente para que el paciente no se sienta perdido, pero introducir flexibilidad de manera gradual para que el cambio sea tolerable.

La farmacoterapia no se orienta a modificar el núcleo del trastorno. Puede ser útil para comorbilidades como ansiedad o depresión, o para síntomas obsesivos cuando existen, siempre dentro de evaluación médica. En la práctica clínica responsable, el tratamiento principal suele ser psicoterapéutico y basado en habilidades de flexibilización.

El **curso** suele ser relativamente estable si el patrón se refuerza con logros y reconocimiento. En algunos contextos, el perfeccionismo es premiado y la rigidez pasa por virtud, lo que oculta costes hasta que aparecen crisis: agotamiento, conflictos relacionales o bloqueos. La **evolución** favorable suele asociarse a aumento de flexibilidad, mejor equilibrio entre deber y vida personal, mayor tolerancia a la imperfección y capacidad de delegar. Cuando estas competencias se desarrollan, la persona no pierde calidad; gana libertad psicológica y mejora la relación con los demás.

En síntesis, el trastorno de la personalidad obsesivo-compulsiva describe un patrón persistente de sobrecontrol, perfeccionismo y rigidez orientados a reducir incertidumbre y prevenir error, a costa de flexibilidad, espontaneidad y, a menudo, bienestar relacional. La clave clínica está en evaluar persistencia, rigidez e impacto funcional, diferenciarlo del TOC y de otros cuadros de ansiedad, y comprender cómo el control funciona como regulador de ansiedad, culpa y vergüenza. La intervención, cuando es pertinente, se centra en construir control flexible, tolerar incertidumbre, redefinir estándares realistas, mejorar delegación y recuperar espacio para el disfrute y la intimidad, sin renunciar a valores de responsabilidad y calidad.

Capítulo 25

Criterio Clínico de Suficiencia Diagnóstica para los 10 Trastornos del Modelo Categorial Actual

El criterio clínico de suficiencia diagnóstica permite aclarar cuándo un conjunto de rasgos descritos alcanza relevancia clínica como trastorno de la personalidad y cuándo permanece en el nivel de estilo, rasgo o dificultad parcial. Su función no es sustituir a los sistemas diagnósticos existentes, sino traducir su lógica a un lenguaje clínico comprensible, evitando tanto el reduccionismo del recuento mecánico como la vaguedad excesiva.

En los **trastornos de la personalidad**, el diagnóstico no se establece por la presencia aislada de características concretas, sino por la configuración de un patrón global de funcionamiento. Ese patrón debe ser reconocible como una forma dominante y estable de organizar la experiencia interna, la regulación emocional, las relaciones interpersonales y la conducta. La suficiencia diagnóstica se alcanza cuando ese conjunto de rasgos deja de ser accesorio o situacional y pasa a estructurar de manera central la vida psicológica de la persona.

Desde un punto de vista clínico general, pueden distinguirse cuatro condiciones que, en combinación, definen la suficiencia diagnóstica:

En primer lugar, **coherencia interna**: los rasgos observados no aparecen de manera dispersa, sino que se articulan entre sí y apuntan en una misma dirección funcional.

En segundo lugar, **persistencia temporal**: el patrón se mantiene a lo largo del tiempo y no depende de estados emocionales transitorios ni de circunstancias vitales puntuales.

En tercer lugar, **generalización contextual**: el estilo se expresa en distintos ámbitos de la vida y no queda restringido a una relación concreta o a un entorno específico.

En cuarto lugar, **impacto clínico**: el funcionamiento genera un coste relevante en términos de malestar, deterioro relacional, dificultades laborales o empobrecimiento adaptativo.

Estas **condiciones** permiten comprender por qué no es necesario que estén presentes todas las características descritas para un trastorno concreto. Algunas manifestaciones tienen mayor peso estructural que otras y actúan como organizadores del patrón. La suficiencia diagnóstica no se basa en la suma de elementos, sino en su capacidad conjunta para configurar un modo de funcionamiento rígido y dominante. Cuando los rasgos son parciales, fluctuantes o compensados por recursos adaptativos suficientes, se habla de rasgos de personalidad, no de trastorno constituido.

Aplicado a cada trastorno específico, este criterio implica que el diagnóstico no depende de una lista cerrada de señales, sino de la identificación de un núcleo organizador:

1. **Trastorno de la Personalidad Paranoide**: La suficiencia diagnóstica se alcanza cuando la suspicacia y la expectativa de daño organizan de forma constante la interpretación de las relaciones, condicionando la conducta defensiva, la vigilancia interpersonal y la dificultad para confiar, más allá de episodios puntuales de desconfianza comprensible.

2. **Trastorno de la Personalidad Esquizoide**: El diagnóstico se plantea cuando el desapego emocional y la baja motivación por la intimidad estructuran de manera estable la vida interpersonal, limitando la impli-

cación relacional y la adaptación a contextos que exigen cercanía o cooperación.

3. **Trastorno de la Personalidad Esquizotípica**: La suficiencia diagnóstica aparece cuando la combinación de extrañeza cognitivo-perceptiva, incomodidad social y estilo comunicativo o conductual idiosincrático interfiere de forma persistente en la conexión social y en el funcionamiento cotidiano.

4. **Trastorno de la Personalidad Antisocial**: El diagnóstico se establece cuando la transgresión de normas, la irresponsabilidad y la instrumentalización del otro configuran un estilo estable y generalizado de funcionamiento, no explicable por contextos aislados, estados emocionales transitorios o circunstancias vitales puntuales.

5. **Trastorno de la Personalidad Límite**: La suficiencia diagnóstica se alcanza cuando la inestabilidad afectiva, identitaria y relacional organiza de manera continua la experiencia subjetiva y la vida interpersonal, generando ciclos repetidos de crisis, rupturas y desregulación.

6. **Trastorno de la Personalidad Histriónica**: El diagnóstico se plantea cuando la necesidad de atención, validación y estimulación interpersonal estructura de forma persistente la autoimagen y las relaciones, condicionando la manera de vincularse y de regular la experiencia emocional.

7. **Trastorno de la Personalidad Narcisista**: La suficiencia diagnóstica aparece cuando la regulación de la autoestima mediante grandiosidad, admiración, estatus o evitación defensiva se convierte en el eje central del funcionamiento y condiciona de forma estable los vínculos y la adaptación interpersonal.

8. **Trastorno de la Personalidad Evitativa**: El diagnóstico se establece cuando el temor al rechazo y a la evaluación negativa organiza la conducta de forma generalizada, limitando gravemente la participación social y relacional pese a la existencia de deseo de vínculo y de aceptación.

9. **Trastorno de la Personalidad Dependiente**: La suficiencia diagnóstica se alcanza cuando la necesidad de apoyo, la dificultad para la

autonomía y el miedo a la separación condicionan de manera persistente las decisiones, las relaciones y el sentido de competencia personal.

10. **Trastorno de la Personalidad Obsesivo-Compulsiva**: El diagnóstico se plantea cuando el perfeccionismo, el control y la rigidez se imponen de forma estable sobre la flexibilidad, el disfrute y la eficacia adaptativa, estructurando la conducta, las relaciones y la vivencia del deber.

Este modo de entender la suficiencia diagnóstica es compatible con los principales modelos diagnósticos contemporáneos. El **modelo categorial**, tradicionalmente asociado al DSM, propone descripciones prototípicas de trastornos y establece umbrales para mejorar la fiabilidad diagnóstica. Sin embargo, incluso dentro de ese marco, el juicio clínico siempre ha requerido valorar persistencia, impacto y coherencia del patrón, más allá del simple recuento. El DSM incorpora además **modelos alternativos** que enfatizan el funcionamiento del self y lo interpersonal, reforzando la idea de que la gravedad del deterioro es tan relevante como el tipo de rasgos.

La **CIE** adopta una orientación aún más explícita hacia esta lógica. Prioriza la valoración de la severidad del trastorno de la personalidad y describe el estilo mediante dominios amplios, lo que refuerza la noción de suficiencia diagnóstica como integración de impacto, rigidez y patrón global. En este marco, el diagnóstico no se define por cumplir una lista, sino por el grado en que el funcionamiento de la personalidad se ve comprometido.

Los **modelos dimensionales** contemporáneos ofrecen una base conceptual adicional. Desde esta perspectiva, los rasgos se distribuyen de manera continua en la población y el trastorno aparece cuando ciertas configuraciones alcanzan niveles de rigidez y coste funcional elevados. La suficiencia diagnóstica se entiende entonces como el punto en el que la combinación de rasgos y el deterioro del funcionamiento justifican una intervención clínica específica. Este enfoque permite explicar por qué personas con perfiles de rasgos similares pueden diferir en gravedad y por qué el diagnóstico no es una identidad fija, sino una descripción del funcionamiento en un momento dado.

En conjunto, el criterio clínico de suficiencia diagnóstica cumple una función integradora. Permite aclarar cuándo las características descritas en cada trastorno configuran un patrón clínicamente significativo, sin reducir el diagnóstico a una suma de elementos ni convertirlo en un ejercicio arbitrario. Refuerza una comprensión responsable de los trastornos de la personalidad como organizaciones del funcionamiento psicológico, evaluadas a partir de su coherencia, persistencia, generalización e impacto, y situadas dentro de modelos diagnósticos que, aunque diferentes en su formulación, convergen en esta lógica clínica fundamental.

Capítulo 26

Patrones de Personalidad de Theodore Millon

El **modelo teórico** desarrollado por **Theodore Millon** propone una comprensión de la personalidad que trasciende los sistemas categoriales actuales. Su finalidad no fue ampliar el número de diagnósticos clínicos formales, sino ofrecer un marco explicativo que permitiera entender cómo determinados estilos de funcionamiento psicológico se organizan, qué función adaptativa cumplen y en qué condiciones se vuelven rígidos y generan deterioro. Desde esta perspectiva, Millon no introduce "trastornos" adicionales en sentido diagnóstico, sino **prototipos** teóricos de personalidad que resultan útiles para la formulación clínica.

Las denominaciones empleadas por Millon deben entenderse como etiquetas descriptivas históricas. No corresponden a categorías diagnósticas vigentes ni pretenden sustituir a los sistemas clasificatorios actuales. Su valor reside en captar configuraciones de funcionamiento que aparecen con frecuencia en la práctica clínica, pero que no siempre encajan de manera clara en los clústeres del modelo categorial. Por ello, su uso exige una lectura contextualizada, funcional y no estigmatizante.

El núcleo del modelo se apoya en la idea de que la **personalidad** se organiza como una **estrategia** relativamente estable de **adaptación**. Cada patrón puede entenderse como una respuesta coherente a determinadas amenazas, carencias o demandas del entorno, aprendida a lo largo del desarrollo y mantenida porque aporta estabilidad psicológica. El problema clínico surge cuando esa estrategia se rigidiza, se generaliza y comienza a generar un coste significativo en el funcionamiento personal o interpersonal.

Millon articula su teoría en torno a grandes **polaridades adaptativas** que permiten comprender cómo se construyen estos patrones. Algunas configuraciones se orientan prioritariamente a la búsqueda de gratificación, mientras que otras se organizan en torno a la evitación del displacer. Algunas adoptan un modo activo de afrontar el entorno, intentando modificarlo o controlarlo, mientras que otras se apoyan en estrategias más pasivas de adaptación, cesión o retirada. Otras diferencias relevantes se refieren a si la regulación del self se apoya principalmente en la autosuficiencia y el control interno o en la relación con los otros, la aprobación y el cuidado. La combinación relativamente estable de estas orientaciones da lugar a prototipos reconocibles de funcionamiento.

Desde este marco, Millon describió diversos **patrones de personalidad** que amplían o matizan los contemplados por el modelo categorial, sin constituir diagnósticos formales. Algunos coinciden en gran medida con categorías reconocidas; otros aportan un lenguaje útil para comprender configuraciones menos visibles o más ambiguas.

A modo de mapa orientativo, los principales patrones descritos por Millon pueden resumirse de la siguiente manera, entendidos siempre como denominaciones teóricas y no como diagnósticos clínicos:

1. **Patrón esquizoide**: Denominación utilizada por Millon para describir configuraciones centradas en la retirada interpersonal motivada por una baja recompensa subjetiva del vínculo o por la vivencia del contacto como intrusivo, con preferencia por la autonomía y la distancia como reguladores principales.

2. **Patrón evitativo**: Estilo caracterizado por retirada interpersonal sostenida por vergüenza, temor a la evaluación negativa y anticipación de rechazo, en el que existe deseo de vínculo, pero la conducta se organiza alrededor de la evitación de la exposición.

3. **Patrón depresivo**: Configuración teórica organizada en torno a autodevaluación persistente, pesimismo y tono afectivo crónicamente bajo, donde la regulación emocional se apoya en resignación, culpa y expectativas reducidas.

4. **Patrón dependiente**: Estilo en el que la seguridad psicológica se obtiene fundamentalmente a través del apego y del apoyo de figuras significativas, con dificultad para la autonomía y temor intenso a la separación.

5. **Patrón histriónico**: Configuración descrita por Millon en la que la regulación del self depende de la atención y de la respuesta interpersonal, con intensificación expresiva y búsqueda de reconocimiento relacional como ejes centrales.

6. **Patrón narcisista**: Estilo centrado en la regulación de la autoestima mediante estatus, logro, admiración o superioridad, con vulnerabilidad marcada ante la desconfirmación y dificultades en la reciprocidad relacional.

7. **Patrón antisocial**: Denominación teórica para configuraciones en las que la transgresión de normas, la ventaja inmediata o el control del entorno funcionan como estrategias predominantes de seguridad y regulación.

8. **Patrón centrado en intimidación y control** descrito en el modelo de Theodore Millon (denominado históricamente “sádico” en su formulación original): Configuraciones en las que la sensación de seguridad y control se obtiene mediante dureza interpersonal, dominación del otro o uso persistente de la intimidación, entendido como una descripción funcional del funcionamiento y no como un juicio moral.

9. **Patrón autoderrotista** descrito en el modelo de Theodore Millon: Denominación teórica para estilos en los que el sacrificio, la postergación de las propias necesidades o la tolerancia al malestar funcionan como vías para mantener el vínculo o la coherencia identitaria.

10. **Patrón compulsivo**: Configuración organizada alrededor del orden, el control y el perfeccionismo como defensas frente a la incerti-

dumbre, el error o la culpa, con aumento de rigidez cuando estas estrategias se generalizan.

11. **Patrón negativista o pasivo-agresivo**: Estilo marcado por ambivalencia entre dependencia y oposición, donde la protesta se expresa de forma indirecta mediante resistencia, demora o queja persistente.

12. **Patrón paranoide**: Configuración centrada en vigilancia, desconfianza y anticipación de daño, en la que la interpretación de las intenciones ajenas se organiza de manera defensiva como estrategia de autoprotección.

13. **Patrón esquizotípico**: Estilo caracterizado por pensamiento idiosincrático, experiencias perceptivas inusuales y distancia interpersonal, con dificultad para la conexión social fluida y aumento de extrañeza bajo estrés.

14. **Patrón límite**: Configuración descrita por Millon como un prototipo de mayor inestabilidad, con dificultades marcadas en regulación emocional, identidad y relaciones, y alta sensibilidad interpersonal.

El modelo de Theodore Millon subraya que cada patrón de personalidad puede presentarse con distintos niveles de **organización** y **severidad**. Esto implica que un mismo prototipo puede expresarse de forma relativamente integrada y funcional en algunos casos, o de manera más rígida y costosa en otros, según el grado de cohesión del self, la capacidad de regulación emocional y la adaptación al entorno. La severidad no define el tipo de patrón, sino el impacto real que ese modo de funcionamiento tiene en la vida personal, interpersonal y social, y constituye un elemento decisivo para la comprensión clínica, el pronóstico y la planificación de la intervención.

Millon subrayó que un mismo patrón puede expresarse con distintos niveles de organización y gravedad. Dos personas descritas bajo un mismo prototipo pueden diferir profundamente en estabilidad del self, capacidad empática, control de impulsos y flexibilidad cognitiva. Esta idea evita lecturas planas y favorece una formulación clínica que tenga en cuenta no solo el tipo de patrón, sino su grado de integración y su impacto real.

La relación entre el modelo de Millon y los sistemas categoriales actuales no es de oposición, sino de complementariedad. Mientras el modelo categorial ofrece un lenguaje común para la comunicación clínica y administrativa, el modelo de Millon aporta profundidad explicativa. Permite comprender qué función cumple un patrón, qué protege, qué teme, cómo se mantiene y qué tipo de vínculo terapéutico resulta más viable.

En conjunto, los patrones de personalidad descritos por Millon deben entenderse como herramientas conceptuales para la formulación clínica. No amplían el número de diagnósticos ni sustituyen a los marcos vigentes, sino que ofrecen un mapa más elaborado de las estrategias de adaptación psicológica. Su uso responsable facilita la comprensión de configuraciones complejas, mixtas o atípicas y permite intervenciones más ajustadas al funcionamiento real de la persona, siempre desde una perspectiva clínica, contextual y no estigmatizante.

Capítulo 27

Patrón Depresivo descrito en el Modelo de Theodore Millon

En el modelo de Theodore Millon, el **patrón depresivo** se presenta como un prototipo de funcionamiento de personalidad caracterizado por una tonalidad afectiva persistentemente baja, una autoimagen devaluada y un estilo cognitivo pesimista y autocrítico que tiende a organizar de forma estable la experiencia. Su interés principal no reside en proponer una nueva "etiqueta" clínica equivalente a un episodio depresivo, sino en describir una configuración relativamente duradera de motivaciones, estrategias adaptativas y sesgos interpretativos que, con el tiempo, puede volverse rígida y costosa en términos de bienestar, iniciativa y vínculos.

Este patrón debe entenderse con cautela desde el punto de vista nosológico. No forma parte de los diez trastornos de personalidad del DSM-5 como categoría formal, pero ha sido descrito en literatura clínica, en modelos prototípicos y en instrumentos vinculados a la tradición milloniana. En un marco editorial contemporáneo, su empleo suele ser más seguro y útil cuando se formula como patrón o estilo de personalidad, evitando presentarlo como diagnóstico DSM vigente y subrayando que describe un modo de funcionamiento persistente que puede coexistir con trastornos del estado de ánimo, sin confundirse con ellos.

El **núcleo** del patrón depresivo en la descripción milloniana se reconoce por la coherencia entre una disposición afectiva sostenidamente baja, una autoevaluación inclinada a la insuficiencia y una lectura anticipatoria de la realidad centrada en pérdida, fracaso o decepción, sin que sea imprescindible la presencia constante de tristeza explícita, ya que con frecuencia lo más estable es el desánimo, el cansancio moral, la escasa vitalidad subjetiva, la dificultad para experimentar orgullo legítimo y la tendencia a percibir lo positivo como frágil, inmerecido o poco relevante.

La autocrítica ocupa un lugar central. Se observa una relación interna severa, con tendencia a atribuirse responsabilidad por los problemas, a sobredimensionar errores, a minimizar logros y a mantener una sensación de deuda o culpa difusa. Este estilo puede sostener una apariencia externa de responsabilidad, modestia y cumplimiento, mientras la vida interna queda dominada por la idea de no estar a la altura o de no merecer descanso, cuidado o reconocimiento.

La **lógica adaptativa** por la que se consolida el patrón depresivo puede entenderse, en la lectura de Millon, como una estrategia de autoprotección basada en la rebaja de expectativas, la vigilancia autocrítica y la resignación preventiva, de modo que anticipar pérdida o fracaso funciona como amortiguador del impacto emocional de la decepción y la autoacusación o asunción de culpa opera como intento de reducir el conflicto interpersonal, controlar la respuesta del entorno y preservar los vínculos mediante la renuncia.

En este sentido, el patrón depresivo tiende a sostener una forma particular de seguridad psicológica: no tanto seguridad basada en control del mundo externo, sino seguridad basada en mantener una posición de baja demanda, baja visibilidad y bajo derecho a necesitar. A corto plazo puede estabilizar relaciones y evitar confrontaciones; a medio plazo limita la vida, reduce la gratificación y refuerza la convicción de que el bienestar es inestable o inaccesible.

En la tradición de Millon, los **prototipos** se describen a través de **dominios** que permiten captar el funcionamiento psicológico de forma global, más allá de un listado de síntomas, y en el caso del patrón depresivo esta aproximación facilita identificar cómo se articulan de manera coherente el tono afectivo, la autoimagen, el estilo cognitivo y la relación con los demás:

1. **Estilo expresivo**: Predomina una expresividad sobria y contenida. La comunicación tiende a ser moderada, con menor energía, menor entusiasmo visible y un tono que puede oscilar entre lo serio, lo apagado y lo resignado. En algunos casos aparece una presentación correcta y cumplidora, que encubre agotamiento, tensión o tristeza silenciosa.

2. **Estilo interpersonal**: Suele observarse una disposición a la renuncia, la modestia y la autocontención de necesidades. Puede existir cuidado hacia los demás, pero con dificultad para pedir reciprocidad. El vínculo puede sostenerse mediante sacrificio, lealtad y disponibilidad, a veces con miedo a ser carga o a ser rechazado si se exige demasiado. En algunas presentaciones, la queja aparece como forma de contacto; en otras, el sufrimiento se vive de manera privada y se muestra poco, lo que aumenta el riesgo de invisibilidad relacional.

3. **Estilo cognitivo**: La interpretación tiende a centrarse en lo problemático: sesgo hacia la pérdida, atención selectiva a errores, anticipación de consecuencias negativas y tendencia a invalidar lo positivo. Los logros se consideran circunstanciales; los fallos, definitorios. Es frecuente la rumiación, en el sentido de repasar mentalmente lo que se hizo mal, lo que se debería haber hecho o lo que podría salir mal.

4. **Tono afectivo**: Predomina un clima de desánimo, culpa o tristeza de fondo, con posible irritabilidad silenciosa y sensibilidad a la frustración. La capacidad de placer suele estar reducida o se vive con ambivalencia, porque el disfrute puede activar culpa o sensación de no merecer. La ansiedad puede coexistir, especialmente cuando el patrón se acompaña de hiperresponsabilidad y anticipación de riesgo.

5. **Autoimagen**: La autoimagen típica se organiza alrededor de insuficiencia, defectuosidad o falta de valor. La identidad puede sostenerse en roles de resistencia, sacrificio o "ser el responsable", con dificultad para integrar deseo, ambición o necesidades legítimas. Cuando el self se define por aguantar, la mejoría puede vivirse de manera paradójica como pérdida de identidad: si no hay sufrimiento, quién se es.

6. **Afrontamiento y mecanismos de protección**: En lugar de descargar hacia fuera, el patrón tiende a dirigir la tensión hacia dentro: autoculpa, autocorrección, resignación y evitación de conflicto abierto. La renuncia puede actuar como defensa: si no se espera, no se pierde; si no se pide, no se rechaza. Esto reduce fricción, pero también impide aprendizaje de límites, negociación y recepción de apoyo.

7. **Representación del otro y del vínculo**: Los demás pueden ser percibidos como críticos, exigentes, poco disponibles o propensos a generar decepción, y a veces el patrón se vincula con una expectativa estable de que, tarde o temprano, la relación fallará o se perderá, por lo que la persona puede invertir en el vínculo desde la cautela y la autoexigencia más que desde la confianza.

El patrón depresivo tiende a mantenerse mediante **ciclos** que se refuerzan por su efecto inmediato, de modo que la anticipación de fracaso o pérdida conduce a una reducción de la iniciativa y de la exposición a experiencias gratificantes, lo que confirma la idea de que nada mejora, incrementa la autocrítica y reactiva nuevos ciclos de reducción de la iniciativa, mientras que en el plano interpersonal la autoimagen devaluada favorece conductas de renuncia o de silenciamiento de necesidades a las que el entorno puede responder con sobrecuidado, reforzando la percepción de incapacidad, o con distancia por fatiga, confirmando la expectativa de pérdida y consolidando el patrón.

La **diferenciación clínica básica** del patrón depresivo descrito por Millon reside en que, a diferencia de los trastornos del estado de ánimo, en los que los episodios depresivos mayores muestran un curso más episódico con cambios identificables respecto al funcionamiento previo y el trastorno depresivo persistente se define por un ánimo crónicamente bajo como condición clínica, el patrón depresivo de personalidad se centra en una organización estable de autocrítica, culpa, pesimismo y renuncia como estilo de funcionamiento psicológico que se mantiene con continuidad a lo largo del tiempo.

También conviene diferenciarlo de patrones del clúster C. El evitativo se centra más en vergüenza social y miedo a crítica; el dependiente, en temor al desamparo; el obsesivo-compulsivo de la personalidad, en sobrecontrol y perfeccionismo. El patrón depresivo puede solaparse con cualquiera de ellos, pero se caracteriza por el predominio de autodevaluación y resignación como marco interpretativo global.

En la **práctica clínica**, este patrón suele asociarse a vulnerabilidad a episodios depresivos, a agotamiento por autoexigencia y a dificultades relacionales vinculadas a la renuncia de necesidades. Las intervenciones suelen orientarse a disminuir castigo interno, flexibilizar el sesgo negativo, fortalecer autoeficacia y construir una identidad menos dependiente del sacrificio como fuente de valor.

En síntesis, el patrón depresivo descrito por Millon constituye un prototipo de personalidad donde el desánimo crónico, la autocrítica, la culpa y el pesimismo organizan la experiencia de manera estable. Su valor reside en proporcionar una formulación funcional: el sufrimiento y la renuncia actúan como estrategias de seguridad psicológica que reducen conflicto y decepción a corto plazo, pero generan costes acumulativos en bienestar, iniciativa y reciprocidad relacional.

Capítulo 28

Patrón Negativista descrito por Millon

En el modelo de Theodore Millon, el **patrón negativista** se describe como una configuración de personalidad marcada por una ambivalencia persistente frente a las demandas, la autoridad y la dependencia interpersonal, donde coexisten necesidad de apoyo y resentimiento hacia aquello mismo que se necesita. No se trata simplemente de mostrar insatisfacción constante o de tener un temperamento difícil, sino de un modo relativamente estable de regular la autonomía y la autoestima mediante oposición indirecta, resistencia pasiva y un estilo relacional que oscila entre la cooperación aparente y la obstaculización. En este prototipo, la negatividad suele funcionar como postura defensiva y como lenguaje, ya que expresa protesta sin exponerse a un conflicto frontal que se vive como peligroso.

La categoría "negativista" (históricamente emparentada con lo que durante años se llamó pasivo-agresivo) no forma parte de los diez trastornos de personalidad del DSM-5 como diagnóstico formal, pero su descripción sigue apareciendo en la clínica cotidiana como estilo relacional reconocible, especialmente en contextos laborales, familiares y de pareja. Su utilidad principal está en captar una lógica funcional: cómo una persona puede mantener simultáneamente el vínculo y la resistencia, pedir sin pedir, aceptar sin aceptar, y defender su espacio sin asumir explícitamente la confrontación.

El **núcleo** psicológico del patrón suele organizarse alrededor de un conflicto interno crónico entre dos necesidades: por un lado, conservar cuidado, pertenencia o apoyo; por otro, evitar sentirse controlado, devaluado o absorbido. La persona puede experimentar las demandas externas como intrusivas o injustas, pero también teme perder la relación o el amparo si se niega de forma directa. En ese punto aparece la solución típica: la **oposición encubierta**. Se cede en la forma, pero se resiste en la ejecución, se responde afirmativamente, pero se retrasa la acción, se promete cumplir, pero el compromiso no se materializa, y se aceptan los acuerdos sin llevarlos a cabo de manera efectiva, de modo que el resultado no es un acto aislado de rebeldía, sino un estilo de afrontamiento relativamente consistente.

En la **conducta** cotidiana, el patrón negativista suele expresarse mediante un conjunto de respuestas que, consideradas en conjunto, conforman un modo estable de **protesta indirecta**. Es habitual la procrastinación repetida de tareas asociadas a autoridad o evaluación, el cumplimiento mínimo sin iniciativa propia, el uso de la lentitud para controlar el ritmo de las demandas, los olvidos selectivos y la resistencia a las instrucciones a través de discusiones de detalle u objeciones prolongadas. También aparece con frecuencia una oscilación característica, de modo que en algunos momentos hay colaboración y disponibilidad aparente y en otros surge una oposición más marcada, sobre todo cuando la persona percibe imposición, crítica o falta de reconocimiento, siendo esta ambivalencia sostenida el rasgo central del patrón más que una simple conducta de desobediencia.

En el **plano emocional**, suele predominar una mezcla de irritabilidad, resentimiento y desaliento, con una sensibilidad alta a sentirse presionado o subestimado. La hostilidad rara vez se expresa de manera directa y estable; se filtra por canales laterales. Esta forma de hostilidad encubierta puede coexistir con culpa y con miedo a la pérdida del vínculo, de modo que el afecto queda atrapado en un vaivén: se desea cercanía, pero se vive como amenaza; se desea ayuda, pero se siente humillante; se desea reconocimiento, pero se anticipa decepción. Por eso, en muchas presentaciones la negatividad no es solo actitud, sino un modo de regular vergüenza y de proteger la autoestima: si todo está mal o es injusto, el fracaso propio duele menos y la dependencia se vuelve más tolerable porque se presenta como "obligada" por el entorno.

En el **plano cognitivo**, es común un estilo interpretativo centrado en sospecha de intenciones, lectura de imposición y anticipación de desilusión. La persona puede atribuir a los demás expectativas excesivas, control, falta de respeto o manipulación, y al mismo tiempo sentirse moralmente en posición de desventaja: "me exigen más de lo que dan", "nunca es suficiente", "todo es para beneficiar a otros". Este encuadre facilita la resistencia, pero también incrementa la sensación de agravio crónico. Además, la ambivalencia puede expresarse como pensamiento "sí, pero": se reconocen razones para colaborar, pero inmediatamente se produce una objeción que anula el movimiento; se acepta una propuesta, pero se enfatiza por qué no funcionará; se pide algo, pero se rechaza la solución. En términos funcionales, esto mantiene el control sin asumir la responsabilidad explícita de decir no.

En el **plano interpersonal**, el patrón negativista tiende a generar ciclos repetitivos y agotadores. Un ciclo típico comienza cuando el entorno plantea una demanda o un límite; la persona responde con asentimiento parcial o con cooperación ambigua; el resultado es incompleto, tardío o frustrante; el entorno incrementa presión, supervisión o crítica; la persona se siente controlada y aumenta resistencia; el conflicto se cronifica y se degrada la confianza. De manera paradójica, ese ciclo confirma las creencias centrales de ambos lados: el entorno concluye que la persona es poco fiable, y la persona concluye que el entorno es injusto y controlador. En pareja o familia, este ciclo suele ir acompañado de un reparto rígido de roles: uno exige y persigue, el otro resiste y se queja; cuanto más se exige, más se resiste; cuanto más se resiste, más se exige.

La **autoimagen** asociada suele combinar dos elementos que se sostienen en tensión: sentirse injustamente tratado o incomprendido, y sentirse obligado a soportar demandas externas para no perder vínculo, estatus o seguridad. Puede aparecer una identidad basada en "aguantar" y "no dejarse", pero sin la afirmación clara de necesidades y límites. Esto ayuda a entender por qué, en algunas presentaciones, el patrón negativista convive con dependencia: la persona necesita apoyo, pero necesita también preservar una sensación de autonomía que, al no poder expresarse de forma directa, se expresa como resistencia.

Desde una perspectiva de **diferenciación clínica**, este patrón puede confundirse con varias configuraciones, por lo que resulta útil precisar la lógica motivacional. Puede parecer obsesivo-compulsivo de la personalidad cuando la persona discute detalles y se vuelve rígida, pero en el patrón negativista la discusión suele servir a la resistencia y al control del vínculo, no tanto a la corrección o perfección como valor central. Puede parecer evitativo cuando la persona se inhibe o pospone, pero en evitación predomina la vergüenza y el miedo a la crítica; en negativismo predomina la protesta ambivalente ante demandas vividas como intrusivas. Puede parecer depresivo cuando hay pesimismo y queja, pero en el patrón negativista la queja suele tener función interpersonal y de poder relativo, más que ser únicamente un clima interno de autodevaluación. También puede confundirse con rasgos límite cuando hay reactividad en relaciones, aunque en el negativista la expresión típica no es la crisis abierta sino la resistencia prolongada y la oposición indirecta.

En términos de **desarrollo**, Millon suele entender este patrón como una estrategia que se consolida cuando la expresión directa de necesidades, desacuerdos o rabia resultó insegura o ineficaz, y cuando la dependencia se vivió como inevitable pero humillante. En ciertos entornos, decir no podía traer castigo, rechazo o pérdida; decir sí podía implicar sometimiento. La salida fue el intermedio: conservar el vínculo formal y preservar autonomía mediante el sabotaje sutil, la demora o la ambigüedad. Con el tiempo, lo que pudo ser una adaptación a un contexto se convierte en estilo generalizado, con costos crecientes en confianza, estabilidad y cooperación.

En **intervención** y formulación clínica, el uso más seguro del concepto consiste en describir funciones y ciclos, no en moralizar ni en fijar etiquetas estigmatizantes. Cuando este patrón aparece en un encuadre terapéutico o institucional, suele ser relevante observar cómo se expresa la ambivalencia (acuerdo verbal con resistencia práctica), qué activadores la intensifican (control, crítica, supervisión, exigencias poco negociadas) y qué necesidades subyacentes quedan sin expresión directa (autonomía, reconocimiento, justicia, seguridad). El objetivo general, formulado de manera no prescriptiva, suele ser transformar la oposición indirecta en comunicación más explícita y negociable, aumentando la capacidad de sostener desacuerdo sin vivirlo como amenaza de pérdida total del vínculo y reduciendo los ciclos de presión-resistencia que mantienen el problema.

En síntesis, el patrón negativista descrito por Millon retrata una organización donde la dependencia y la protesta coexisten, y donde la resistencia pasiva funciona como solución estable a un conflicto interno entre necesidad de apoyo y temor a ser controlado, dando lugar a un estilo relacional en el que se rechaza sin confrontar abiertamente, se mantiene el vínculo sin ceder por completo y se regulan la autoestima y la autonomía mediante oposición indirecta, con el coste progresivo de cronificar el conflicto y erosionar la confianza.

Capítulo 29

Patrón Autoderrotista en el Modelo de Millon

En la formulación de Theodore Millon, el **patrón autoderrotista** se describe como una configuración de personalidad en la que la regulación del vínculo, la autoestima y la seguridad interna tienden a organizarse alrededor del sacrificio, la renuncia y la autodevaluación, con una inclinación persistente a colocarse en posiciones que implican pérdida, postergación o relación desigual. La característica central no es la generosidad ni el compromiso moral con los demás, sino la rigidez de una lógica interna que hace que el bienestar propio resulte difícil de sostener sin culpa, que el cuidado recibido se viva como deuda o amenaza, y que la autoafirmación se experimente como riesgo de rechazo o de castigo. En este patrón, lo autoderrotista no implica necesariamente una intención consciente de sufrir; suele implicar que, por vías repetidas y a veces sutiles, el sistema psicológico elige lo que confirma una autoimagen de menor valor o lo que preserva el vínculo mediante la renuncia.

Este patrón, denominado originalmente por Millon como personalidad masoquista y reformulado posteriormente como personalidad autoderrotista, fue objeto de discusión en la historia de las clasificaciones psiquiátricas desde finales del siglo XX, especialmente a partir de los desarrollos teóricos de Millon en las décadas de 1970 y 1980, sin llegar a consolidarse como una de las categorías formales incluidas entre los diez trastornos de la personalidad del DSM-5, manteniendo en la tradición milloniana un valor fundamentalmente descriptivo y funcional, ya que permite comprender por qué algunas personas sostienen de manera estable conductas de autosacrificio o elecciones que las perjudican incluso cuando disponen de recursos objetivos para alternativas más favorables.

El **núcleo** del patrón suele expresarse en una combinación coherente de tres elementos: una autoimagen que tiende a la insuficiencia o a la falta de merecimiento, un estilo emocional dominado por culpa y vergüenza cuando aparece la posibilidad de priorizarse, y un estilo interpersonal orientado a asegurar vínculo a través de la entrega. La persona puede sentirse "correcta" o "en paz" cuando se sacrifica y se vuelve disponible, pero experimentar incomodidad, tensión o culpa cuando recibe, pone límites o se beneficia. Esta inversión de los signos es clave: lo que para otros es reparación y autocuidado, aquí puede vivirse como amenaza a la pertenencia o como falta moral.

En la **vida cotidiana**, el patrón puede manifestarse como tendencia a elegir tareas ingratas, sostener roles de cuidador sin reciprocidad, minimizar necesidades propias, tolerar relaciones asimétricas, aceptar condiciones laborales injustas o permanecer en dinámicas donde la persona queda en segundo plano. En algunos casos también aparece una resistencia a oportunidades de bienestar que no es explícita, sino indirecta: demoras, indecisión, renuncia de última hora, racionalizaciones sobre por qué "no conviene" o por qué "otros lo merecen más". No es imprescindible que existan grandes decisiones dramáticas; a menudo el patrón se construye por acumulación de micro-renuncias sostenidas que, con el tiempo, configuran una trayectoria vital estrecha.

En el **plano cognitivo**, suele observarse una lógica de merecimiento disminuido y una atribución sesgada de responsabilidad. Los logros se minimizan, los límites propios se interpretan como egoísmo, y el cuidado recibido se vive como deuda. Puede haber creencias implícitas del tipo: si pido, molesto; si me pongo primero, abandono; si descanso, fallo; si el otro se incomoda, es culpa mía. Estas creencias no siempre son conscientes, pero guían decisiones y alimentan una vigilancia moral interna. A la vez, pueden coexistir expectativas pesimistas respecto a la reciprocidad: se anticipa que, si se reclama o se exige, el vínculo se rompe. Esto hace que la renuncia parezca la opción más "segura".

En el **plano emocional**, la culpa funciona como regulador central. El malestar no aparece solo por eventos externos, sino por el simple hecho de priorizarse. La vergüenza también puede estar presente, especialmente cuando se considera que desear o necesitar es signo de debilidad. La rabia suele existir, pero frecuentemente se inhibe o se desplaza: puede aparecer como cansancio, irritabilidad silenciosa, somatización o resentimiento encubierto. Esta inhibición tiene función protectora: expresar protesta podría poner en riesgo el vínculo o la imagen de "persona buena" que sostiene identidad y pertenencia.

En el **plano interpersonal**, el patrón autoderrotista tiende a consolidar relaciones donde la persona ocupa un lugar de sostén, contención o servicio, con dificultad para negociar reciprocidad. Se da mucho y se pide poco; cuando se pide, se pide con culpa; cuando se recibe, se recibe con incomodidad. Esta dinámica puede atraer dos tipos de respuesta del entorno: personas que se apoyan excesivamente y refuerzan la asimetría, o personas que inicialmente valoran la entrega, pero con el tiempo la dan por sentada. En ambos casos, la persona confirma una expectativa: la cercanía se obtiene a través de sacrificio. Si aparece un intento de reequilibrar, el sistema se activa con miedo, culpa o sensación de riesgo, lo que favorece el retorno a la renuncia como forma de estabilizar.

Un **ciclo** de mantenimiento frecuente puede describirse así: aparece una necesidad propia o una oportunidad de bienestar; se activa culpa o temor a desagradar; se elige ceder o postergarse; el conflicto interpersonal se evita y se obtiene alivio inmediato; a medio plazo aumenta el agotamiento y se refuerza la idea de que el bienestar propio no es sostenible; la autoestima se mantiene mediante el rol de sacrificio y la identidad se estrecha alrededor de aguantar y sostener. Este circuito es potente porque el alivio es rápido y socialmente premiado en muchos contextos: la entrega suele recibir reconocimiento, al menos inicialmente, lo que refuerza el patrón incluso cuando el costo interno crece.

Una característica clínica relevante es diferenciar este patrón de la generosidad saludable. El altruismo adaptativo incluye libertad de elección, reciprocidad posible, capacidad de poner límites y ausencia de culpa crónica por cuidarse. En el patrón autoderrotista, el sacrificio suele ser rígido, repetitivo y desproporcionado; la persona se siente menos capaz de elegir y más obligada a renunciar, y el autocuidado se acompaña de malestar moral. También conviene diferenciarlo de un estado depresivo: en depresión puede haber desánimo y retirada, pero aquí el sello está en la estructura relacional y moral del sacrificio, que puede mantenerse incluso con alto funcionamiento externo. Asimismo, puede confundirse con dependencia, dado que en ambos casos hay miedo a la pérdida, pero en dependencia predomina la búsqueda de cuidado y guía; en el autoderrotista predomina conservar vínculo a través de dar y ceder, a veces con dificultad para recibir. Puede solaparse con patrones evitativos u obsesivo-compulsivos cuando la culpa, la autocrítica y la necesidad de "hacer lo correcto" alimentan la renuncia, pero la orientación central sigue siendo el sacrificio como vía de pertenencia y seguridad.

En términos de **desarrollo**, la formulación milloniana suele entender este patrón como una adaptación aprendida cuando el cuidado fue condicional o cuando la cercanía se obtenía mediante complacencia, utilidad o rol de sostén. En algunos trayectos vitales, priorizarse pudo asociarse a crítica, rechazo o pérdida, y el niño o adolescente aprendió que la forma segura de mantener vínculo era ceder, hacerse cargo o no necesitar. En otros trayectos, el entorno premió de manera consistente el sacrificio y castigó la afirmación, consolidando una identidad donde valer equivale a sostener a otros. Estas hipótesis no deben plantearse como causa única, sino como vías plausibles de consolidación: lo importante clínicamente es reconocer qué función cumple el sacrificio en la regulación del miedo, la culpa y la pertenencia.

En un **encuadre clínico** general, el abordaje más responsable suele centrarse en transformar la renuncia automática en elección, y en separar cuidado del otro de abandono del self. Esto implica trabajar la culpa aprendida, ampliar tolerancia a recibir, desarrollar límites sin vivencia de catástrofe relacional y construir una autoimagen donde el valor no dependa de sufrir o ceder. También resulta central identificar las señales tempranas del circuito autoderrotista, porque el patrón suele operar en decisiones pequeñas y repetidas, y no solo en grandes crisis. La meta no es eliminar la capacidad de entrega, sino devolverle flexibilidad: que el cuidado sea una expresión de libertad y reciprocidad, y no el precio necesario para existir con seguridad.

En síntesis, el patrón autoderrotista en Millon describe una organización donde la seguridad y el vínculo se sostienen a través de sacrificio y autodevaluación, con culpa y vergüenza asociadas al autocuidado y con tendencia a relaciones asimétricas o elecciones que confirman menor merecimiento. Su valor reside en ofrecer una formulación funcional que permite comprender el ciclo de mantenimiento y diferenciarlo de altruismo sano, depresión episódica o dependencia clásica, presentándolo como un prototipo descriptivo útil y seguro, más que como una etiqueta diagnóstica cerrada.

Capítulo 30

Patrones centrados en Intimidación y Control descritos por Millon

En la formulación de Theodore Millon, existen configuraciones de personalidad en las que la seguridad psicológica y la estabilidad del self se buscan de manera preferente a través de la dominancia, la intimidación y el control interpersonal. Estas configuraciones se entienden como prototipos de adaptación, es decir, como estilos relativamente estables que, en determinados contextos y trayectorias vitales, pudieron resultar eficaces para reducir vulnerabilidad, evitar humillación o asegurar recursos, pero que al rigidizarse generan costes elevados en reciprocidad, empatía, convivencia y riesgo de daño.

La **lógica común** de estos patrones suele apoyarse en una combinación de tres elementos. En primer lugar, una lectura del mundo interpersonal como un espacio organizado por jerarquías, donde la vulnerabilidad se experimenta como peligro y la sumisión del otro como garantía de seguridad. En segundo lugar, un estilo activo de afrontamiento orientado a intervenir sobre el entorno en lugar de tolerar la incertidumbre, de modo que se controla para no depender, se intimida para no ser intimidado y se domina para no ser dominado. En tercer lugar, una regulación afectiva que transforma estados internos difíciles como la vergüenza, el miedo, la sensación de insignificancia o la impotencia en afectos más duros que permiten acción inmediata, como la ira, el desprecio o la frialdad instrumental. En este marco, el control no aparece como un rasgo aislado, sino como un organizador del funcionamiento que articula motivación, cognición, afecto y conducta.

Dentro de la tradición milloniana, el **prototipo** más explícitamente centrado en la intimidación es el patrón **agresivo**, históricamente denominado sádico, incluido por Millon como descripción prototípica. Su núcleo no es únicamente la agresión como descarga, sino la agresión como estrategia de vínculo y de autoafirmación, en la que el otro se convierte en objeto a someter, corregir o humillar para establecer superioridad y reducir amenaza. Este patrón suele reconocerse por una combinación de dureza en el trato, tendencia a imponer, sensibilidad intensa a la desobediencia y uso del miedo como regulador del comportamiento ajeno. La intimidación puede adoptar formas abiertas, como amenazas, castigos o coerción directa, o formas más sociales y simbólicas, como ridiculización, humillación pública o desprecio sistemático, cumpliendo en ambos casos la función de fijar jerarquía y obtener obediencia. En el plano cognitivo suele observarse un estilo interpretativo centrado en el desprecio por la debilidad y la legitimación del dominio, en el plano afectivo una mezcla de irritabilidad y sensación de potencia asociada al control, y en el plano interpersonal relaciones marcadas por asimetría, baja tolerancia a límites y tendencia a convertir el desacuerdo en desafío.

Cercano a este núcleo coercitivo, aunque con una lógica distinta, aparece el patrón **antisocial**, que en el modelo de Millon se conceptualiza prototípicamente en términos de estrategias adaptativas. En este patrón la intimidación puede estar presente, pero suele integrarse con engaño, instrumentalidad y búsqueda de beneficio inmediato. El control se ejerce para obtener recursos, evitar consecuencias o imponerse en una negociación, más que por la humillación como fin en sí mismo. El vínculo tiende a organizarse por utilidad, oportunidad y dominio, la responsabilidad se vive como una carga externa y la norma como un obstáculo negociable. Dentro de este prototipo pueden distinguirse perfiles más impulsivos, con agresión reactiva y baja planificación, y perfiles más fríos, con agresión instrumental y cálculo, ambos capaces de ejercer control por coerción o manipulación. La obtención de ventajas a corto plazo refuerza el método y debilita frenos internos, especialmente cuando el entorno ha cedido ante presión, evitado sanciones consistentes o normalizado la transgresión.

Otro prototipo relevante es el **narcisista** en su variante dominante. En la lectura milloniana, esta dominancia se entiende menos como simple vanidad y más como un sistema de regulación de la autoestima, en el que la superioridad, el estatus y la admiración sostienen la cohesión del self y protegen frente a la vergüenza, la insignificancia o el sentimiento de inferioridad. El control aparece como defensa ante la desconfirmación. Cuando el entorno valida la autoimagen pueden aparecer encanto, liderazgo o exhibición, mientras que la crítica, el límite o la indiferencia pueden activar respuestas destinadas a restablecer jerarquía mediante devaluación, intimidación emocional, castigos relacionales o ira. La intimidación no requiere necesariamente violencia física, ya que puede expresarse de forma simbólica y relacional a través de humillación, desprecio, amenaza de abandono, silencios punitivos o campañas de deslegitimación. En este patrón suelen observarse una sensibilidad extrema a la comparación y al estatus, una oscilación afectiva entre grandiosidad y herida, y relaciones organizadas alrededor de admiración, control y protección de la imagen, con incremento de la coerción cuando se percibe pérdida de posición o autonomía del otro.

En el nivel de mayor severidad que Millon distingue, puede describirse un patrón **paranoide** en el que el control se organiza como prevención de daño anticipado. La intimidación adopta aquí la forma de control vigilante, con interrogación, acusación, celos, revisión constante, sospecha persistente, exigencia de lealtad y necesidad reiterada de pruebas, acompañadas en algunos casos de respuestas agresivas destinadas a no quedar expuesto. La función principal no es el disfrute del dominio, sino la reducción de amenaza, de modo que controlar al otro se experimenta como la única vía de seguridad en un mundo vivido como hostil. El coste es la erosión progresiva de la intimidad y la confianza, con activación de ciclos de escalada en los que el aumento del control deteriora el vínculo y ese deterioro se vive como confirmación subjetiva de traición.

Aunque menos centrado en la intimidación directa, el **patrón compulsivo** u **obsesivo-compulsivo** de personalidad puede expresar una modalidad de control interpersonal basada en reglas, perfeccionismo y corrección que, en determinadas condiciones, adquiere un carácter coercitivo. En estos casos el control se ejerce mediante normatividad rígida y crítica constante más que por amenaza explícita, imponiendo estándares inalcanzables, limitando la autonomía ajena y reinterpretando el desacuerdo como irresponsabilidad o incompetencia. Esta forma de control puede resultar intimidante por desgaste y descalificación sostenida, aunque su motor principal sea la ansiedad y la necesidad de certeza más que la dominancia agresiva.

Más allá de las diferencias entre **prototipos**, suelen observarse mecanismos de mantenimiento compartidos. Uno de ellos es el **refuerzo por alivio inmediato**, ya que intimidar o controlar reduce incertidumbre, neutraliza vergüenza, evita sentirse débil o resuelve conflictos a corto plazo. Otro es el **refuerzo interpersonal**, que se produce cuando el entorno cede ante la presión o evita el conflicto por miedo, consolidando la conducta coercitiva como herramienta eficaz. Un tercer mecanismo es el **estrechamiento cognitivo bajo activación**, por el cual la amenaza al estatus o al control reduce la capacidad de mentalizar y favorece un razonamiento dicotómico de poder, lo que incrementa el riesgo de escaladas. De forma paralela, la pérdida de vínculos sanos y la acumulación de conflictos pueden reforzar una visión cínica del mundo en la que la fuerza se percibe como único recurso viable.

La diferenciación con **fenómenos no patológicos** resulta relevante para la comprensión clínica. Liderazgo, firmeza, capacidad de poner límites o búsqueda de excelencia no equivalen a intimidación. La diferencia se sitúa en el uso del miedo y la deshumanización como reguladores del vínculo, en la rigidez del patrón, en su repetición a través de contextos y en el deterioro y daño que produce. El criterio central no es la intensidad del carácter, sino la estrategia predominante: cuando el objetivo recurrente es **subordinar** al otro y el método habitual es la **coerción**, el patrón adquiere **relevancia clínica** y social.

Desde una perspectiva de **desarrollo**, el marco milloniano entiende estos patrones como resultado de la convergencia entre vulnerabilidades temperamentales y aprendizajes relacionales. Pueden influir entornos tempranos donde la fuerza fue premiada y la vulnerabilidad castigada, modelos relacionales basados en dominancia, experiencias de violencia, humillación o inseguridad que hacen del control una necesidad percibida, así como estilos de apego en los que la confianza no llegó a consolidarse. En algunos casos la intimidación emerge como defensa secundaria frente a vergüenza y miedo, y en otros como estrategia instrumental aprendida por refuerzo consistente. Esta lectura permite comprender por qué el control puede sentirse internamente imprescindible y por qué el cambio suele requerir algo más que comprensión intelectual.

En términos de implicaciones **clínicas** generales, estos patrones suelen asociarse a baja motivación para el cambio cuando el control ha resultado eficaz, tendencia a externalizar responsabilidad, conflictos persistentes con límites y riesgos añadidos como violencia, problemas legales, consumo de sustancias o daño relacional. El abordaje de estas configuraciones suele requerir encuadres consistentes, límites claros, atención a la responsabilidad conductual y trabajo con comorbilidades que amplifican impulsividad y agresión, poniendo el acento en la reducción del daño, la seguridad y la transformación de las dinámicas de control que sostienen el patrón.

Capítulo 31

Diagnóstico Diferencial y Comorbilidad

El diagnóstico diferencial en los trastornos de la personalidad es especialmente complejo porque la "materia prima" clínica (ansiedad, irritabilidad, retraimiento, impulsividad, desconfianza, rigidez, necesidad de aprobación) no pertenece en exclusiva a una sola categoría. Muchos **rasgos** son **transdiagnósticos**, aparecen también en trastornos del estado de ánimo, ansiedad, trauma, consumo de sustancias y condiciones del neurodesarrollo, y además cambian de intensidad según el contexto. Por ello, el desafío no es solo decidir "qué etiqueta corresponde", sino determinar si existe un patrón de rasgos estable (rasgo), si lo que se observa es un estado clínico episódico (estado), y cómo se articulan ambos cuando coexisten.

Una primera fuente de dificultad es la **comorbilidad** elevada. Es frecuente encontrar, junto a un patrón de personalidad, trastornos depresivos y de ansiedad, consumo problemático de sustancias, trastornos de la conducta alimentaria, síntomas somáticos, alteraciones del sueño, trastornos por trauma y, en algunos casos, síntomas disociativos o de tipo psicótico. Además, es común el solapamiento entre distintos trastornos de personalidad (por ejemplo, rasgos límite con evitativos, narcisistas con antisociales, obsesivo-compulsivos con evitativos). Esta comorbilidad no siempre indica "muchas enfermedades distintas"; a menudo refleja que el sistema categorial separa en diagnósticos lo que, a nivel funcional, son combinaciones de rasgos y estrategias de regulación que se superponen.

Otra fuente de complejidad es el efecto de los **estados clínicos** sobre la personalidad observable. Un episodio depresivo puede simular retraimiento esquizoide o evitativo; una fase maníaca o hipomaníaca puede simular grandiosidad y desinhibición propias de un estilo narcisista o antisocial; un trastorno por ansiedad social puede parecer evitativo; el trauma puede producir hipervigilancia y desconfianza que recuerdan a lo paranoide; el consumo de sustancias puede intensificar impulsividad, agresividad y conducta antisocial. En estas situaciones, diagnosticar personalidad "en el pico" aumenta el riesgo de error, porque el estado altera temporalmente la conducta, la cognición y la afectividad.

La base clínica más sólida para el **diagnóstico diferencial** se apoya en varios principios que conviene sostener de manera sistemática:

1. **Diferenciar rasgo de estado mediante historia longitudinal**: La pregunta clínica clave no es solo qué ocurre ahora, sino desde cuándo ocurre, en qué contextos se repite y con qué grado de estabilidad. Un trastorno de personalidad requiere continuidad del patrón desde etapas tempranas (al menos adolescencia tardía o adultez temprana), generalización a distintos ámbitos y cierta rigidez. Si el patrón aparece tras un evento o cambia drásticamente con el tiempo, aumenta la probabilidad de que sea estado (depresión, duelo complicado, trastorno por estrés postraumático, intoxicación/abstinencia, etc.) o una reacción adaptativa intensa, más que un estilo estructural.

2. **Valorar pervasividad e inflexibilidad**: Hay personas que funcionan de un modo en lo laboral y de otro en lo íntimo; otras cambian notablemente según con quién estén. La personalidad patológica se caracteriza por un repertorio estrecho y repetitivo, con baja capacidad de ajuste. La presencia de flexibilidad contextual y capacidad de aprendizaje sostenido suele apuntar a un problema menos estructural o a rasgos no patológicos.

3. **Determinar deterioro funcional y coste relacional acumulado**: La intensidad del rasgo no basta; importa el impacto. A veces el malestar

subjetivo es bajo y el coste lo paga el entorno; otras veces el daño es interno (vergüenza, vacío, culpa, tensión crónica). Sin deterioro o malestar clínicamente significativo, el riesgo de patologizar estilos de personalidad aumenta.

4. **Considerar cultura, género, contexto y etapa vital**: Ciertas conductas o creencias pueden ser normativas según el entorno cultural y no constituyen psicopatología. Del mismo modo, algunas expresiones emocionales son más aceptadas o castigadas según género y contexto social, lo que puede sesgar el juicio clínico (por ejemplo, etiquetar como "histriónico" lo que es un estilo expresivo culturalmente congruente, o como "antisocial" lo que es conducta adaptativa en entornos altamente violentos sin que exista un patrón estable de explotación y daño).

5. **Integrar información colateral cuando sea posible**: La evaluación de personalidad se beneficia de datos de historia, registros y observaciones de largo plazo, especialmente cuando hay discrepancias, sesgos de memoria, consumo o conflictos legales. El relato en la entrevista puede verse influido por vergüenza, idealización, devaluación o minimización del daño, así como por un estilo narrativo característico del patrón de personalidad, de modo que en la esquizotipia puede aparecer tangencialidad, entendida como una tendencia a desviarse del tema central sin responder de forma directa, en el histrionismo una dramatización del discurso con énfasis emocional y búsqueda de impacto, y en la antisocialidad una racionalización que justifica conductas problemáticas atribuyéndolas a factores externos o minimizando su responsabilidad.

A partir de estos principios, aparecen áreas clásicas de **diagnóstico diferencial** y de comorbilidad que generan dificultades clínicas recurrentes.

En el espectro del **clúster A**, la frontera con trastornos psicóticos y con condiciones del neurodesarrollo requiere especial cuidado. En lo **paranoide**, la suspicacia estable puede confundirse con delirios persecutorios (trastorno delirante o esquizofrenia) o con hipervigilancia por trauma. La diferencia suele residir en la cualidad de convicción y en el grado de pérdida de realidad compartida: en psicosis, las creencias tienden a ser más rígidas, estructuradas y resistentes a contraste, con impacto global mayor; en trauma, la desconfianza suele vincularse a disparadores y a un sistema de amenaza activado, con historia clara de eventos traumáticos. El consumo de estimulantes y otras sustancias también puede producir suspicacia y paranoia, por lo que la secuencia temporal (antes/después del consumo) es decisiva.

En lo **esquizoide**, la confusión más frecuente es con evitación, depresión y espectro autista. En evitación suele existir deseo de vínculo y miedo intenso a evaluación; en esquizoide predomina la baja motivación por intimidad y el desapego. En depresión, la retirada y la anhedonia suelen ser cambios respecto al funcionamiento previo; en esquizoide suele existir continuidad. En espectro autista hay alteraciones nucleares en reciprocidad y comunicación social desde etapas tempranas y patrones restrictivos o repetitivos; en esquizoide puede haber competencia social suficiente, pero baja motivación y preferencia estable por distancia.

En lo **esquizotípico**, el diagnóstico diferencial con esquizofrenia y otros trastornos psicóticos es crucial. La esquizotipia incluye distorsiones cognitivas/perceptivas y conducta excéntrica, pero suele conservar mayor oscilación y un contacto con realidad más preservado que en psicosis franca. En clínica, cuando aparecen alucinaciones claras y persistentes, delirios estructurados sostenidos o desorganización marcada, la hipótesis psicótica gana peso. También se confunde con TOC con pensamiento mágico, con disociación y con algunas presentaciones del espectro autista; la historia evolutiva, la cualidad de las experiencias perceptivas y el funcionamiento global orientan.

En el **clúster B**, la comorbilidad y la confusión con trastornos afectivos, trauma y neurodesarrollo son muy frecuentes. En el **patrón límite**, una dificultad clínica clásica es diferenciarlo del trastorno bipolar. En bipolaridad, los cambios se organizan en episodios con alteraciones de energía, sueño, activación psicomotora, velocidad del pensamiento y conducta, con cierta autonomía respecto al contexto interpersonal. En el límite, la oscilación afectiva suele ser más rápida y reactiva a señales relacionales (rechazo, abandono, invalidación), con historia de inestabilidad en identidad y relaciones. Puede existir comorbilidad; por eso la evaluación longitudinal de episodios, sueño y energía es esencial.

Otra frontera relevante del límite es con trauma complejo y trastorno por estrés postraumático. La disociación, hipervigilancia, irritabilidad, dificultades relacionales y autoimagen negativa pueden solaparse. En **trauma**, suelen destacar reexperimentación, evitación, amenaza persistente y disparadores traumáticos; en límite, suele destacar miedo al abandono, oscilación vincular, impulsividad y vacío, aunque ambas cosas pueden coexistir en múltiples casos reales. La dificultad clínica radica en no convertir el diagnóstico en una disputa de etiquetas, sino en identificar qué mecanismos dominan y qué dianas terapéuticas son prioritarias.

En el **antisocial**, el diferencial con consumo de sustancias y con episodios maníacos es particularmente importante. La intoxicación y abstinencia pueden generar agresividad, desinhibición y transgresión; la manía puede producir conducta de riesgo y desprecio por consecuencias. El patrón antisocial requiere continuidad, inicio temprano y un estilo persistente de vulneración de normas y derechos, no solo conductas problemáticas en un periodo. También existe confusión con **TDAH**, donde la impulsividad puede llevar a problemas legales o laborales, pero no implica necesariamente engaño instrumental, explotación y ausencia de remordimiento como núcleo.

En **narcisismo** e **histrionismo**, las confusiones con hipomanía/mania y con estilos culturales son frecuentes. La expansividad, sociabilidad y seducción de una fase hipomaníaca pueden parecer histriónicas; la grandiosidad maníaca puede parecer narcisista. La diferencia radica en que la manía se presenta como un episodio con cambios claros en el sueño, la energía y la activación corporal, mientras que el estilo de personalidad se mantiene estable en el tiempo sin esas alteraciones fisiológicas marcadas. También hay solapamiento entre narcisismo y antisocialidad (explotación, baja empatía funcional) y entre histrionismo y límite (intensidad relacional). En esos casos, la clave diferencial es la función dominante: regulación de autoestima por estatus y superioridad en narcisismo; búsqueda de atención y respuesta interpersonal en histrionismo; desregulación afectiva y miedo al abandono en límite; transgresión y ventaja instrumental en antisocialidad.

En el **clúster C**, el principal reto es distinguir personalidad ansiosa de trastornos de ansiedad y de estilos compensatorios. En **evitación**, la frontera con ansiedad social es estrecha: la ansiedad social puede ser situacional y responder mejor a la modificación del estado; la evitación como personalidad tiende a estar integrada en identidad (inadecuación crónica, vergüenza basal, restricción de proyectos). En **dependencia**, la distinción con ansiedad de separación, con estilos de apego ansioso y con límite (miedo a abandono) exige atender a la forma de respuesta: en dependencia predominan sumisión, búsqueda de guía y dificultad para decidir; en límite predominan reactividad intensa, oscilación relacional e impulsividad. En **obsesivo-compulsivo de personalidad**, la confusión con TOC es muy frecuente: en TOC predominan obsesiones intrusas y compulsiones egodistónicas; en personalidad predomina sobrecontrol, perfeccionismo y rigidez egosintónica[1]. También puede confundirse con espectro autista cuando hay rigidez y rutinas; la historia del desarrollo y la naturaleza de la rigidez (moralidad/estándares vs necesidad de invariancia y particularidades comunicativas) orientan.

La **comorbilidad** dentro de los propios trastornos de personalidad añade un nivel adicional de complejidad. Muchos pacientes cumplen criterios de más de un trastorno, o muestran rasgos subumbrales de varios. Esto genera dos problemas clínicos: inflar diagnósticos (poner múltiples etiquetas que no aportan claridad) o forzar una sola categoría cuando el caso es mixto. Una práctica más útil es identificar el patrón dominante (el que explica mejor el coste, el riesgo y el funcionamiento) y describir rasgos acompañantes con lenguaje dimensional. En los modelos dimensionales, esto equivale a describir severidad del deterioro del self y de lo interpersonal, y luego el perfil de rasgos predominantes

---

1. Un rasgo o síntoma es **egodistónico** cuando la persona lo experimenta como ajeno, molesto o incongruente con su forma habitual de ser, de modo que genera malestar y deseo de cambiarlo, mientras que es **egosintónico** cuando se vive como coherente con la propia identidad, valores y estilo personal, aunque resulte problemático para el entorno; por ejemplo, las obsesiones en el trastorno obsesivo-compulsivo suelen vivirse como egodistónicas porque la persona las percibe como intrusas y no deseadas, mientras que muchos rasgos de personalidad se viven como egosintónicos porque forman parte del modo habitual de pensar, sentir y actuar, aunque produzcan dificultades relacionales o funcionales.

(por ejemplo, desinhibición, antagonismo, afectividad negativa, desapego, rasgos psicoticistas). Esta aproximación reduce la confusión cuando la presentación real no es "pura".

En la **práctica clínica**, además, hay dificultades metodológicas que afectan la fiabilidad diagnóstica. La entrevista única en un momento de crisis capta mal la personalidad; la autoinformación puede estar sesgada por vergüenza, minimización o racionalización; la comorbilidad de consumo puede distorsionar juicio y memoria; el entorno puede estar tan cargado de conflicto que la información colateral también esté sesgada. A esto se suma el riesgo de sesgo del evaluador: el diagnóstico de personalidad puede contaminarse por contratransferencia, por estereotipos de género, por expectativas culturales o por la tendencia a atribuir a "carácter" lo que es sufrimiento por trauma o por condiciones sociales adversas.

También existen dificultades clínicas relacionadas con el **estigma** y con el uso del diagnóstico. Etiquetar un trastorno de personalidad puede tener efectos iatrogénicos, es decir, consecuencias negativas no intencionadas derivadas del propio uso del diagnóstico, cuando se emplea para invalidar la experiencia de la persona, negar acceso a tratamiento o reducir un caso clínico complejo a la idea simplificada de que se trata de alguien "difícil", lo que puede aumentar el malestar, reforzar el estigma y empobrecer la comprensión y el abordaje clínico. Por eso, en un enfoque responsable, la utilidad del diagnóstico depende de si orienta intervención y formulación. Si no aporta claridad terapéutica, puede ser más útil describir patrones funcionales: qué regula la conducta, qué disparadores la activan, qué estrategias de seguridad la mantienen, qué riesgos existen y qué habilidades faltan.

En términos operativos, un **enfoque clínico** prudente suele seguir una secuencia de evaluación que disminuye errores diferenciales:

1. Confirmar curso longitudinal y pervasividad (desde cuándo, en cuántos contextos, con qué estabilidad).

2. Valorar episodios afectivos y psicóticos (cambios episódicos, sueño/energía, síntomas de realidad alterada).

3. Explorar consumo de sustancias y su temporalidad respecto a la conducta.

4. Evaluar trauma y disociación, diferenciando reactividad a disparadores de estilo estructural.

5. Considerar neurodesarrollo (historia temprana de reciprocidad social, atención/impulsividad, rigidez, intereses restringidos).

6. Estimar severidad del deterioro del self y de lo interpersonal y describir rasgos dominantes en términos dimensionales.

7. Integrar comorbilidades como parte del plan clínico, no como apéndice.

En síntesis, el diagnóstico diferencial en trastornos de personalidad se complica por comorbilidad alta, solapamiento entre categorías y por la influencia de estados clínicos sobre la conducta. La clave clínica está en priorizar historia longitudinal, pervasividad, deterioro y función de la conducta, descartando explicaciones alternativas (episodios afectivos, psicosis, sustancias, trauma, neurodesarrollo y condiciones médicas) y utilizando una descripción dimensional de severidad y rasgos cuando la presentación es mixta. Esta forma de trabajo reduce errores, disminuye estigma y produce formulaciones más útiles para comprender el caso y orientar decisiones clínicas de manera responsable.

Capítulo 32

Evaluación Clínica de los Trastornos de la Personalidad

La **evaluación clínica** de los trastornos de la personalidad persigue un objetivo distinto al de una valoración sintomática puntual: no se trata solo de identificar qué le ocurre a una persona en un momento determinado, sino de comprender un patrón relativamente estable de funcionamiento, su inicio y su curso, su grado de rigidez, su impacto en la vida cotidiana y su relación con otros problemas clínicos. En la práctica, una evaluación bien hecha busca responder a cuatro preguntas centrales: si existe un patrón de rasgos persistente (y no un estado episódico), qué tan severamente altera el funcionamiento del self y de las relaciones, qué diagnósticos alternativos o comórbidos explican mejor parte de lo observado, y qué hipótesis funcionales orientan el plan clínico y la gestión de riesgos.

Un principio básico es que los trastornos de la personalidad se diagnostican de **manera longitudinal**. La fotografía de una crisis (una ruptura, un episodio depresivo, una intoxicación, un duelo agudo, una fase maníaca) puede imitar casi cualquier cuadro de personalidad, porque altera la regulación emocional, el juicio, el vínculo y la conducta. Por eso, la evaluación necesita reconstruir continuidad: cómo era el estilo interpersonal antes del evento, qué patrones se repiten en trabajos y relaciones distintas, qué conflictos aparecen una y otra vez, y cuáles son las estrategias típicas ante límites, frustración y pérdida. La consistencia transituacional y la persistencia temporal son más informativas que la intensidad momentánea.

Otro principio esencial es diferenciar **rasgo** y **estado**. Retraimiento, apatía, irritabilidad, desconfianza, impulsividad, rigidez o dramatización pueden ser rasgos estructurales, pero también pueden ser respuestas reactivas a ansiedad, depresión, trauma, privación de sueño, consumo de sustancias o condiciones médicas. En **evaluación**, la pregunta clínica no es si el rasgo existe, sino en qué condiciones aparece, cuánto dura, cuánta variación muestra y qué ocurre cuando el estado se estabiliza. A veces lo que parece "personalidad" se reduce de forma notable al tratar un trastorno afectivo, una adicción o un problema de sueño; otras veces, el patrón persiste y actúa como vulnerabilidad basal.

Un tercer principio es que la **evaluación** debe ser **multimétodo**. La entrevista clínica es el núcleo, pero por sí sola puede quedar sesgada por memoria, vergüenza, minimización, idealización o por el estilo narrativo propio del paciente. La integración de fuentes mejora la fiabilidad: observación directa, historia clínica previa, registros, y cuando es posible información colateral de personas significativas, siempre con criterios éticos y de confidencialidad. La información colateral es especialmente valiosa en perfiles con alta impulsividad, conflicto interpersonal crónico o conductas de riesgo, donde la discrepancia entre relato y hechos puede ser clínicamente relevante.

Un cuarto principio es evitar que la categoría diagnóstica sustituya la formulación. En trastornos de personalidad, la etiqueta describe, pero no explica. Una **evaluación sólida** incluye hipótesis sobre mecanismos: qué regula la conducta (evitar vergüenza, evitar abandono, sostener autoestima, reducir incertidumbre, obtener control), qué disparadores la activan, qué estrategias de seguridad la mantienen, qué costos produce a medio plazo y qué capacidades faltan (mentalización bajo estrés, tolerancia al malestar, autocontrol inhibitorio, asertividad, lectura social, flexibilidad cognitiva). Esta formulación es la base real para intervenir y para comunicar el caso con precisión.

Un quinto principio es incorporar el **contexto cultural**, evolutivo y situacional. Algunos estilos expresivos, normas de jerarquía, modos de relación familiar o creencias son culturalmente congruentes y no constituyen psicopatología. Del mismo modo, ciertas conductas son adaptativas en entornos de violencia, precariedad o marginación y pueden disminuir en contextos más seguros; diagnosticar personalidad sin considerar el ambiente aumenta el riesgo de patologizar estrategias de supervivencia. También importa la etapa vital: la adolescencia y la adultez temprana incluyen experimentación e inestabilidad; la evaluación exige prudencia y evidencia de rigidez y persistencia.

En la práctica, la **evaluación** suele organizarse en **fases**, aun cuando se realice de manera fluida. Una primera fase se centra en el motivo de consulta y en el problema actual, no para quedarse en los síntomas, sino para observar cómo se narra el malestar, cómo se atribuye responsabilidad, qué emociones predominan y qué se espera del vínculo clínico. En esta fase inicial ya aparecen datos observables: tolerancia a la frustración, estilo de demanda, necesidad de control, tendencia a agradar, rapidez de idealización o devaluación, o tendencia a suspicacia. También es un momento crítico para valorar riesgos: ideación suicida, autolesión, violencia, consumo, conducción temeraria, conductas sexuales de riesgo y exposición a victimización o maltrato. En trastornos de personalidad, la evaluación de riesgo no es accesorio: forma parte del diagnóstico diferencial y de la formulación, porque la impulsividad y la reactividad interpersonal pueden cambiar el nivel de peligro en horas o días.

Una segunda fase explora la historia longitudinal del funcionamiento, idealmente con una línea temporal. Resulta clínicamente útil recorrer hitos: infancia, adolescencia, inicio de la vida adulta, primeros trabajos, primeras relaciones significativas, rupturas, episodios de crisis, y periodos de estabilidad. Lo que interesa no es acumular anécdotas, sino identificar patrones repetidos: cómo se forman los vínculos, cómo se gestionan desacuerdos, qué ocurre ante límites, qué estilo de comunicación se repite, qué tipo de personas se eligen, y qué desenlaces aparecen con frecuencia. La repetición es el dato diagnóstico central.

Una tercera fase profundiza en los dominios del funcionamiento de personalidad. En el dominio del self, se exploran identidad (continuidad, coherencia, sentido de quién se es), autoestima (estabilidad, dependencia de validación, sensibilidad a crítica o humillación), metas (consistencia y realismo), y sentido de agencia (capacidad de decidir y sostener decisiones). En el dominio interpersonal, se exploran empatía (capacidad de considerar perspectivas ajenas), intimidad (tolerancia a cercanía y a separación), reciprocidad (dar y recibir), y estilos de apego o de vínculo (tendencia a retirada, a control, a dependencia o a conflicto). En regulación emocional e impulsos, interesa la velocidad de activación, la capacidad de recuperación, el uso de conductas para regular afecto, y la presencia de estrategias de seguridad como evitación, verificación, sumisión, ataque, manipulación o disociación.

Una cuarta fase se centra en diagnóstico diferencial y comorbilidad, con preguntas orientadas a descartar o confirmar explicaciones alternativas. En clínica es crucial explorar episodios afectivos (depresión, hipomanía/manía), síntomas psicóticos persistentes, trauma y disociación, consumo de sustancias con su temporalidad, y condiciones del neurodesarrollo como trastorno por déficit de atención e hiperactividad o trastornos del espectro autista. La temporalidad es clave: si la impulsividad aparece ligada a intoxicación, si la grandiosidad aparece en fases con disminución de sueño y aumento de energía, o si la desconfianza se dispara tras trauma o en estados de amenaza, el diagnóstico puede cambiar de manera importante.

La **entrevista clínica** en personalidad requiere un equilibrio particular entre estructura y relación. La estructura protege la evaluación: permite comparar información entre sesiones, reduce sesgos y facilita cubrir áreas que el paciente podría evitar. La relación protege la validez: si la persona se siente juzgada o invadida, puede aumentar defensividad, minimización o ruptura de la alianza, y la evaluación se vuelve menos fiable. Por ello, suele ser útil un estilo de entrevista que combine preguntas abiertas (para observar narrativa, afecto y atribuciones) con preguntas concretas y ejemplos conductuales (para anclar la información). En lugar de quedarse en descripciones globales ("siempre", "nunca"), es clínicamente más informativo pedir episodios específicos: una discusión reciente, una decisión difícil, un límite recibido, una situación de crítica, una ruptura, una crisis de celos, un error laboral. Los ejemplos concretos muestran el mecanismo del patrón.

Las entrevistas estructuradas y los instrumentos estandarizados pueden aumentar la fiabilidad cuando se integran con criterio. Existen entrevistas clínicas diseñadas para trastornos de personalidad y para modelos dimensionales, así como cuestionarios de rasgos. Su utilidad principal es ordenar el terreno y disminuir omisiones, no sustituir el juicio clínico. Los autoinformes, además, están influidos por insight, estilo defensivo, deseabilidad social y por el propio patrón de personalidad; por eso se interpretan como una fuente más, no como prueba definitiva. Instrumentos vinculados a la tradición milloniana o a modelos dimensionales pueden ser especialmente útiles para describir perfiles mixtos, siempre que se evite convertirlos en etiquetas rígidas y se mantenga la formulación funcional.

La **observación clínica** es una fuente de datos tan importante como el contenido verbal. En trastornos de personalidad, el "cómo" suele ser tan informativo como el "qué". La observación incluye elementos clásicos del examen mental (aspecto, conducta motora, contacto ocular, fluidez y ritmo del habla, coherencia del pensamiento, afecto, congruencia emocional), pero se extiende a fenómenos relacionales que emergen en el propio encuentro: modo de pedir, tolerancia a la espera, reacción ante la incertidumbre, necesidad de controlar el encuadre, sensibilidad a interpretaciones, tendencia a idealizar o desvalorizar, facilidad para sentir vergüenza, uso de la seducción social, hostilidad abierta o encubierta, o tendencia a retirarse cuando aparece malestar.

La consistencia entre relato y conducta observada aporta información diagnóstica. Por ejemplo, un discurso de autosuficiencia puede coexistir con una búsqueda intensa de dirección en sesión; una narrativa de calma puede coexistir con signos de tensión y vigilancia; una autodescripción de "no me importa" puede coexistir con reactividad notable ante pequeñas discrepancias. Estas discrepancias no deben leerse como "engaño" de forma automática: a menudo expresan defensas, vergüenza o estrategias aprendidas. La tarea clínica es comprender su función y su estabilidad.

También es clínicamente relevante observar la respuesta a límites y a la frustración. La manera en que una persona maneja un no, una regla, una corrección o una demora suele revelar el núcleo del patrón: escalada afectiva, retirada, negociación, racionalización, ataque, complacencia, oposición pasiva, o búsqueda urgente de reaseguramiento. Esta información es especialmente valiosa porque muchos trastornos de personalidad se organizan alrededor de la regulación del vínculo ante amenaza: abandono, humillación, pérdida de control o incertidumbre.

En la **evaluación**, aparecen dificultades específicas que conviene anticipar. Una dificultad frecuente es la evaluación en contextos de alta conflictividad (divorcios, litigios, violencia, entornos forenses), donde la narrativa puede estar polarizada y la motivación puede no ser terapéutica. Otra dificultad es la presencia de trauma: la hipervigilancia y la disociación pueden distorsionar memoria y relato; además, la vergüenza puede impedir describir experiencias clave. Otra dificultad es el consumo de sustancias, que altera afecto, juicio y consistencia. En estas situaciones, la prudencia diagnóstica aumenta: es preferible describir hipótesis y severidad funcional que forzar etiquetas cerradas con información insuficiente.

El cierre de una evaluación no consiste solo en asignar un diagnóstico, sino en integrar un resumen clínico que sea útil y éticamente comunicable. Una buena integración suele incluir: el patrón dominante observado, su severidad, los rasgos acompañantes relevantes, comorbilidades probables, riesgos actuales y factores protectores, y una formulación funcional breve (disparadores, estrategias de seguridad, costos y capacidades a desarrollar). En la comunicación clínica, es importante evitar un lenguaje que convierta el diagnóstico en identidad ("es así y punto") y preferir un lenguaje de funcionamiento ("tiende a responder así bajo estas condiciones"), porque eso disminuye estigma y aumenta la posibilidad de intervención.

En síntesis, la evaluación clínica de los trastornos de la personalidad se sostiene en principios de longitudinalidad, pervasividad, deterioro funcional, diferencial con estados y comorbilidades, y un enfoque multimétodo que combina entrevista estructurada, ejemplos conductuales y observación relacional. La entrevista aporta historia, narrativa y mecanismos; la observación aporta datos sobre regulación emocional, estilo interpersonal y respuesta a límites; y la integración final debe producir una formulación que explique cómo se mantiene el patrón y qué implica en términos de riesgos, pronóstico y orientación clínica, sin reducir el caso a una etiqueta única ni patologizar diferencias culturales o reacciones transitorias.

Capítulo 33

Impacto Interpersonal y Relacional

En la experiencia cotidiana, los trastornos de la personalidad se hacen visibles sobre todo en la forma en que las personas se relacionan, porque es en el vínculo donde se ponen en juego patrones estables de regulación emocional y de protección del self. La personalidad se expresa menos en lo que alguien piensa de sí mismo de manera abstracta y más en cómo busca seguridad, cómo tolera la cercanía o la distancia, cómo reacciona ante límites, cómo maneja el conflicto y cómo sostiene la intimidad, lo que explica que el coste principal aparezca en rupturas, conflictos repetidos, aislamiento, relaciones desequilibradas y pérdida progresiva de apoyos.

Las **dinámicas interpersonales** suelen organizarse alrededor de tres ejes fundamentales que estructuran la forma en que se construyen y se mantienen los vínculos:

1. **Proximidad**: Se refiere a cuánta cercanía emocional y relacional se busca o se evita. En algunos patrones existe una necesidad intensa de cercanía para reducir miedo a la pérdida o a la soledad, mientras que en otros predomina la evitación de la intimidad para protegerse de intrusión, control o daño, dando lugar a oscilaciones entre acercamiento y distanciamiento.

2. **Poder**: Abarca la manera en que se negocian autonomía, control y límites dentro de la relación. Este eje se expresa en dinámicas de dominancia, sumisión, resistencia pasiva o retirada, y determina quién decide, quién cede y cómo se gestionan los desacuerdos. Cuando el poder se vive como amenaza, el vínculo puede transformarse en un espacio de lucha o de control defensivo.

3. **Validación**: Hace referencia a cómo se sostiene la autoestima y el sentimiento de pertenencia a través del vínculo. Algunas personas buscan validación mediante admiración o reconocimiento explícito, otras a través de cumplir expectativas, evitar críticas o sacrificarse, y otras reduciendo la exposición emocional. La fragilidad de este eje suele intensificar la sensibilidad a la crítica y la reacción ante señales ambiguas.

A partir de la interacción entre estos tres ejes emergen patrones relacionales característicos, como ciclos de acercamiento y retirada, persecución y retirada, o idealización y devaluación, que generan inestabilidad porque las mismas conductas pueden ser vividas alternativamente como cuidado o como amenaza, según el momento y el estado emocional.

Este conjunto de dinámicas puede desglosarse en varias características interrelacionadas presentes en distintos trastornos de la personalidad:

1. **Sensibilidad a la vergüenza y a la crítica**: Existe una reactividad elevada ante señales de desaprobación, real o anticipada, que activa malestar intenso y favorece respuestas defensivas. Esta sensibilidad suele traducirse en comunicación indirecta, evitación del desacuerdo, sobrejustificación, ataque preventivo o intensificación emocional, dificultando la expresión clara de necesidades y límites.

2. **Estilos de comunicación defensivos o intensificados**: La dificultad para tolerar evaluación negativa conduce a modos de intercambio que protegen la autoestima a corto plazo, pero complican la negociación interpersonal. Pueden aparecer silencios, ambigüedad, dramatización, racionalización o confrontación, según el patrón dominante.

3. **Asimetrías relacionales persistentes**: Muchas relaciones se organizan de forma desigual, ya sea por dependencia, por dominancia o por sacrificio. En estas configuraciones una parte asume más control, más

carga o más renuncia, mientras la otra ocupa una posición complementaria, lo que reduce la reciprocidad y favorece la acumulación de resentimiento.

4. **Mantenimiento prolongado de vínculos desequilibrados**: Estas asimetrías pueden sostenerse durante largos periodos porque ofrecen estabilidad aparente, seguridad o reducción del conflicto inmediato. Sin embargo, a medio plazo suelen generar desgaste emocional, sensación de injusticia y deterioro del vínculo.

5. **Influencia moduladora del contexto social**: El entorno puede reforzar o atenuar estas dinámicas según premie el control, la sumisión, la retirada o la confrontación. Contextos jerárquicos, violentos, muy competitivos o altamente dependientes tienden a intensificar los patrones, mientras que entornos más seguros y flexibles pueden facilitar su cuestionamiento y modificación.

El **ciclo** de mantenimiento interpersonal suele iniciarse ante un disparador relacional como una situación ambigua, una crítica, una distancia percibida o una comparación significativa, lo que activa una respuesta emocional intensa caracterizada por ansiedad, vergüenza, ira, sensación de vacío o vivencia de amenaza al self; para regular ese estado, la persona pone en marcha una estrategia habitual, que puede consistir en evitar, controlar, demandar, seducir, atacar, someterse, resistir de manera pasiva o disociarse, logrando así un alivio inmediato mediante la reducción de la tensión o la recuperación momentánea de control o cercanía, pero generando a medio plazo consecuencias relacionales como fatiga, mayor distancia, escaladas de conflicto, pérdida de confianza o incremento de la dependencia, lo que termina confirmando creencias nucleares previas —por ejemplo, que no se es querido, que los otros son peligrosos, que sin control todo falla o que el abandono es inevitable— y facilita que el mismo ciclo se repita posteriormente con un umbral de activación cada vez más bajo.

Una manera útil de sintetizar el impacto interpersonal es describir los ciclos de mantenimiento que suelen repetirse:

1. Disparador interpersonal (ambigüedad, límite, crítica, distancia, comparación).

2. Activación emocional (ansiedad, vergüenza, ira, vacío, amenaza al self).

3. Estrategia de regulación (evitar, controlar, demandar, seducir, atacar, someterse, resistir pasivamente, disociarse).

4. Alivio inmediato (reducción de tensión o restauración momentánea de control o cercanía).

5. Consecuencia relacional (fatiga, distancia, escalada, pérdida de confianza, dependencia mayor).

6. Confirmación de creencia nuclear (no soy querido, los otros son peligrosos, sin control todo falla, si no agrado me abandonan, etc.).

7. Repetición del ciclo con menor umbral de activación.

En síntesis, el impacto interpersonal y relacional se expresa como patrones repetidos en la construcción de proximidad, poder y validación, sostenidos por estrategias que alivian a corto plazo, pero deterioran a medio plazo, con costes acumulativos en estabilidad, reciprocidad y confianza.

Capítulo 34

Consideraciones Culturales y de Género

Las consideraciones culturales y de género son un componente estructural de la comprensión diagnóstica en trastornos de la personalidad porque el diagnóstico se basa, en buena medida, en juzgar desviaciones respecto a expectativas sociales. Si esas expectativas no se examinan críticamente, existe un riesgo claro: confundir diferencias culturales, estilos de comunicación o estrategias de adaptación a contextos de desigualdad con psicopatología. En un área donde los rasgos se definen por su expresión interpersonal, el sesgo cultural y de género puede influir tanto en la observación clínica como en la interpretación posterior, afectando qué se considera "excesivo", "inapropiado", "rígido" o "disfuncional".

Una idea central es que cultura y género no son "variables añadidas", sino **marcos** que modelan la expresión de la emoción, el vínculo, la autoridad, la sexualidad, la independencia y el conflicto. Lo que en un contexto se interpreta como frialdad o desapego puede ser, en otro, una norma de contención afectiva. Lo que en un contexto se interpreta como dependencia puede ser, en otro, una forma esperable de interdependencia familiar. Lo que en un contexto se interpreta como grandiosidad puede ser, en otro, un estilo comunicativo de autoafirmación necesario para sobrevivir a ambientes competitivos o discriminatorios.

Por eso, la pregunta clínica no es solo si un rasgo existe, sino si es congruente con el marco cultural, si es flexible, si es voluntario o impuesto, y si genera deterioro clínicamente significativo en términos del propio contexto y de los objetivos vitales de la persona.

Desde el punto de vista **cultural**, pueden distinguirse tres áreas en las que los sesgos diagnósticos aparecen con especial frecuencia:

1. Expresión emocional: Algunas culturas valoran la expresividad intensa y la proximidad afectiva, mientras que otras priorizan la sobriedad y el control emocional. Cuando el evaluador toma su propio estilo como referencia implícita, puede sobrediagnosticar teatralidad o dramatización en contextos culturalmente expresivos, o interpretar como esquizoidez o aplanamiento afectivo estilos donde la contención emocional es normativa por respeto, rol o convención social.

2. Relación con la autoridad y la jerarquía: En contextos culturales con jerarquías marcadas, la deferencia, el cumplimiento y la obediencia pueden ser conductas adaptativas y socialmente esperadas. Interpretarlas como sumisión patológica sin valorar el grado de coerción, la libertad de elección y el coste real para la persona puede conducir a una sobreinterpretación de dependencia.

3. Interpretación de creencias y experiencias: Determinadas prácticas espirituales, creencias religiosas o formas culturales de atribuir significado pueden parecer pensamiento mágico o extraño desde una perspectiva externa. El criterio clínico relevante no es la rareza para el evaluador, sino si la creencia es compartida en el contexto cultural y si su aplicación conlleva deterioro funcional, sufrimiento significativo o pérdida de contacto con la realidad consensuada.

En relación con el **género**, hay sesgos históricos bien documentados en la clínica de personalidad: ciertas presentaciones tienden a diagnosticarse de forma diferencial en hombres y mujeres, aunque los mecanismos subyacentes puedan ser similares. En términos generales, los estilos externalizantes (agresión, transgresión, dominancia) han sido más asociados a diagnósticos como antisocialidad, mientras que los estilos internalizantes y relacionales (inestabilidad afectiva, miedo al abandono, autolesión, somatización) han sido más asociados a diagnósticos como límite o histriónico. Esta distribución puede reflejar diferencias reales en socialización y exposición, pero también puede reflejar un sesgo del sistema: se etiqueta de manera distinta a personas que expresan sufrimiento con códigos de género diferentes. Además, algunas categorías han estado históricamente asociadas a estigmas de género, especialmente la histriónica, porque en sociedades donde la sexualidad y la expresividad femenina se evalúan con criterios distintos según el género, la conducta considerada "llamativa" en mujeres puede interpretarse como patológica con mayor rapidez que en hombres.

Una fuente frecuente de error es confundir **respuesta adaptativa** a desigualdad o trauma con **rasgo estructural**. Muchas conductas que parecen rasgos de personalidad pueden ser adaptaciones a contextos de amenaza o subordinación: hipervigilancia en entornos violentos, control en contextos impredecibles, evitación en contextos de discriminación, sumisión en relaciones donde el conflicto implica riesgo, o agresividad en entornos donde la vulnerabilidad es castigada. En estos casos, la evaluación debe distinguir entre patrón estable anterior y respuesta situacional. Si la conducta disminuye cuando cambia el contexto o cuando se trata el trauma, es menos probable que se trate de un trastorno de personalidad en sentido estricto.

También es importante considerar la **interseccionalidad**, es decir, la combinación de factores (género, etnia, clase social, migración, orientación sexual, discapacidad, religión). La experiencia social acumulada afecta autoestima, confianza interpersonal, estrategias de seguridad y acceso a apoyos. Por ejemplo, personas que han vivido discriminación persistente pueden desarrollar un estilo de cautela o desconfianza que no es necesariamente paranoia patológica, sino aprendizaje adaptativo. Del mismo modo, personas en minorías sexuales pueden haber aprendido a ocultar aspectos personales por seguridad; esa reserva puede confundirse con desapego. En migración, el duelo cultural, la barrera lingüística y la pérdida de red social pueden simular retraimiento o anhedonia. La evaluación responsable requiere situar el síntoma en la biografía social.

En el **plano práctico**, incorporar cultura y género a la comprensión diagnóstica implica adoptar una serie de reglas clínicas claras:

1. Contextualizar: Explorar normas familiares, valores, roles, expectativas comunitarias y experiencias de discriminación que puedan influir en la expresión del comportamiento y del malestar.

2. Evaluar congruencia cultural: Distinguir entre creencias y prácticas compartidas dentro de un contexto cultural y manifestaciones idiosincráticas que generan deterioro o sufrimiento significativo.

3. Priorizar el criterio de deterioro funcional: Reconocer que un estilo puede resultar inusual para el evaluador sin ser patológico si no es rígido ni genera costes relevantes en la vida de la persona.

4. Buscar evidencia longitudinal: Determinar si el patrón estaba presente antes de cambios contextuales importantes, como migración, trauma o modificaciones vitales significativas.

5. Vigilar sesgos del evaluador: Tener en cuenta que categorías como teatralidad, seducción considerada inapropiada, frialdad, sumisión o arrogancia pueden verse fácilmente influidas por normas sociales y expectativas culturales.

En síntesis, las consideraciones culturales y de género son esenciales para evitar diagnósticos erróneos y para construir formulaciones más precisas. Cultura y género modulan la expresión emocional, la relación con autoridad, los estilos comunicativos y la forma de sostener identidad y vínculo. Una comprensión diagnóstica responsable exige diferenciar diferencias normativas de patrones rígidos y deteriorantes, distinguir adaptaciones a desigualdad o trauma de rasgos estructurales, y reconocer que los sistemas diagnósticos y los evaluadores pueden mantener sesgos históricos. Integrar estas variables no debilita el diagnóstico; lo hace clínicamente más válido y éticamente más seguro.

Capítulo 35

Uso Clínico Responsable y Uso Despectivo

El uso clínico responsable de los diagnósticos de personalidad parte de una premisa básica: un diagnóstico es una herramienta de comprensión y de planificación, no un juicio moral ni una etiqueta identitaria destinada a cerrar el caso. En el campo de la personalidad este principio es especialmente importante porque los rasgos descritos (desconfianza, dependencia, control, impulsividad, grandiosidad, evitación) se expresan en el vínculo, afectan al propio clínico y pueden activar reacciones de rechazo, cansancio o juicio. Cuando el diagnóstico se usa bien, mejora la precisión, reduce riesgos, orienta intervenciones y facilita una comunicación profesional clara. Cuando se usa mal, se convierte en un atajo despectivo que estigmatiza, deteriora la alianza terapéutica y puede justificar negligencia clínica.

Un **uso clínico responsable** cumple cuatro funciones principales:

1. Función descriptiva: Organiza patrones que se repiten en el tiempo y en distintos contextos, permitiendo sintetizarlos de manera útil sin reducirlos a episodios aislados.

2. Función explicativa funcional: Orienta hipótesis sobre los mecanismos que mantienen el funcionamiento, como estrategias de segu-

ridad basadas en control, evitación, demanda de reaseguramiento, oposición pasiva o devaluación, sin pretender explicar causas últimas.

3. Función pronóstica y de gestión de riesgos: Identifica patrones que aumentan la probabilidad de crisis, rupturas de alianza, autolesión, violencia, consumo o victimización, lo que permite anticipar situaciones de riesgo, planificar y proteger.

4. Función orientadora de la intervención: Sugiere el tipo de encuadre, ritmo, límites y objetivos que suelen resultar más eficaces, así como prácticas que tienden a empeorar el cuadro, como encuadres inconsistentes, invalidación, confrontación humillante o colusión con conductas de riesgo.

La diferencia central entre uso responsable y uso despectivo no está en pronunciar o no el diagnóstico, sino en qué se hace con él. El uso responsable se caracteriza por traducir la etiqueta a una formulación concreta y verificable: qué patrones se observan, desde cuándo, en qué contextos, qué funciones cumplen, qué costes generan, qué comorbilidades intervienen y qué riesgos existen. La etiqueta se convierte en un mapa de trabajo. El uso despectivo, en cambio, convierte el diagnóstico en un adjetivo global que reemplaza el análisis: "es límite", "es narcisista", "es antisocial", como si eso agotara la explicación. En ese uso, el diagnóstico se transforma en identidad fija, y la persona queda reducida a una categoría.

Un uso clínico responsable del diagnóstico de personalidad requiere prudencia y delimitación clara. La personalidad no debe evaluarse a partir de una crisis puntual ni utilizarse para explicar cualquier conducta difícil. Es necesario contar con una historia longitudinal, comprobar que el patrón es generalizado y rígido, y que produce un deterioro funcional significativo, además de descartar estados y causas alternativas como episodios afectivos, trauma, consumo de sustancias, condiciones del neurodesarrollo o problemas médicos. Cuando estos pasos no se realizan, el diagnóstico se convierte en una etiqueta imprecisa para todo lo complejo o persistente, empobreciendo la comprensión clínica.

Asimismo, el diagnóstico no debe sustituir ni deteriorar la relación clínica. En los trastornos de la personalidad, el vínculo terapéutico forma parte central del abordaje, y el diagnóstico debería servir para anticipar dificultades relacionales, sostener coherencia, planificar límites y favorecer la reparación de rupturas. Cuando se utiliza como justificación para la distancia emocional, la rigidez o la retirada de ayuda, aumenta el riesgo de abandono del tratamiento, cronificación del malestar y empeoramiento del pronóstico.

El **uso despectivo** del diagnóstico suele adoptar formas relativamente típicas. Una es la deslegitimación del sufrimiento: interpretar emociones intensas como "teatro", "drama", "manipulación", sin evaluar función ni contexto. Otra es la atribución global de mala intención: asumir que toda conducta es calculada o maliciosa, ignorando que muchas conductas problemáticas son reacciones de desregulación, miedo, vergüenza o estrategias aprendidas. Otra es la sobregeneralización: usar el diagnóstico para predecir todo ("siempre hará esto"), sin observar variación, capacidades y recursos. Otra es el uso como amenaza o control institucional: "si no haces X, te pongo tal diagnóstico", lo cual es éticamente inaceptable. Y otra, muy frecuente, es el "diagnóstico por contratransferencia": la etiqueta aparece cuando el profesional se siente impotente, agotado o irritado, y utiliza el diagnóstico como explicación del propio malestar, en lugar de como objeto de reflexión clínica.

Hay también un riesgo específico en ciertos diagnósticos por su carga social. Algunas etiquetas se han convertido en insultos populares, especialmente "narcisista" o "psicópata", y eso contamina su uso clínico. En estos casos, el uso responsable requiere una disciplina del lenguaje: describir conductas y patrones sin convertirlos en caricaturas, evitar términos moralizantes y, cuando se mencionan rasgos, aclarar que se habla de un patrón clínico, no de una esencia. De lo contrario, el diagnóstico puede operar como estigma y justificar exclusión.

La **comunicación** del diagnóstico es otro punto crítico. Un uso responsable no exige comunicar siempre la etiqueta al paciente de forma literal; exige decidir si comunicarla aporta comprensión y facilita trabajo, y cómo hacerlo sin daño. En algunos casos, usar un lenguaje dimensional o funcional es más útil: hablar de sensibilidad a la crítica, estrategias de control, miedo al abandono, dificultad para tolerar incertidumbre, impulsividad bajo estrés, etc. Esto reduce estigma y aumenta colaboración. Cuando se comunica la etiqueta, hacerlo sin dramatismo, con énfasis en patrones modificables, en tratamiento disponible y en objetivos concretos, disminuye el riesgo de que el diagnóstico se convierta en identidad fija o en condena.

La **responsabilidad** también implica reconocer el poder institucional del diagnóstico. En algunos sistemas, un diagnóstico afecta acceso a recursos, seguros, tratamientos, decisiones legales o laborales. Por ello, el uso responsable exige precisión, documentación cuidadosa y evitar diagnósticos de personalidad como "atajo" cuando la información es incompleta. También implica revisar periódicamente la formulación: algunos rasgos disminuyen con el tiempo, con tratamiento o con cambios de contexto; mantener una etiqueta sin reevaluación puede ser clínicamente injusto.

Un marco práctico para sostener un uso responsable puede resumirse en varios criterios de buena práctica:

1. Basar el diagnóstico en patrones longitudinales y transituacionales, no en una crisis.

2. Describir conductas específicas, no adjetivos globales.

3. Integrar comorbilidades y causas alternativas antes de concluir "es personalidad".

4. Formular función y mecanismos: qué regula la conducta, qué dispara, qué mantiene.

5. Evaluar severidad y riesgos, y planificar el encuadre en consecuencia.

6. Elegir un lenguaje que reduzca estigma, preferentemente dimensional y funcional cuando convenga.

7. Mantener una actitud clínica de responsabilidad: el diagnóstico orienta tratamiento, no clausura el caso.

8. Revisar hipótesis con el tiempo y ajustar la formulación según evolución.

En síntesis, el uso clínico responsable de los diagnósticos de personalidad convierte la etiqueta en una herramienta de comprensión, pronóstico y planificación basada en historia longitudinal, pervasividad, deterioro y formulación funcional. El uso despectivo convierte la etiqueta en insulto, excusa o identidad fija, y suele aparecer cuando el diagnóstico sustituye el análisis, se usa para invalidar sufrimiento o justificar retirada de ayuda. En un enfoque clínico y editorial seguro, el objetivo no es evitar las categorías, sino utilizarlas con precisión, humildad, conciencia del contexto y compromiso terapéutico.

Capítulo 36

Principios Generales del Abordaje Psicoterapéutico

La **intervención psicoterapéutica** se centra en flexibilizar modos de funcionamiento que se han vuelto rígidos, repetitivos y costosos, actuando sobre los circuitos que vinculan situaciones interpersonales activadoras, respuestas emocionales intensas, estrategias automáticas de autoprotección y consecuencias que, con el tiempo, refuerzan creencias nucleares y deterioran el funcionamiento. El propósito no es transformar la identidad de la persona, sino ampliar su repertorio de respuestas, de modo que pueda regular mejor las emociones, sostener una identidad más estable, mentalizar bajo estrés, negociar límites, tolerar ambivalencias y mantener proyectos vitales sin que la amenaza al vínculo o al self dirija de forma dominante la conducta.

La **intervención** se apoya en una formulación clínica funcional más que en la categoría diagnóstica aislada. Las etiquetas orientan, pero lo que guía el tratamiento es comprender qué amenazas se intentan evitar, como abandono, humillación, intrusión o pérdida de control; qué necesidades se buscan asegurar, como cercanía, validación, seguridad o autonomía; qué estrategias se utilizan para lograrlo, como evitación, control, demanda, ataque, complacencia o retirada; y qué costes generan esas estrategias en términos de aislamiento, conflicto, dependencia, agotamiento o deterioro laboral. Esta formulación permite seleccionar focos terapéuticos, ajustar el ritmo de intervención y diferenciar qué parte del cuadro corresponde a rasgos estructurales y qué parte a estados comórbidos potencialmente tratables.

Un **encuadre** suficientemente estructurado es un elemento central del abordaje. La claridad en la frecuencia y duración de las sesiones, las reglas de contacto, el manejo de crisis, los objetivos compartidos y los límites consistentes no son aspectos secundarios, sino componentes activos de la intervención. La estructura reduce ambigüedad, que suele actuar como disparador en muchos patrones, y protege tanto la alianza terapéutica como la seguridad. En presentaciones con impulsividad, conductas de riesgo o reactividad interpersonal intensa, el encuadre suele complementarse con acuerdos explícitos de seguridad y planes de manejo ante escaladas, integrados de forma coherente en el proceso terapéutico.

La **alianza terapéutica** requiere un equilibrio específico entre validación y cambio. Validar implica reconocer la experiencia interna, el contexto y la función de la conducta sin reforzar el patrón que la mantiene. El cambio se introduce de forma gradual, identificando puntos del ciclo donde es posible abrir alternativas, entrenando nuevas respuestas y sosteniendo la práctica hasta que estas se vuelven accesibles bajo activación emocional. En muchos trastornos de personalidad, la persona ha aprendido que la emoción intensa es peligrosa o que el vínculo es impredecible; por ello, la terapia funciona también como un espacio de aprendizaje relacional donde se ensayan límites, desacuerdos y reparaciones sin colapso ni castigo.

El **trabajo clínico** suele organizarse de manera progresiva. En una fase inicial, el foco suele estar en estabilización, reducción de conductas de alto riesgo, disminución de crisis y fortalecimiento de habilidades básicas de regulación. En fases intermedias, la intervención se desplaza hacia patrones relacionales recurrentes, creencias nucleares, vergüenza, ira, vacío y estrategias de autoprotección que sostienen el estilo de personalidad. En fases posteriores, cuando existe mayor estabilidad, puede integrarse un trabajo más profundo con historia relacional, experiencias traumáticas cuando corresponda, identidad y proyectos vitales, con el objetivo de consolidar cambios y prevenir recaídas. Esta secuencia es relevante porque una exploración intensa sin habilidades suficientes puede aumentar la desorganización o dar lugar a respuestas impulsivas y conductas poco reguladas (acting out).

El abordaje de las **comorbilidades** es una consideración clínica central. Trastornos del estado de ánimo, ansiedad, trauma, consumo de sustancias o problemas del sueño pueden amplificar impulsividad, retraimiento o rigidez, y requieren atención específica. En muchos casos, la estabilización de estos estados es condición necesaria para que el trabajo con personalidad sea posible y seguro. A la vez, algunos síntomas comórbidos se mantienen precisamente por el patrón de personalidad, lo que hace necesario un plan integrado que aborde ambos niveles de manera coordinada.

La observación de la **relación terapéutica** forma parte del tratamiento. Los patrones de personalidad suelen reproducirse en sesión mediante idealización y devaluación, demandas urgentes, retiradas, resistencias pasivas, intentos de controlar el encuadre o minimización del riesgo. El trabajo clínico con estas repeticiones no consiste en interpretarlas de forma abstracta, sino en ayudar a reconocerlas en tiempo real, identificar el disparador, nombrar la emoción implicada y ensayar respuestas alternativas. La reparación de rupturas de la alianza, cuando se maneja con claridad y sin humillación, se convierte en una experiencia correctora que puede generalizarse a otros vínculos.

La **evaluación** y gestión del riesgo forman parte inseparable del abordaje psicoterapéutico, especialmente en perfiles con desregulación emocional, impulsividad o dinámicas coercitivas. La intervención responsable incluye evaluación continua de ideación suicida, autolesión, conductas de riesgo, victimización y riesgo hacia terceros cuando procede, así como estrategias de reducción de daño y coordinación con otros recursos cuando es necesario. Esto no se opone a un trabajo terapéutico profundo, sino que lo hace viable y sostenido en el tiempo.

En conjunto, un abordaje psicoterapéutico clínicamente responsable en los trastornos de la personalidad se apoya en formulación funcional, encuadre consistente, equilibrio entre validación y cambio, intervención progresiva con prioridad en seguridad, manejo activo de comorbilidades y trabajo explícito con patrones relacionales. El objetivo final es reducir ciclos de autoprotección costosa y aumentar la capacidad de elegir respuestas más flexibles bajo estrés, de modo que la vida interpersonal y el proyecto vital dejen de estar dominados por dinámicas repetitivas de alto coste.

Capítulo 37

Enfoques Terapéuticos Actuales

En los trastornos de la personalidad, los enfoques terapéuticos actuales han ido desplazándose desde una lógica centrada únicamente en categorías diagnósticas hacia una lógica centrada en mecanismos de mantenimiento y en niveles de severidad. Esto no significa que las categorías hayan dejado de ser útiles, sino que el tratamiento se planifica cada vez más a partir de preguntas clínicas funcionales: qué dispara la desregulación, qué estrategias se usan para recuperar seguridad (evitar, controlar, atacar, complacer, retirarse, disociarse), qué costes interpersonales y vitales genera ese método, y qué capacidades faltan para responder de forma más flexible. En este campo, la **psicoterapia** constituye el eje principal del abordaje, mientras que la intervención farmacológica suele ocupar un lugar complementario y orientado a comorbilidades o síntomas diana.

Un primer punto panorámico es que, pese a la diversidad de escuelas, muchos modelos comparten ingredientes terapéuticos "transversales" que explican parte importante de la eficacia. Entre ellos destacan: un encuadre consistente (reglas claras, frecuencia estable, manejo de crisis), una alianza terapéutica que combine validación con responsabilidad conductual, una formulación explícita del patrón (ciclo disparador-emoción-estrategia-consecuencia), entrenamiento de habilidades para funcionar bajo activación, trabajo con las dinámicas interpersonales en el aquí y ahora, y un foco sostenido en metas conductuales y relacionales observables. En la práctica, estos ingredientes permiten traducir una etiqueta diagnóstica en un plan: qué hay que estabilizar primero, qué hay que entrenar, qué hay que comprender, y qué hay que practicar en situaciones reales.

También se observa un cambio de **paradigma** en el lenguaje clínico: más énfasis en severidad y rasgos (por ejemplo, desinhibición, antagonismo, afectividad negativa, desapego, rasgos cognitivo-perceptivos) y menos dependencia de "tipos puros". Este enfoque dimensional, presente en modelos contemporáneos, encaja bien con la realidad clínica: muchos casos son mixtos, cambian de intensidad con el estrés y muestran combinaciones de rasgos que un diagnóstico único no captura.

Dentro de los **modelos** con mayor presencia en la clínica contemporánea, pueden distinguirse varios marcos de intervención con tecnologías específicas:

1. **Enfoques cognitivo-conductuales**: Estos modelos parten de la idea de que los trastornos de la personalidad se mantienen por patrones estables de interpretación, emoción y conducta que se refuerzan mutuamente. El trabajo clínico se centra en identificar creencias nucleares sobre uno mismo y los demás, sesgos interpretativos ante situaciones interpersonales y conductas de seguridad que reducen malestar a corto plazo, pero generan costes a medio plazo. La intervención combina análisis funcional, experimentos conductuales, entrenamiento en habilidades de comunicación y resolución de problemas, con el objetivo de introducir respuestas más flexibles y eficaces bajo estrés.

2. **Terapia dialéctico-conductual**: Este enfoque se especializa en la desregulación emocional intensa y la impulsividad. Su marco es altamente estructurado y jerárquico, priorizando primero la seguridad y la reducción de conductas de alto riesgo, después los comportamientos que interfieren con la terapia y, finalmente, los problemas que deterioran la calidad de vida. Integra validación de la experiencia interna con estrategias de cambio, mediante un entrenamiento sistemático en habilidades de atención plena, regulación emocional, tolerancia al malestar y eficacia

interpersonal, junto con trabajo individual orientado al análisis de las crisis.

3. **Terapias de tercera ola y aceptación y compromiso**: Estos modelos se centran en la relación con la experiencia interna más que en su contenido. El foco está en reducir la lucha con emociones y pensamientos difíciles, disminuir la evitación experiencial y aumentar la capacidad de actuar de acuerdo con valores personales. En los trastornos de la personalidad resultan especialmente útiles cuando la rigidez, la autocrítica o el miedo al malestar sostienen el deterioro, favoreciendo una mayor flexibilidad psicológica y una identidad menos fusionada con estados emocionales transitorios.

4. **Terapia de esquemas**: Este enfoque integra elementos cognitivo-conductuales, teorías del apego y técnicas experienciales. Parte de la identificación de esquemas tempranos desadaptativos, entendidos como patrones persistentes de creencias y emociones sobre uno mismo y los demás, y de los modos, que son estados del self que se activan en distintos contextos. La intervención combina reestructuración cognitiva, trabajo emocional y una relación terapéutica estructurada que permite modificar esquemas arraigados, siendo especialmente útil para comprender presentaciones mixtas y cambios de estado frecuentes.

5. **Terapia basada en mentalización**: Este modelo pone el acento en la capacidad de comprender los propios estados mentales y los de los demás de manera flexible. Bajo estrés interpersonal, esta capacidad suele debilitarse, dando lugar a interpretaciones rígidas y reacciones automáticas. La intervención se orienta a recuperar la capacidad de pensar la relación en el momento presente, favoreciendo curiosidad, cautela interpretativa y exploración de alternativas, lo que permite frenar respuestas impulsivas y sostener vínculos más estables.

6. **Psicoterapia focalizada en la transferencia**: Se trata de un enfoque psicodinámico estructurado que entiende muchos problemas de personalidad como resultado de representaciones internas escindidas del self y del otro, que se activan en relaciones significativas. El trabajo clínico se centra en observar y elaborar estos patrones en la relación terapéutica, con un encuadre firme y consistente que favorece la integración del self,

la continuidad dc la identidad y la reducción de conductas desorganizadas o impulsivas.

7. **Terapias interpersonales y cognitivo-analíticas**: Estos modelos se orientan a identificar ciclos relacionales repetidos entre la persona y su entorno. Utilizan formulaciones explícitas de patrones, a menudo mediante esquemas o narrativas, para ayudar a reconocer cómo se repiten secuencias de relación que mantienen el malestar. La intervención se centra en interrumpir esos ciclos mediante mayor conciencia, comunicación más directa y alternativas conductuales, siendo especialmente útil cuando el problema se sostiene por bucles interpersonales crónicos.

8. **Marcos pragmáticos e integradores**: Incluyen programas de manejo clínico estructurado, intervenciones psicoeducativas y modelos generales utilizados en contextos asistenciales amplios. Su fortaleza no reside en una teoría única, sino en la combinación de estructura, coordinación de cuidados, manejo de crisis y objetivos claros. Estos marcos permiten sostener el tratamiento en situaciones de alta complejidad, comorbilidad o limitación de recursos, y suelen integrarse con técnicas específicas de otros modelos según las necesidades del caso.

Los enfoques terapéuticos actuales en los trastornos de la personalidad se organizan según la **severidad** del cuadro y el **contexto de atención**. En presentaciones leves o moderadas suele bastar un tratamiento ambulatorio y focalizado, mientras que en casos más graves se requiere mayor intensidad, combinación de modalidades y coordinación entre recursos, especialmente cuando hay conductas de riesgo o comorbilidad compleja. La intervención se planifica de forma escalonada, aumentando la intensidad solo cuando la seguridad o el funcionamiento lo exigen.

El **tratamiento** sigue una jerarquía clínica clara: primero se prioriza la seguridad, después se abordan los factores que dificultan sostener la terapia y, finalmente, se trabajan los patrones que deterioran la calidad de vida. La **integración** de **comorbilidades** es parte esencial del plan, junto con un enfoque por fases que evite exploraciones intensas cuando no hay suficiente estabilidad. Además, se tiende a adaptar la intervención a los rasgos predominantes y a combinar formatos individuales, grupales o familiares según el caso. Todo ello se sostiene con una postura clínica consistente, atención a la relación terapéutica y evaluación continua de resultados, de modo que el abordaje combine formulación funcional, estructura y flexibilidad para responder a la complejidad real de los casos.

En síntesis, los enfoques terapéuticos actuales en los trastornos de la personalidad pueden entenderse como una convergencia entre modelos teóricos diversos y marcos de intervención cada vez más estructurados, escalonados y centrados en procesos. Los modelos aportan lentes distintas (habilidades y regulación, mentalización, integración del self, esquemas, procesos cognitivo-conductuales), mientras que los marcos clínicos aportan la ingeniería del tratamiento: seguridad, límites, fases, coordinación y objetivos. La combinación de formulación funcional, encuadre consistente y selección de técnicas según severidad y rasgos dominantes constituye el núcleo práctico del abordaje contemporáneo.

Capítulo 38

Propuestas Integradoras en la Comprensión Clínica Contemporánea

En la comprensión clínica contemporánea de los trastornos de la personalidad, las propuestas integradoras buscan resolver un problema práctico: las categorías diagnósticas describen perfiles, pero muchas presentaciones reales son mixtas, cambian con el contexto y comparten mecanismos. Por eso, la integración no pretende reemplazar el diagnóstico, sino complementarlo con marcos que expliquen mejor la severidad, los rasgos predominantes y los procesos que mantienen el patrón.

Una primera propuesta integradora es priorizar el nivel de **severidad** del funcionamiento de la personalidad. Se evalúa cuánto se altera el self (identidad, autoestima, autodirección) y lo interpersonal (empatía, intimidad, reciprocidad, límites). Esta perspectiva suele ser más útil para pronóstico y para decidir intensidad de intervención que el nombre del trastorno, porque dos personas con la misma etiqueta pueden diferir mucho en estabilidad y riesgo.

Una segunda propuesta es describir **perfiles dimensionales de rasgos** en lugar de forzar "tipos puros". Se caracterizan dominios amplios presentes en distintas categorías, como afectividad negativa, desapego, antagonismo, desinhibición y rasgos cognitivo-perceptivos, lo que permite representar combinaciones mixtas y orientar objetivos terapéuticos concretos, por ejemplo, regular la impulsividad, reducir la evitación, aumentar la empatía funcional o flexibilizar el sobrecontrol.

Una tercera propuesta es centrarse en **procesos transdiagnósticos** y **ciclos de mantenimiento**. Se trabaja con secuencias repetidas: disparadores interpersonales, activación emocional, interpretación rígida, estrategia automática (evitar, controlar, demandar, atacar, complacer) y consecuencias que confirman la creencia nuclear. Este enfoque es integrador porque se aplica a distintos cuadros y facilita intervenir en puntos específicos del ciclo, sin depender exclusivamente de la etiqueta.

En síntesis, la integración contemporánea combina tres ideas: medir severidad, perfilar rasgos dimensionales y explicar mecanismos mediante ciclos. Con ello se obtienen formulaciones más precisas, menos estigmatizantes y más útiles para planificar tratamiento y seguimiento.

Capítulo 39

El Papel del Entorno Familiar, Social y Contextual

El papel del entorno familiar, social y contextual en los trastornos de la personalidad es decisivo porque la personalidad no se expresa en el vacío: se consolida, se refuerza o se flexibiliza en interacción con sistemas de relación y con condiciones materiales y culturales. El **patrón de personalidad** puede entenderse como un repertorio de estrategias para obtener seguridad, pertenencia, control o validación. Si el entorno responde de manera que esas estrategias "funcionan" a corto plazo, el patrón se refuerza; si el entorno permite experiencias correctoras, el patrón puede volverse más flexible.

En el **entorno familiar**, el efecto más relevante suele aparecer por dos vías. La primera es el aprendizaje temprano: normas implícitas sobre emoción, conflicto, límites y cuidado. Entornos muy críticos, impredecibles o invalidantes pueden favorecer hipervigilancia, vergüenza, desregulación o estrategias de control. Entornos sobreprotectores pueden dificultar autonomía, tolerancia a frustración y autoeficacia, reforzando dependencia o evitación. La segunda vía es el mantenimiento actual: familias que, por amor o por fatiga, se acomodan al patrón (por ejemplo, cediendo ante crisis, evitando límites, asumiendo responsabilidades) pueden reducir tensión inmediata, pero a medio plazo sostienen el circuito del problema. No se trata de culpar a la familia, sino de reconocer dinámicas circulares: el patrón afecta al entorno y el entorno, sin querer, puede reforzar el patrón.

En el **entorno social** amplio, influyen la red de apoyo, las oportunidades de pertenencia y la exposición a estrés crónico. El aislamiento, la falta de apoyos y la precariedad aumentan vulnerabilidad y hacen que estrategias rígidas parezcan “necesarias” para sobrevivir. En cambio, redes estables y vínculos no coercitivos pueden actuar como amortiguadores: disminuyen crisis, facilitan reparación y ofrecen modelos alternativos de relación. También importa el tipo de grupo: entornos competitivos pueden premiar dominancia o perfeccionismo y ocultar costes; entornos estigmatizantes pueden aumentar evitación, vergüenza o desconfianza.

En el **plano contextual**, factores como violencia comunitaria, discriminación, migración, inestabilidad laboral, vivienda insegura o ausencia de acceso a servicios pueden producir conductas que se parecen a rasgos de personalidad, cuando en realidad son adaptaciones a amenaza o incertidumbre. En estos casos, la evaluación responsable distingue entre patrón estructural de larga data y respuesta situacional: si el contexto cambia y la conducta disminuye, la hipótesis de “rasgo fijo” pierde fuerza.

En síntesis, el entorno familiar, social y contextual puede actuar como factor de riesgo (cuando refuerza estrategias rígidas o expone a estrés crónico) o como factor protector (cuando ofrece seguridad, límites consistentes y experiencias correctoras). Comprender este papel permite formular mejor el caso, evitar diagnósticos que ignoren el contexto y diseñar intervenciones más realistas, que no se limiten al individuo y consideren también dinámicas relacionales y condiciones de vida.

Capítulo 40

Más allá del Diagnóstico: Personalidad, Identidad y Trayectoria Vital

Más allá del diagnóstico, la **personalidad** puede entenderse como un conjunto de disposiciones y estrategias relativamente estables que dan continuidad a la experiencia: cómo se percibe el mundo, cómo se regulan emociones, cómo se construyen vínculos y cómo se toman decisiones bajo presión. El diagnóstico describe un patrón cuando ese conjunto se vuelve rígido y costoso, pero no agota a la persona. La identidad incluye también valores, historia, capacidades, lealtades, proyectos, formas de sentido y experiencias que no caben en una categoría clínica.

La **identidad** no es solo autoimagen; es un relato en construcción que organiza la vida. En muchas dificultades de personalidad, lo que aparece comprometido no es "la esencia", sino la flexibilidad del relato: se vuelve estrecho, dominado por vergüenza, miedo, desconfianza, necesidad de control o miedo a la pérdida. Cuando el relato se estrecha, la trayectoria vital también se estrecha: se eligen escenarios donde el patrón no se active, se evitan riesgos que podrían abrir oportunidades, o se repiten relaciones y roles que confirman las creencias de base. El resultado puede ser una vida coherente con el patrón, pero empobrecida en alternativas.

La **trayectoria vital** es el lugar donde se ve el coste acumulativo o, a veces, la capacidad de adaptación. Los rasgos no actúan como destino fijo: su impacto depende del contexto, de la red de apoyo, de experiencias correctoras, de recursos personales y de momentos críticos (rupturas, migración, enfermedad, paternidad, cambios laborales). En algunos periodos, el mismo rasgo puede ser protector; en otros, se vuelve limitante. Por eso, comprender la personalidad implica observar ciclos largos: qué decisiones se repiten, qué se evita, qué se busca, y qué se sacrifica para mantener seguridad.

En síntesis, ir más allá del diagnóstico significa usar la etiqueta solo como mapa parcial y devolver centralidad a la persona como proyecto: identidad, valores, vínculos y sentido. La comprensión clínica contemporánea no busca reducir la vida a un trastorno, sino ampliar la capacidad de elegir, construir relaciones más recíprocas y abrir una trayectoria vital menos gobernada por estrategias rígidas de autoprotección.

Capítulo 41

Conclusión

Los trastornos de la personalidad se comprenden mejor cuando se los sitúa en el cruce entre estabilidad y cambio. Se trata de **patrones** relativamente persistentes de percepción, emoción, pensamiento y conducta interpersonal que, en determinadas condiciones, se vuelven rígidos y costosos: estrechan el repertorio de respuestas, aumentan el malestar o el deterioro funcional y generan ciclos relacionales que tienden a repetirse. Sin embargo, la estabilidad no equivale a inmutabilidad. La trayectoria vital, los contextos de apoyo, los aprendizajes y las intervenciones psicológicas pueden introducir variaciones significativas, especialmente cuando el objetivo clínico se formula como aumento de flexibilidad y no como "corrección" de la identidad.

En la práctica clínica, el valor del **diagnóstico** no reside en etiquetar, sino en organizar la comprensión del funcionamiento. Nombrar un patrón puede ayudar a anticipar dificultades previsibles (por ejemplo, en regulación emocional, mentalización, manejo de la intimidad, control de impulsos o tolerancia a la frustración), orientar la evaluación del riesgo, priorizar objetivos terapéuticos y mejorar la comunicación entre profesionales. Aun así, conviene recordar que las categorías son mapas, no territorios: ofrecen un marco útil, pero no agotan la singularidad de cada historia. Por eso resulta especialmente relevante complementar el

enfoque categorial con una **perspectiva dimensional** y funcional, atendiendo a rasgos, estilos de afrontamiento, motivaciones, vulnerabilidades y fortalezas.

La **complejidad diagnóstica** es la regla más que la excepción. La comorbilidad, el solapamiento entre cuadros, las presentaciones subumbrales y las influencias del momento vital obligan a una evaluación cuidadosa y gradual. La entrevista clínica, la observación del estilo relacional, el análisis de episodios representativos y, cuando es posible, la integración de información longitudinal permiten distinguir qué rasgos son estables y cuáles son reactivos a contextos de estrés, trauma, depresión, consumo de sustancias u otros trastornos. En este sentido, el **diagnóstico diferencial** no es un apéndice técnico, sino el corazón del razonamiento clínico: evita atribuciones simplistas y protege de intervenciones mal ajustadas.

El **impacto interpersonal** constituye un eje transversal. Los patrones de personalidad se expresan con especial claridad en los vínculos: en la forma de buscar o evitar cercanía, en la lectura de señales sociales, en el modo de negociar límites, en la sensibilidad al rechazo, en la gestión de poder y dependencia, y en la regulación de la vergüenza, la rabia o la vulnerabilidad. Con frecuencia, el problema no es un rasgo aislado, sino el **ciclo** que se construye entre expectativas internas, conductas repetidas y respuestas del entorno. Comprender esos ciclos, en su función reguladora, permite intervenir con más precisión: no se trata solo de "cambiar conductas", sino de ampliar opciones para lograr seguridad, autoestima, control o conexión sin pagar un coste relacional desproporcionado.

Las **consideraciones culturales** y de **género** forman parte de toda lectura clínica responsable. Lo que en un contexto puede interpretarse como frialdad, dependencia, grandiosidad o dramatización, en otro puede corresponder a normas comunicativas, roles aprendidos, estrategias de supervivencia o expresiones legítimas de identidad. Esto exige prudencia, evaluar la desviación respecto a expectativas culturales, evitar sesgos y distinguir entre estilos personales, respuestas adaptativas a entornos adversos y psicopatología estable. El uso del lenguaje diagnóstico, por tanto, requiere una **ética de la precisión**, describir sin descalificar, diferenciar sin estigmatizar y sostener la dignidad de la persona por encima de cualquier categoría.

En cuanto al abordaje, la **psicoterapia** es el núcleo de la intervención en los trastornos de la personalidad, entendida como un proceso orientado a integrar experiencia emocional, mejorar la autorregulación, fortalecer la identidad, promover mentalización y construir competencias interpersonales. Los modelos contemporáneos, aunque distintos en lenguaje, convergen en objetivos comunes: aumentar conciencia y tolerancia afectiva, flexibilizar creencias rígidas sobre uno mismo y los demás, interrumpir ciclos relacionales repetitivos y crear alternativas conductuales viables. La farmacoterapia, cuando se utiliza, se orienta a síntomas concurrentes o estados clínicos asociados, sin pretender "modificar" la personalidad como tal.

Por último, una comprensión panorámica conduce a una conclusión central: más allá del diagnóstico hay una persona con una historia, un temperamento, un contexto y un modo particular de intentar resolver necesidades humanas básicas. El **trabajo clínico** se vuelve más eficaz cuando integra categorías diagnósticas, evaluación funcional, contexto relacional y trayectoria vital, manteniendo una mirada realista y a la vez esperanzada. La meta no es fabricar un ideal normativo de personalidad, sino favorecer un funcionamiento más libre, menos reactivo y más coherente con valores elegidos, de manera que la vida interpersonal deje de organizarse en torno a la repetición de errores y se convierta, progresivamente, en un espacio de posibilidad.

Capítulo 42

Glosario de Términos

Abandono (miedo al): Temor persistente a ser dejado o rechazado, que puede activar conductas de búsqueda de seguridad o evitación defensiva.

Abuso emocional: Patrón de interacción que utiliza humillación, crítica, manipulación o intimidación para controlar o dañar.

Abuso sexual: Contacto o conducta sexual no consentida o coercitiva; puede asociarse a trauma y dificultades relacionales posteriores.

Afectividad: Conjunto de estados emocionales y su expresión; puede ser intensa, lábil o restringida según el patrón de personalidad.

Afecto aplanado: Disminución marcada de la expresión emocional observable (gestos, tono, mímica), con aparente frialdad interpersonal.

Agresividad: Tendencia a responder con hostilidad o ataque; puede ser reactiva (impulsiva) o instrumental (orientada al control).

Alexitimia: Dificultad para identificar y describir emociones, lo que complica la regulación afectiva y la comunicación interpersonal.

Alianza terapéutica: Calidad colaborativa del vínculo clínico basada en objetivos compartidos, tareas acordadas y confianza.

Ambivalencia: Coexistencia de impulsos opuestos (p. ej., deseo de cercanía y miedo a la intimidad) que favorece oscilaciones relacionales.

Anamnesis: Recogida sistemática de datos clínicos y biográficos para comprender el problema y orientar hipótesis diagnósticas.

Anhedonia: Disminución de la capacidad de disfrutar; puede ser social (vínculos) o general (actividades) y afectar motivación.

Apego: Sistema motivacional de búsqueda de seguridad que organiza expectativas relacionales y estrategias de regulación emocional.

Apego ansioso: Estilo marcado por hipervigilancia al rechazo y búsqueda de confirmación; intensifica la sensibilidad al abandono.

Apego evitativo: Estilo caracterizado por preferencia por autonomía y distancia afectiva; la cercanía puede vivirse como intrusiva.

Asertividad: Habilidad para expresar necesidades y límites con claridad y respeto, sin agresión ni sumisión.

Baja tolerancia a la frustración: Propensión a reaccionar con irritación o impulsividad ante demoras, límites o contratiempos.

Beneficio secundario: Ventajas indirectas obtenidas por un síntoma (p. ej., evitar responsabilidades), que pueden mantener el problema.

Burnout terapéutico: Agotamiento emocional del profesional por exposición prolongada a alta demanda; aumenta riesgo de errores y límites difusos.

Búsqueda de aprobación: Necesidad intensa de validación externa para sostener autoestima y seguridad interpersonal.

Búsqueda de sensaciones: Preferencia por experiencias novedosas e intensas; puede asociarse a impulsividad y conductas de riesgo.

Ciclo interpersonal: Secuencia repetida de expectativas, conductas y respuestas de otros que mantiene un patrón relacional disfuncional.

CIE-11: Clasificación Internacional de Enfermedades; propone describir los trastornos de personalidad por severidad y rasgos.

Clúster A: Agrupación DSM de patrones excéntricos o raros (paranoide, esquizoide, esquizotípico), con dificultades en confianza o conexión.

Clúster B: Agrupación DSM de patrones impulsivos o dramáticos (antisocial, límite, histriónico, narcisista), con reactividad interpersonal elevada.

Clúster C: Agrupación DSM de patrones ansiosos o temerosos (evitativo, dependiente, obsesivo-compulsivo), con evitación y sobrecontrol.

Cognición social: Procesos para interpretar intenciones, emociones y normas sociales; su alteración produce malentendidos y conflicto.

Comorbilidad: Presencia simultánea de dos o más trastornos; en personalidad es frecuente y complica el diagnóstico y la intervención.

Compulsividad: Tendencia a repetición rígida de conductas orientadas a control o reducción de ansiedad, con coste en flexibilidad.

Conducta impulsiva: Acción rápida y poco planificada ante emoción o estímulo, con escasa consideración de consecuencias.

Contrainferencia: Reacciones emocionales del terapeuta hacia el paciente; su lectura ayuda a comprender patrones y proteger el encuadre.

Control de impulsos: Capacidad para inhibir respuestas inmediatas; su déficit favorece conductas de riesgo y problemas relacionales.

Criterios diagnósticos: Requisitos clínicos que orientan la identificación de un trastorno; requieren juicio y contextualización.

Culpa: Emoción vinculada a la percepción de daño causado; puede promover reparación o, si es excesiva, inhibición y autocrítica.

Daño funcional: Deterioro significativo en trabajo, estudio, autocuidado o relaciones asociado a un patrón persistente.

Déficit empático: Dificultad para reconocer o responder adecuadamente a estados emocionales ajenos, ya sea cognitiva o afectivamente.

Dependencia emocional: Necesidad intensa de apoyo y cercanía con temor a la separación, con dificultades para decidir y sostener autonomía.

Desconfianza: Expectativa persistente de daño o engaño por parte de otros, con tendencia a interpretar intenciones como malévolas.

Desregulación emocional: Dificultad para modular intensidad, duración y expresión de las emociones; aumenta impulsos y conflictos.

Desvalorización: Evaluación extrema y negativa de uno mismo u otros, a menudo como reverso de idealización.

Diagnóstico diferencial: Proceso de distinguir entre cuadros con solapamiento, atendiendo a curso, mecanismos y contexto.

Disociación: Alteración de la integración de conciencia, memoria o identidad; puede aparecer como respuesta a estrés o trauma.

Distorsiones cognitivas: Sesgos interpretativos (p. ej., generalización, lectura de mente) que mantienen emociones intensas y conductas desadaptativas.

Egodistónico: Contenido mental vivido como ajeno o no deseado; suele generar malestar y demanda de ayuda.

Egosintónico: Rasgo vivido como coherente con la identidad; puede reducir conciencia de problema y motivación para cambiar.

Empatía: Capacidad para comprender y resonar con emociones ajenas; es clave para intimidad, cooperación y reparación.

Enfoque dimensional: Modelo que describe la personalidad en continuos de severidad y rasgos, frente a categorías rígidas.

Escisión: Mecanismo que separa experiencias en polos (todo bueno/todo malo), dificultando integración de matices.

Esquemas tempranos desadaptativos: Patrones profundos aprendidos en etapas tempranas (p. ej., abandono, defectuosidad) que guían emociones y vínculos.

Esquizoidía: Conjunto de rasgos de desapego social y restricción expresiva; es clínico si produce rigidez y deterioro.

Esquizotipia: Rasgos de pensamiento y percepción inusuales y comunicación idiosincrática, con incomodidad social.

Estigma: Desvalorización social asociada a una etiqueta diagnóstica; puede generar vergüenza y evitar la búsqueda de ayuda.

Evitación: Estrategia de alejamiento de situaciones, emociones o vínculos para reducir malestar; mantiene problemas a medio plazo.

Exposición: Técnica terapéutica de acercamiento gradual a lo temido para reducir evitación y aumentar tolerancia.

Factores de riesgo: Variables que aumentan la probabilidad de dificultades (trauma, consumo, impulsividad), sin determinismo causal.

Factores protectores: Recursos que amortiguan el estrés (apoyo social, habilidades, sentido vital) y favorecen adaptación.

Fantasía grandiosa: Representaciones infladas de éxito o poder que pueden compensar inseguridad y fragilidad de autoestima.

Flexibilidad psicológica: Capacidad de actuar según valores pese a emociones difíciles, evitando rigidez y respuestas automáticas.

Funcionamiento interpersonal: Modo habitual de vincularse, resolver conflictos y sostener intimidad; núcleo clínico en personalidad.

Fusión cognitiva: Tomar pensamientos como hechos literales, aumentando reactividad emocional y conductual.

Gaslighting: Manipulación que busca que la otra persona dude de su percepción o memoria, generando confusión y dependencia.

Grandiosidad: Sentido exagerado de importancia o superioridad, manifiesto o defensivo frente a vergüenza.

Gratificación inmediata: Preferencia por recompensas rápidas aun con costes futuros; se asocia a impulsividad y adicciones.

Guiones relacionales: Expectativas implícitas sobre cómo serán los vínculos (p. ej., "me abandonarán") que guían conducta y selección de relaciones.

Hipervigilancia: Atención excesiva a señales de amenaza o crítica; alimenta ansiedad, desconfianza y reacciones defensivas.

Hipersensibilidad al rechazo: Reacción intensa ante signos de desaprobación, con tendencia a evitación, ira defensiva o búsqueda urgente de seguridad.

Histrionismo: Estilo de búsqueda de atención y expresividad llamativa, con dependencia de aprobación y dramatización.

Hostilidad: Actitud de antagonismo o irritación que puede ser crónica o disparada por amenazas a la autoestima.

Iatrogenia: Daño no intencional causado por una intervención (p. ej., invalidación, etiquetas rígidas o encuadres inadecuados).

Idealización: Atribución extrema de cualidades positivas a una persona; puede alternar con desvalorización en patrones inestables.

Identidad: Sentido de quién se es, con continuidad, valores y metas; su fragilidad se asocia a vacío y oscilaciones.

Identidad difusa: Dificultad para integrar rasgos y objetivos estables, con cambios bruscos de autodefinición.

Impulsividad: Tendencia a actuar sin planificación ante emoción intensa, con decisiones rápidas y consecuencias negativas.

Indefensión aprendida: Expectativa de falta de control tras experiencias repetidas; favorece pasividad, dependencia y ánimo deprimido.

Inestabilidad afectiva: Cambios rápidos e intensos del estado emocional, a menudo ligados a eventos interpersonales.

Inhibición emocional: Supresión habitual de emociones por miedo a consecuencias (rechazo, pérdida de control), aumentando tensión interna.

Juicio de realidad: Capacidad de distinguir entre experiencia interna y hechos externos; suele preservarse en personalidad, salvo descompensaciones.

Kernberg, organización de la personalidad: Marco psicodinámico que describe niveles de integración del self, defensas y prueba de realidad, útil para conceptualizar perfiles límite.

Labilidad emocional: Variabilidad rápida de emociones; se relaciona con reactividad interpersonal y dificultad de regulación.

Lectura de mente: Sesgo cognitivo que asume saber lo que otros piensan o sienten sin evidencia suficiente, aumentando conflicto y evitación.

Límites interpersonales: Fronteras sobre lo aceptable en una relación; protegen autonomía, intimidad y seguridad.

Locus de control: Creencia sobre si los resultados dependen de uno mismo (interno) o de fuerzas externas (externo); influye en agencia y cambio.

MCMI (inventario de Millon): Instrumento psicométrico orientado a evaluar patrones de personalidad y síndromes clínicos asociados.

Mecanismos de defensa: Estrategias automáticas para manejar ansiedad, vergüenza o conflicto; pueden ser adaptativas o rígidas.

Metacognición: Capacidad de pensar sobre el propio pensamiento y emociones, facilitando perspectiva y autorregulación.

Mentalización: Habilidad para comprender conductas como basadas en estados mentales (deseos, creencias, emociones), mejorando vínculos.

Mindfulness: Práctica de atención al presente sin juicio; se usa para disminuir reactividad e impulsividad y aumentar regulación.

MMPI-2: Inventario amplio de personalidad y psicopatología utilizado en evaluación clínica, con interpretación profesional.

Modelo alternativo del DSM-5 (AMPD): Sistema que combina severidad del funcionamiento de la personalidad con dominios dimensionales de rasgos.

Motivación para el cambio: Disposición a modificar patrones; fluctúa y se fortalece con objetivos realistas y experiencias correctivas.

Narcisismo: Patrón de autoestima vulnerable con necesidad de reconocimiento y dificultades empáticas, con reactividad a la crítica.

Necesidad de admiración: Búsqueda persistente de validación para sostener autoestima, con sensibilidad al fracaso o a la desaprobación.

Necesidad de control: Preferencia por predictibilidad y orden; si es extrema favorece rigidez, perfeccionismo y conflicto.

Negación: Defensa que rechaza aspectos dolorosos de la realidad para reducir ansiedad, a costa de aprendizaje y ajuste.

Neuroticismo: Rasgo vinculado a reactividad emocional, ansiedad y vulnerabilidad al estrés; relevante en patrones del clúster C.

Normalización: Intervención que contextualiza experiencias humanas sin minimizarlas, reduciendo vergüenza y facilitando comprensión.

Objetos internos: Representaciones internalizadas de figuras significativas que influyen en expectativas relacionales y autovaloración.

Obsesividad: Tendencia a preocupación por orden, detalle y control; puede reducir espontaneidad y aumentar tensión.

Organización límite: Nivel de funcionamiento con identidad menos integrada y defensas primitivas; útil como formulación clínica, no como etiqueta moral.

Otredad: Reconocimiento del otro como sujeto separado con mente propia; su déficit favorece instrumentalización o confusión de límites.

Paranoia: Interpretación suspicaz de intenciones ajenas con tendencia a percibir amenaza o engaño sin evidencia suficiente.

Patrón interpersonal: Modo típico y repetido de relacionarse (p. ej., dominante, evitativo, complaciente) que genera consecuencias previsibles.

Perfeccionismo: Estándares rígidos con autoevaluación exigente; puede generar ansiedad, procrastinación y rigidez.

Pensamiento dicotómico: Evaluación en extremos (todo/nada) que dificulta matices y favorece reacciones emocionales intensas.

Pensamiento mágico: Creencias idiosincráticas de causalidad sin base empírica; puede aparecer en rasgos esquizotípicos.

Plan de crisis: Guía acordada para manejar desbordamiento emocional o impulsos, con pasos concretos, apoyos y límites de seguridad.

Plan terapéutico: Conjunto de objetivos y estrategias de intervención ajustado a severidad, motivación, comorbilidad y contexto.

Pruebas psicométricas: Instrumentos estandarizados que apoyan la evaluación; complementan la entrevista y requieren interpretación clínica.

Proyección: Atribución a otros de emociones o impulsos propios; incrementa malentendidos y conflicto.

Psicoeducación: Información clínica accesible sobre síntomas, mecanismos y estrategias, orientada a comprensión y autocuidado.

Psicofarmacología: Uso de medicación para síntomas comórbidos bajo supervisión médica; no modifica por sí sola la personalidad.

Psicopatía: Conjunto de rasgos de insensibilidad, manipulación y conducta antisocial; no equivale siempre al diagnóstico DSM de antisocial.

Psicoterapia: Intervención psicológica estructurada para comprensión, cambio y entrenamiento de habilidades, basada en una alianza estable.

Psicoterapia basada en mentalización: Enfoque que fortalece la comprensión de estados mentales propios y ajenos para mejorar regulación y vínculos.

Psicoterapia dialéctico-conductual (DBT): Modelo que integra aceptación y cambio para reducir conductas de alto riesgo y mejorar regulación emocional.

Psicoterapia focalizada en la transferencia (TFP): Enfoque que utiliza la relación terapéutica para observar y transformar patrones relacionales repetidos.

Quiebre terapéutico: Ruptura en la alianza (desconfianza, sentirse juzgado, malentendido) que requiere reparación explícita para continuar.

Rasgos de personalidad: Características relativamente estables de pensar, sentir y actuar; se vuelven problemáticas cuando son rígidas y dañinas.

Reactividad emocional: Intensidad y rapidez de respuesta afectiva ante estímulos; elevada en sensibilidad al rechazo y trauma.

Regulación emocional: Procesos para modular emociones, incluir conciencia, aceptación y estrategias; guía objetivos terapéuticos.

Reestructuración cognitiva: Técnica para identificar y modificar interpretaciones sesgadas, ampliando alternativas y reduciendo reactividad.

Relación objetal: Perspectiva que analiza cómo se internalizan vínculos tempranos y se repiten en relaciones actuales.

Resiliencia: Capacidad de recuperarse y adaptarse tras adversidad, apoyada por recursos personales y contextuales.

Resistencia: Evitación del proceso terapéutico por miedo, vergüenza o protección del self; se trabaja con validación y colaboración.

Rumiación: Pensamiento repetitivo sobre errores o amenazas que incrementa ansiedad, depresión y autocrítica.

SCID-5-PD: Entrevista clínica estructurada para trastornos de personalidad que mejora la fiabilidad diagnóstica cuando se aplica bien.

Self: Experiencia subjetiva de identidad y continuidad; incluye autoimagen, límites, valores y narrativa personal.

Sensibilidad interpersonal: Reactividad a señales sociales de aceptación o rechazo; influye en evitación, búsqueda de aprobación o conflicto.

Severidad: Grado de afectación del funcionamiento de la personalidad y su impacto; orienta intensidad del tratamiento.

Sobrecontrol: Estilo de regulación rígida que inhibe emoción y conducta; se asocia a perfeccionismo, evitación y aislamiento.

Somatización: Expresión del malestar emocional mediante síntomas físicos persistentes, con interacción entre mente, cuerpo y contexto.

Sublimación: Canalización de impulsos hacia actividades constructivas; defensa madura asociada a mejor adaptación.

Sumisión: Tendencia a ceder para evitar conflicto o pérdida; frecuente en patrones dependientes y en relaciones desiguales.

Supervisión clínica: Espacio profesional para revisar casos, límites y decisiones, reduciendo iatrogenia y burnout.

Transferencia: Repetición en terapia de expectativas y emociones aprendidas en vínculos previos, útil para comprender patrones.

Trauma complejo: Efectos de adversidades repetidas e interpersonales, con impacto en identidad, regulación emocional y vínculos.

Trastorno de la personalidad antisocial: Patrón persistente de transgresión de normas y derechos ajenos, con engaño, impulsividad e irresponsabilidad.

Trastorno de la personalidad dependiente: Patrón de necesidad excesiva de cuidado, dificultad para decidir y temor a la separación, con conductas de sumisión.

Trastorno de la personalidad evitativa: Patrón de inhibición social e hipersensibilidad a la crítica, con evitación por miedo al rechazo pese a deseo de vínculo.

Trastorno de la personalidad histriónica: Patrón de búsqueda de atención y emotividad llamativa, con dependencia de aprobación y estilo relacional teatral.

Trastorno de la personalidad límite: Patrón de inestabilidad emocional, relacional e identitaria, con impulsividad y sensibilidad al abandono real o percibido.

Trastorno de la personalidad narcisista: Patrón de grandiosidad y/o vulnerabilidad de autoestima, necesidad de admiración y dificultades de empatía.

Trastorno de la personalidad obsesivo-compulsiva: Patrón de perfeccionismo, rigidez y control que reduce flexibilidad, espontaneidad y, a veces, eficiencia.

Trastorno de la personalidad paranoide: Patrón de desconfianza y suspicacia generalizadas, interpretando motivos ajenos como malévolos.

Trastorno de la personalidad esquizoide: Patrón de desapego social y restricción expresiva, con preferencia por actividades solitarias y baja necesidad de intimidad.

Trastorno de la personalidad esquizotípica: Patrón de incomodidad social, cogniciones o percepciones inusuales y comunicación peculiar.

Umbral de activación: Nivel a partir del cual una emoción o impulso se dispara; umbrales bajos favorecen reactividad y conducta impulsiva.

Utilidad clínica: Valor práctico de un concepto o diagnóstico para comprender, comunicar, planificar intervención y estimar pronóstico.

Validación: Reconocimiento explícito de la experiencia emocional como comprensible; reduce escalada afectiva y favorece colaboración.

Vergüenza: Emoción de exposición e indignidad; puede desencadenar evitación, ira defensiva o búsqueda de superioridad.

Vulnerabilidad: Susceptibilidad a descompensación por factores biológicos y contextuales; también implica apertura emocional cuando hay seguridad.

Capítulo 43

Material Complementario

Este documento ofrece acceso a materiales complementarios de carácter formativo disponibles en línea, pensados para ampliar y profundizar en los contenidos aquí desarrollados. Estos recursos incluyen guías clínicas, esquemas de evaluación y documentos de apoyo orientados a facilitar la comprensión del funcionamiento psicológico y el razonamiento clínico. Estos materiales mantienen un carácter formativo y no sustituyen la evaluación ni la intervención profesional.

https://mpilargmolina.gumroad.com/

https://mpilargmolina.gumroad.com/l/que-son-los-trastornos-de-la-personalidad

https://mpilargmolina.gumroad.com/l/que-es-el-trastorno-de-la-personalidad-esquizotipica?

. . .

https://mpilargmolina.gumroad.com/l/trastorno-de-la-personalidad-paranoide

Bibliografía

Manual Diagnóstico y Estadístico de los Trastornos Mentales. DSM-5-TR; American Psychiatric Association.
Manual Diagnóstico y Estadístico de los Trastornos Mentales. DSM-IV; American Psychiatric Association.
Clasificación Internacional de las Enfermedades. CIE-11; Organización Mundial de la Salud.
Sinopsis de psiquiatría; Kaplan y Sadock.
Disorders of Personality: Introducing a DSM/ICD Spectrum from Normal to Abnormal; Theodore Millon.
Personality Disorders in Modern Life; Theodore Millon, Carrie Millon y Sarah Meagher.
New Personality Self-Portrait; John Oldham y Lois B. Morris.
Psicopatología y Semiología Psiquiátrica; Ricardo Capponi.
Tratado de Psiquiatría; Henri Ey, Bernard Pachoud y Charles Brisset.
The American Psychiatric Publishing Textbook of Psychiatry; Robert E. Hales y Stuart C. Yudofsky.
Oxford Textbook of Psychiatry; Michael Gelder, Richard Mayou y John Geddes.
Fish's Clinical Psychopathology: Signs and Symptoms in Psychiatry; Patricia Casey y Brendan Kelly.
Contemporary Diagnosis and Management in Psychiatry; Robert J. Baldessarini.
The Psychiatric Interview in Clinical Practice; Roger A. Mackinnon, Robert Michels y Peter J. Buckley.
Manual de Psicofarmacología Clínica; Alan F. Schatzberg.
Guía del Psicoterapeuta sobre Psicofarmacología; Michael J. Gitlin.
The Maudsley Prescribing Guidelines in Psychiatry; David M. Taylor, Thomas R. E. Barnes y Allan H. Young.
Psiquiatría Dinámica; Otto F. Kernberg.
Psychoanalytic Diagnosis; Nancy McWilliams.
Psychodynamic Diagnostic Manual (PDM-2); Vittorio Lingiardi y Nancy McWilliams.
Terapia Cognitiva de los Trastornos de Personalidad; Aaron T. Beck.
Schema Therapy: A Practitioner's Guide; Jeffrey Young, Janet Klosko y Marjorie Weishaar.
Cognitive-Behavioral Treatment of Borderline Personality Disorder; Marsha Linehan.
Mentalization-Based Treatment for Personality Disorders; Anthony Bateman y Peter Fonagy.
Interpersonal Reconstructive Therapy; Lorna Smith Benjamin.
The Therapeutic Relationship in Cognitive Behavioral Therapy; Paul Gilbert y Robert Leahy.
The Oxford Handbook of Personality Disorders; Thomas A. Widiger.
The Handbook of Personality Disorders: Theory, Research, and Treatment; Jeffrey J. Magnavita.
Handbook of Personality Disorders: Theory and Practice; W. John Livesley.

Personality Disorder and the DSM-5: Theory and Practice; Thomas A. Widiger.
The DSM-5 Alternative Model for Personality Disorders; Thomas A. Widiger y Paul T. Costa.
Personality Disorders and the Five-Factor Model of Personality; Paul T. Costa y Thomas A. Widiger.
Personality Disorders in ICD-11; Peter Tyrer y Erik Simonsen.
Personality Disorders: New Insights into Clinical Practice; Aidan G. C. Wright y Leonard J. Simms.
Pathological Personality Traits: Assessment and Clinical Interpretation; Robert F. Krueger y Thomas A. Widiger.
Theories of Personality; Jess Feist, Gregory Feist y Tomi-Ann Roberts.
Sinopsis de Neurociencia; Eric R. Kandel.
Principles of Neural Science; Eric R. Kandel et al.
Theoretical Neuroscience: Computational and Mathematical Modeling of Neural Systems; Peter Dayan y L. F. Abbott.
The Predictive Mind; Jakob Hohwy.
Surfing Uncertainty: Prediction, Action, and the Embodied Mind; Andy Clark.
The Neuroscience of Personality; Colin DeYoung.
The Neuroscience of Psychotherapy; Louis Cozolino.
The Art and Science of Psychotherapy; Louis Cozolino.
The Developing Mind; Daniel J. Siegel.
Mindsight: La Nueva Ciencia de la Transformación Personal; Daniel J. Siegel.
Psychopathology: Foundations for a Contemporary Understanding; James E. Maddux y Barbara A. Winstead.
The Invisible Gorilla; Daniel Simons y Christopher Chabris.
The Hierarchical Taxonomy of Psychopathology (HiTOP); diversos autores.
RDoC: New Paradigms in Psychiatric Research; Bruce Cuthbert y Thomas Insel.
The Oxford Handbook of Transdiagnostic Psychological Treatments; David Barlow.
The Female Malady; Elaine Showalter.
Hysteria: The History of a Disease; Andrew Scull.
The Power of Different: The Link Between Disorder and Genius; Gail Saltz.

www.ingramcontent.com/pod-product-compliance
Ingram Content Group UK Ltd.
Pitfield, Milton Keynes, MK11 3LW, UK
UKHW020725041026
15590UKWH00002B/888

9 788409 813186